天
Borderless
下

天下，在乎正义和你

天
Borderless
下

儒家的世界

3000年恒与变

董彦斌

著

法律出版社
—— 北京 ——

图书在版编目(CIP)数据

儒家的世界：3000年恒与变 / 董彦斌著. -- 北京：
法律出版社, 2021
ISBN 978-7-5197-5920-9

Ⅰ. ①儒… Ⅱ. ①董… Ⅲ. ①儒家 – 研究 Ⅳ.
①B222.05

中国版本图书馆CIP数据核字(2021)第183080号

儒家的世界：3000年恒与变
RUJIA DE SHIJIE：3000 NIAN HENG YU BIAN

作　　者：董彦斌
策划编辑：高　山
责任编辑：高　山　许莹洁
装帧设计：贾丹丹
出版发行：法律出版社
编辑统筹：学术・对外出版分社
责任校对：晁明慧　王　皓
责任印制：陶　松
经　　销：新华书店
开　　本：A5
印　　张：10.25
字　　数：177千
版　　本：2021年12月第1版
印　　次：2021年12月第1次印刷
印　　刷：中煤（北京）印务有限公司
书　　号：ISBN 978-7-5197-5920-9
定　　价：64.00元

销售电话：010-83938349　客服电话：010-83938350　咨询电话：010-63939796
地　　址：北京市丰台区莲花池西里7号(100073)
网　　址：www.lawpress.com.cn
投稿邮箱：info@lawpress.com.cn
举报盗版邮箱：jbwq@lawpress.com.cn
凡购买本社图书，如有印装错误，我社负责退换。电话：010-83938349

作者简介

董彦斌

隐泉山下客，杏花村里人，故乡山西汾阳多山河故人。昔在太原坞城和北京蓟门桥下接受法学教育，今在重庆西南政法大学做法学教育。喜书籍，喜书法，读北碑，渐悟古意。偶饮酒，偶做诗词。出书四五种，欲知法意与古今之变。

代 序

吾侪所学关天意：从王国维、陈寅恪到我们

张载在一首诗里说：

圣心难用浅心求，圣学须专礼法修。

千五百年无孔子，尽因通变老优游。

除去“圣”这个字让我们觉得别扭，张载表达的意思是启发我们的。

就让我们用“伟大”来替代这个别扭的“圣”字。全诗大意：

伟大的心灵很难用浅表的心来求得，

伟大的学问需要把礼法学习创造。

一千五百年里之所以没有再产生一个孔子，

是因为人们变成了老混混和老炮儿。

此诗的亮点是“圣学须专礼法修”。这表明，至少在张载这位理学家看来，礼法制度是古典中国伟大学术的重心，是孔子学说的重心。

到了 20 世纪上半叶，王国维和陈寅恪依然传薪继火，把礼法当成了他们的学术志业。《殷周制度论》和《隋唐制度渊源略论稿》就是两部洞见之作和情怀之作。

《殷周制度论》的这些话都是名言：“中国政治与文化之变革，莫剧于殷、周之际。”“殷、周间之大变革，自其表言之，不过一姓一家之兴亡与都邑之移转；自其里言之，则旧制度废而新制度兴，旧文化废而新文化兴。又自其表言之，则古圣人之所以取天下及所以守之者，若无以异于后世之帝王；而自其里言之，则其制度文物与其立制之本意，乃出于万世治安之大计，其心术与规模，迥非后世帝王所能梦见也。”“周之制度典礼，实指为道德而设；而制度典礼之专及大夫、士以上者，亦未始不为民而设也。”〔1〕

我并不是都认同王国维的这些论断。正如王贵民先生对王国维的批评，王国维把“尽善尽美”的制度都给了周，周代尚文，故制度典雅精密，都来自周人的思想品质。而那些不

〔1〕 王国维：《观堂集林（外二种）》，河北教育出版社 2003 年版，第 231 页。

善不美的制度，王国维把它们甩给了殷。但虽然如此，我们都承认王国维论断的经典意义。文章合为时而著，王国维是在西潮涌来时，回溯了在他看来的中国古制形成中的最重要的变革时刻。此文一出，学人受益。连郭沫若也说这是“一篇轰动了全世界的大论文”。

如果说《殷周制度论》是一篇论文，则《隋唐制度渊源略论稿》是一部札记式的著作。我们可以看到陈寅恪对下面观点的反复申说：“盖自汉代学校制度废弛，博士传授之风气止息以后，学术中心移于家族，而家族复限于地域，故魏、晋、南北朝之学术、宗教皆与家族、地域两点不可分离。”“即公立学校之沦废，学术之中心移于家族，太学博士之传授变为家人父子之世业，所谓南北朝之家学者是也。又学术之传授既移于家族，则京邑与华术之关系不似前此之重要。当中原扰乱京洛丘墟之时，苟边隅之地尚能维持和平秩序，则家族之学术亦得借以遗传不坠。刘石纷乱之时，中原之地悉为战区，独河西一隅自前凉张氏以后尚称治安，故其本土世家之学术既可以保存，外来避乱之儒英亦得就之传授，历时既久，其文化学术遂渐具地域性质，此河陇边隅之地所以与北朝及隋唐文化学术之全体有如是之密切关系也。”“北朝胡汉之分，不在种族，而在文化，其事彰彰甚明，实为论史之关要。”“知当日学术中心在家族而不在学校，凉州一隅，其秩序较中原为安全，故其所保存者亦较中原为多。”[1]在学术曾经不振的岁月里，那些关于礼法制度的学说曾经附着在家族的身上，又从战乱的中原远走西凉。陈寅恪提示我们，在看到隋唐制度的辉煌时，必须注意到学术在儒家大族和西北边区的晦暗而艰辛的流转。王国维说首都对于制度和文化来说最重要，陈寅恪则说你还要看到首都沦陷时，边疆对制度血脉的保全。王国维关注殷周之时旧与新的废兴，陈寅恪则关注南北朝时代旧血液的辗转流淌。

王国维溯源头，现明亮，陈寅恪谈演变，揭暗线，俱有所指。我们可不可以说，这两位践行张载所讲的“圣学须专礼法修”的二十世纪前辈，本身就是不言而行地进行了实质的历史法学研究？我认为是可以下此断语的。他们不是法学家，但是张载所讲的儒生使命感和欧风东渐时的文化使命感，促使他们做了有意义有水平的回溯，成为我们事实上的历史法学前辈。

事实上，为了正确认识现代，就必须充分认识古典。这就是我曾在《语言照明法律世界》一文中所讲的，要把大传统与法理学相嫁接。重新认识古典，不是要泥古不化，而是为了更好地再出发。认真掌握制度的内涵与流变，重写古典中国的法律史，在我看来，这是我们的历史法学的一大使命。

---

〔1〕 陈寅恪：《隋唐制度渊源略论稿》，上海古籍出版社 1982 年版，第 17 页。

我们的历史法学注定与萨维尼的不一样。换言之，我们与萨维尼的焦虑不同。民法典的立法是萨维尼创设历史法学的出发点。但是面向未来，以及面向古典的重构，像王国维和陈寅恪一样重新审视文化与制度资源，恐怕是我们的出发点。我们的历史法学里边，历史自然法学和历史宪法学是重要的。

与王国维和陈寅恪比起来，我们的历史学本领相差甚远，而法律意识或能胜出。开玩笑地说，我们与他们是各有侧重。他们是自发的历史法学派，我们是自觉的历史法学派。

我想起了陈寅恪论王国维的“吾侪所学关天意”这句话。陈寅恪这里所讲的天意，应当是历史性“天意”，是一种历史感，而不是宗教性或民俗性“天意”。列维-施特劳斯曾有一段话，大意是说，回溯人类历史，你会发现人性没有多少变化，所以，只有不同时代的艺术才更能展示那个时代的人们，才能证明他们来到过这个世界。他说的是艺术，我想，制度也是如此，所谓的“吾侪所学关天意”中的天意，就隐藏在制度的演变中。正如刘禹锡的诗句所言：“行到南朝征战地，古来名将尽为神。”愿中国历史法学派也能做到“明朝名将亦为神”。

目　录

第一章　儒之历程：从联邦到帝国

第一节　儒的来源：祈雨师　003

第二节　作为读书人的儒之群体　007

第三节　秦火与知识重建　012

第四节　实质之儒与学派之儒　017

第五节　孔门儒家　022

第六节　班固与雅斯贝尔斯视野中的诸子与儒家　027

第七节　儒家画像　032

第八节　立教时刻的董仲舒　036

第二章　孔子的法政哲学：基于《论语》第一篇

第一节　开学　047

第二节　儒家之爱　052

第三节　温和　057

第四节　反省与坚守　070

第五节　诚恳与仁心　083

第六节　念祖　087

第七节　贫与富　100

第八节　说“德”　116

第九节　诗教　121

第三章　帝国转折中的王安石

第一节　从《大宋宣和遗事》说起　135

第二节　王安石变法中的“祖宗”与“法”　141

第三节　思想改革家王安石　150

第四节　王安石之后的儒家转向　158

第四章　近世中国四题

第一节　中国的未变与已变　171

第二节　有为的康有为　181

第三节　清末的“中右”与“中左”　196
第四节　关于华夏再崛起的古德诺与贾谊夜访　204

第五章　清末温和者的成长记：张耀曾事例（1885—1911）

第一节　儒学少年，由旧而新　219
第二节　“修律元年”，在京师大学堂　225
第三节　留学东京　236
第四节　激进与温和的对垒　247
第五节　受业于东京帝国大学法科　264

第六章　五四人的四条路：鲁迅·梁漱溟·瞿同祖·邹文海

第一节　重读鲁迅：重新理解赵秀才和“假洋鬼子”　275
第二节　梁漱溟的内圣与外王　285
第三节　学者瞿同祖　291
第四节　邹文海：自由为魂　297

结　语　308

第一章

儒之历程：从联邦到帝国

第一节 儒的来源：祈雨师

欲谈中国，不能不先说儒。

儒之本意，众说不一。胡适版“殷之遗民，治丧相礼”是一种经典的说法；班固版“盖出于司徒之官”也是一种经典的说法。

我认为，这两种说法很可能都是对的，但是发生在儒之本意的中段。而在儒之本意的前段，儒的意思来自“需”和“濡”。按照《说文解字》之引《易》：“云上于天，需”，则需的字意甚明，就是雨未来而将来的意象，这就是表示祈雨之意。而“濡”，无非是强化了雨和水的意思。需，表示云已来而雨将来，使人无限向往而欣喜，但也可能落空。需是雨要来，助力雨来、使人在困境中哀告雨来的，是那位雨师，这就是“儒”。需字后来过渡到“需要”的意思，正表明了人对于雨的渴望。谁最需要雨？按照孟德斯鸠之“谋生方式”的说法，不是牧民，也不是猎民。孟德斯鸠说："非农业人民几乎不可能形成一个大国家。如果他们是牧民的话，便需要广阔的土地才能维持某一数量人的生存。他们如果是以狩猎为生的话，他们的人数会更少，为了谋生，他们会组成人数更少的部落。"〔1〕牧民和猎民逐水草和森林而居，他们不固定居住，也不需要雨水来滋润谋生的物品，是流动状态而且小规模的人群，他们不是不需要雨，而是不渴望雨。需要雨、渴望雨的，只能是农耕部落的人。有了雨才能灌溉庄稼、养育众生，这样来看，意思很明白了，当中国大陆逐步形成农业文明时，有了雨才有供给充分的食物，祈雨便成为重要的工作，祈雨师便成为重要的人。

觅食是人生存的基本需要，正如我曾说过的，"觅食秩序并非短短一瞬，其时日之久远、个中之冲突，虽无'文字记载'，却能令人想见。在觅食、狩猎之下，人类生活艰辛亦可想见。从 25 人的小规模熟人社会到 200 人的强人社会，再到 500 人左右规模的社会，千人酋长部落规模的社会，暴力冲突多有，终于迎来了人类的第一次社会革命也就是农业革命，生活从'找吃的'型过渡到'种吃的'型"，在农业型觅食带给中国远古大陆的进步当中，祈雨师，给生民带来立刻马上的快乐、活下来的希望和掰着指头数得过来、等得来的粮食。

---

〔1〕［法］孟德斯鸠：《论法的精神》，张雁深译，商务印书馆 1959 年版，第 340 页。

雨并非时时刻刻需要祈祷，当风调雨顺时，并不需要祈雨，所以，这个祈雨师群体并不是专职的神职人员，或许他们平时就生活在人群当中，受人尊敬而又钻研礼仪，到需要时才应声而起。这个平凡而又担负使命的群体，就是“儒”。作为一个嵌在农业型生民中的群体，“儒”祈雨求福，上接天线，下接地气。祈雨是“儒”与别的生产方式群体的神职人员不同的地方——牧民猎户之部落，不需要求雨，他们拥有的是别的神职人员。“接天线”是“儒”有别于普通民众的地方，他们要研究祈雨的礼仪，进而研究各种礼仪。“接地气”则使他们有别于一般意义上的专职的巫和神职人员，他们还没有成为专职的以神职为业的人。

也就是说，顺序是：有了农业，就有了对雨的需要；有了对雨的需要，就有了祈雨师。祈雨师这个群体，就是最早的“儒”。祈雨师，这是儒的最早的本意。这个时段，显然发生在炎黄之前的千年前，而几乎可以确定的是，从诞生之初，“儒”就和农业文明和农业之下千万生民的命运紧紧相连。

事农业者，不愿迁徙。到了远方，未必有合适的土地，何况迁徙时还需要带着种子。并且，居一地时间长了，子孙也多起来，聚集者越来越多，迁徙的难度就越来越大。于是，一方面，人群越来越大，秩序就越来越复杂。另一方面，人群越来越大，求雨的重要性也越来越大，礼仪也需要复杂而精致起来。儒，正是这重土安迁的聚居群落当中的“接天线”和

“接地气”的一员，便越发重视礼仪和秩序。进一步说，礼仪不仅发生在祈雨中，也发生在人群中，尤其是敬祖、尊老、礼上、孝亲、往来，都需要各种礼仪，便发生了礼仪与秩序的合流，发生了礼仪的泛化。这个过程，是个简约概要，当然不会只发生在一个部落，而是一定发生在若干个大部落当中。

礼仪是需要传承的，所以，祈雨师成了记录文字和阅读文字的读书群体中的一员。礼仪总是越古老越神圣，即使是革新也需要参照古典，所以，向古老致敬，也成了祈雨师群体的一个特征。

终于到某一个时候，或者来自宗教的整合，或者来自农业的兴盛，一部分祈雨师继续是祈雨师，另一部分祈雨师就专司礼仪、读书，但是，雨这个字，仍保留在了他们的身份名称当中。儒开始了祈雨师生涯之后的转型，直到儒可能已经不甚清楚自己的由来。这才走向了胡适版的“殷之遗民，治丧相礼”和班固版的“盖出于司徒之官”。也就是说，大略言之，胡适版的儒和班固版的儒，分别是祈雨师及祈雨师之后的殷代版和周代版，或者说民间版和官员版。民间仍然事礼，官员一样是掌管礼，并且都呈现博学的特征。

班固讲司徒，《周礼》对大司徒的职责描述包含十二项：“施十有二教焉：一曰以祀礼教敬，则民不苟。二曰以阳礼教让，则民不争。三曰以阴礼教亲，则民不怨。四曰以乐礼教和，则民不乖。五曰以仪辨等，则民不越。六曰以俗教安，则民不偷。七曰以刑教中，则民不虣。八曰以誓教恤，则民不怠。九曰以度教节，则民知足。十曰以世事教能，则民不失职。十有一曰以贤制爵，则民慎德。十有二曰以庸制禄，则民兴功。以土宜之法，辨十有二土之名物，以相民宅而知其利害，以阜人民，以蕃鸟兽，以毓草木，以任土事。”虽然《周礼》相当晚出，但此种晚出，不会全无依据。

从《周礼》的司徒十二项职责看得出来，礼仪和秩序占据了大司徒的职业生涯，而这，已经是“儒”的第三代，甚至也被看作了儒的本意。不，这太晚近了，我们还是要把儒的本意回溯到与“需”相关的祈雨师当中。

第二节 作为读书人的儒之群体

我们今天讲到儒家，已经认定它是先秦时的百家和显学之一，好像这是一个不容置疑、确定不移的学派。至于秦始皇“焚书坑儒”，那也被认为是针对儒家的一次总攻击，好像秦始皇对儒家有一种必置于死地的偏见和决心。一个典型事例是“批林批孔”，批林批孔的另一面是崇尚法家，而秦始皇被认为是这个法家的代表人物。“祖龙魂死业犹在，孔学名高实秕糠。”所以，中国似乎存在儒法的古已有之的一以贯之的对立。

回到去古未远的《史记》的历史现场，秦始皇恰好不是对儒家有特别的偏爱或偏恨，秦始皇及其团体是对读书人群体怀专制之心。

我们看丞相李斯驳斥博士淳于越的话：

“五帝不相复，三代不相袭，各以治，非其相反，时变异也。今陛下创大业，建万世之功，固非愚儒所知。”这里提到“愚儒”二字。

“今诸生不师今而学古，以非当世，惑乱黔首。”这里提到“诸生”二字。

“私学而相与非法教，人闻令下，则各以其学议之，入则心非，出则巷议，夸主以为名，异取以为高，率群下以造谤。如此弗禁，则主势降乎上，党与成乎下。禁之便。臣请史官非秦记皆烧之。”这里提到“私学”二字。

“非博士官所职，天下敢有藏诗、书、百家语者，悉诣守、尉杂烧之。有敢偶语诗书者弃市。以古非今者族。”这里提到“诗书”二字。

愚儒、诸生、私学、诗书，这四个词是不是指我们一般认为的“儒家”？也可以说是，更大程度上应该答不是。假如我们结合同样记载在《史记》中的公子扶苏劝说秦始皇的话：“天下初定，远方黔首未集，诸生皆诵法孔子，今上皆重法绳之，臣恐天下不安。唯上察之。”据此，“诸生皆诵法孔子”表明诸生与孔子相关，但是，假如我们看秦始皇本人的话，“吾前收天下书不中用者尽去之。悉召文学方术士甚众，欲以兴太平，方士欲练以求奇药。今闻韩众去不报，徐市等费以巨万计，终不得药，徒奸利相告日闻。卢生等吾尊赐之甚厚，今乃诽谤我，以重吾不德也。诸生在咸阳者，吾使人廉问，或为訞言以乱黔首”，则似乎可以想到，诸生虽然诵法孔子，但是也只是读孔子的书而已，“文学术士”才是他们的群体名称。再结合司马迁在《儒林列传》当中的话“焚诗书，坑术士”，及《秦始皇本纪》所言“使御史悉案问诸生，诸生传相告引，乃自除犯禁者四百六十馀人，皆坑之咸阳，使天下知之，以惩后”，则更可以知道，犯禁的诸生和“术士”才是司马迁讲述的受难人群，术士比我们所设想的“孔门儒家”范围广了很多。再结合司马迁的话“夫齐鲁之间于文学，自古以来，其天性也”，读书而谈学问的“文学”是齐鲁之间的传统，“文学术士”构成了一个读书人群体。

综合《史记》集中呈现在《秦始皇本纪》和《儒林列传》当中的这些关键词，我们其实已经可以知道什么是司马迁之前的秦代的“儒”：

第一，“愚儒”表示，儒是一个群体，同时与李斯所反击的博士淳于越有关，故儒为具有相当学识的读书人群体。

第二，“诸生”，同样表明这是诸生论道，集中讨论，同声相应。

第三，“私学”，乃指诸生读书的机构，是为官学之对应的私学，来自民间，未必听命于官府。

第四，“诗书”，乃是诸生所研读之书，这与司马迁所讲的“文学”呼应，仍然强调的是读书，进一步说是读史学与辞章之书。

第五，“术士”，这是读书人群体的另一面和另一种技艺呈现。司马迁讲的“坑术士”，结合秦始皇所讲的“诸生传相告引，乃自除犯禁者四百六十余人，皆坑之咸阳”，可知，“焚书坑儒”中被坑的是“诸生”群体，也仍然是大体意义上的读书人群体。

第六，“诵法孔子”，表明这群读书人的确读孔子之书——这里的孔子之书，不仅包含孔子的政治主张性作品，还包含其编订的历史类作品，表明了孔子的影响之大，但综合起来，既可以说“孔子的传人”这个概念呼之欲出，又可以说他们只是从孔子学说当中汲取知识。作为读书人，并不能绕过孔子的书。司马迁特别提到了孔子故乡的“鲁儒”们，这群鲁儒曾经想应陈涉的邀请而前往担任博士：“鲁诸儒持孔氏之礼器往归陈王。于是孔甲为陈涉博士，卒与涉俱死”“及高皇帝诛项籍，举兵围鲁，鲁中诸儒尚讲诵习礼乐，弦歌之音不绝，岂非圣人之遗化，好礼乐之国哉？”这里的“诵习礼乐、弦歌之音不绝”的鲁儒，才更像是我们一般所认识的“儒家”学派。

所以，综合起来，秦之前的儒，有百分之七十五和百分之二十五两重意思：

百分之七十五的含义，是以民间学校与研究机构之私学为载体而接受教育和从事研究，遍读诗书的“诸生”（包含受聘于政府的博士群体），擅长文学，亦解方术，鲁儒更能诵习礼乐。

百分之二十五的含义，是他们往往读孔子之书，而对孔子有极大认同。尤其是鲁儒更加凸显。

秦始皇所厌憎的，首先自然是百分之七十五意义上的儒，其焚坑行为指向的，是思想与知识之纸面载体的书，和思想与知识之肉身载体的读书人，而不是百分之二十五意义上的继承了孔子的思想学说的那个“儒家”群体。秦始皇要禁止的是普遍的思想，而不是单一的学派，他不是只对单一的学派“有意见”或“看不顺眼”。所以，在秦始皇这里，如果说存在“儒法之争”，那么，这里的儒更像是读书人群体，而这里的法更像是以法为压制工具的权力。而并不是通常所讲的两个学派的竞争（哪怕是认为法家作为学派依附了权力）。

我们再回到《史记》前的《论语》和《韩非子》当中。很有意思甚至很令人惊讶的是，《论语》当中，出现“儒”字，只有一次：“汝为君子儒，勿为小人儒。”只出现一次，很能表明孔子并不太在乎以儒来自称，而只有将儒理解为宽泛意义上的概念，才不会真的把君子儒理解为君子式的儒家传人，他就是读书人。而韩非子的名言“儒以文乱法，侠以武犯禁”，同样不能狭指“儒家”。

所以，从我们所讲的祈雨师，到胡适版“殷之遗民，治丧相礼”，到班固版周代“盖出于司徒之官”的儒，儒在秦之前，正泛化为“懂礼”“懂史”引经据典的读书人群体。他们诵习诗书，喜欢谈论，喜欢古典，更从私学中形成学术传承。他们是一个可爱的“诸生”群体，看乎“愚”“迂腐”但实际上有深厚的礼仪与学术修养。在秦之前，他们游走于各地，有本领且受欢迎，更能在和平状态下得到认可。但在秦政建立时，却受到绝对主义权力的不认同。无论如何，这个从祈雨师一路走来的群体，有着相当的开放与博雅精神。我们也可以说，因为人们认同祈雨师式的博雅，便把这个博雅群体称为“儒”。

第三节　秦火与知识重建

儒家真正被固化为今天我们所认识的概念，作为学派正式确立，当为汉初之事。

这首先是个学术整理和学术梳理的工作。秦火大燃之处，学术与知识、图书与思想都元气大伤，以至于连《尚书》这么重要的文献都需要口述。所以，要谈儒家作为学派的正式确立，不能不谈秦火。

秦始皇为什么一定要一把火烧了这些图书和刊载的思想？为什么一定要禁绝自由思想的传播？这里自然有必然和偶然的原因。在此，仅对必然的原因进行分析。

秦火从必然来说，一是来自对于商鞅的路径依赖。秦的成功无疑来自商鞅变法的开创，而商鞅，无疑是个对自由思想充满厌憎的人。自由思想和自由言论，被商鞅称为“私议”：“夫废法度而好私议，则奸臣鬻权以约禄，秩官之吏隐下而渔民。”私议分为官员和百姓两个层面，而商鞅首先禁止的是官员层面的私议。这显然是一种军事化的方式。从军事化的思维来看，首先在军队层面做到整齐划一，要求绝对令行禁止，其次在全民当中推广这种军事化做法。当此之时也，这种举国皆兵的战斗力，的确大大胜过别国，但也让本国之人变成了失去独立见解的工具。

进一步说，商鞅概括了“六虱”。“六虱：曰礼、乐；曰《诗》《书》；曰修善，曰孝弟；曰诚信，曰贞廉；曰仁、义；曰非兵，曰羞战。国有十二者，上无使农战，必贫至削。十二者成群，此谓君之治不胜其臣，官之治不胜其民，此谓六虱胜其政也。”虱，说文解字解为啮人虫，与今日之理解相差不大，人皆厌之。商鞅将礼乐、诗书、仁义、善良孝顺、诚信贞洁、反战，视为六虱，可以说具有了一种超越反对私议的反正面价值的霸气，这种“霸气侧漏”，显示了军事化的临时做法的焦躁，显示了专权人士的焦虑。想要把人与人的相亲相爱、诚信友善的好社会祥态打破，而实际并不能提出（也提不出）良好的替代方案，这是非常危险的做法，这种局面，培养的是听话的工具，但同时也是仇恨且无爱的个体。这种思路，只能是暂时的做法。

所以说，商鞅为了“胜利”，进而提出了“国之八者”：“辩慧，乱之赞也；礼乐，淫佚之徵也；慈仁，过之母也；任誉，奸之鼠也。乱有赞则行，淫佚有徵则用，过有母则生，奸有鼠则不止。八者有群，民胜其政；国无八者，政胜其民。民胜其政，国弱；政胜其民，兵强。故国有八者，上无以使守战，必削至亡。国无八者，上有以使守战，必兴至王。”辩论带来混乱、礼乐带来过度、仁慈带来过错、声望带来奸猾，这都将使民间社会的势力超过国家政权，而带来国家的衰微，所以不能够赢得战争的胜利。我们仿佛能够听到商鞅作为一名好战、好胜、好惩罚的策士和官员的呐喊，他似乎怀着强烈的使命感，又带着必胜的良策，他就是要让整个国家实现军事化管理，从而以小国战胜大国，但最终让充满活力的民间社会走向式微。

其实商鞅的说法一点都不奇怪，放到军队当中，这就是常态，作为一个救亡图存的小国来说，似乎也颇有可以理解之处。这就是“救亡压倒仁爱”。我们可以就此做两种设想，一种是这些话语都是商鞅在辩论当中表达的，辩论容易极端化，有时候会变成吵架，吵架，就需要声音很大，观点很“鲜明”甚至极端。辩论容易产生怒气，这种怒气在辩论结束后未必会消除，从而变成一种情绪。在命如草芥的先秦，辩论的情绪当然会带来性命之虞，性命之虞自然也就带来了仇恨。另一种是，我们似乎也不能排除现有的《商君书》文本，也就是我们刚才引用的文本，实际上也包含汉初的文献整理者们的加工，这种加工当中，或许包含对于商鞅学说的极度不满，给他编造一些极端话语，亦未可知。早在商鞅之前，老子就预言了这种极端言论和极端做法：“飘风不终朝，骤雨不终日”。

王安石说：“今人未可非商鞅，商鞅能令政必行。”确实，商鞅有他的优长之处，甚至，史籍所载之“改法为律”的知识产权也来自商鞅。改法为律是立法，有令必行是执法，法学和“法治”的两大领域，商鞅成绩突出。但是商鞅对于自由思想和社会常态的敌意，却使法学和法治蒙羞，一定意义上，这影响了法学和法治在中国进一步地、健康地展开。

秦火从必然来说，二是来自秦始皇在统一前后的维持政权的实际需要，以及他作为“第一个皇帝”的过度自信。统一前后维持政权和“第一个皇帝”，其实是同一个问题，紧张与自信并存，已经难以区分。商时代万邦林立，周代邦的数量更不少，一步步兼并下来，在秦统一之前，仍然呈现的是不同的文明体和血统共同体，尽管这些文明体经过了超过 2000 年的互相影响，尤其是经过了商周天子的中心化影响，早已趋于同化，但是差异仍然存在。面对军事征服之后依然存在的差异，“第一个皇帝”既有着统一会遭遇不测之瓦解的紧张，又有着“这帮人不过如此”“我才是天下第一”的全新一代的侧漏的霸气，便进一步要求统一思想。进一步说，被灭之邦国，其中的复国主张可能就包含在自由思想当中，这不能不令新的中央政权感到警惕。更何况，这种“统一思想”，本来也是商鞅以来秦制胜的法宝。好东西就要继续用，并且要“发扬光大”。

所以，有了这两种必然，那么，博士卢生发表一点个人见解，丞相李斯发表一点禁绝的建议，就变成了点燃汽油罐的那根火柴了。汽油罐迟早都要被点燃，即使没有这样的“挑衅者”（其实是并不逾矩的自由言论者）和官方建议者，官方迟早都要行动。当然，在不同的条件下，行动的力度或许会不同。但力度都不会小。

谁能想到，谁又会想不到？（或许秦始皇想不到）秦火之后是秦亡。秦亡之后，迎来的是知识的重建。这次知识重建，意义不同凡响。包括儒家在内的各家思想被正式概括和提炼出来。正是在这次重新整理的过程中，各家的分类得到了强化。诸子、百家和“六家”不同，诸子是具体的人，百家是形容数量多（且乱），“六家”才是真正的学派分类。随后知识重建者又做了一个倒推，从而强化了孔孟荀等的谱系传承。在我们看来，到了这个时候，儒家才正式像运动会上的解说词一样：“现在向我们走来的是儒家队。”

第四节　实质之儒与学派之儒

司马迁之父司马谈在汉初叙《论六家要旨》而谈儒家：“儒者博而寡要，劳而少功，是以其事难尽从；然其序君臣父子之礼，列夫妇长幼之别，不可易也。”这正表明了汉初之谈儒学的两个面向：一个是儒家博雅但烦琐；另一个是儒家很重秩序。让我们先从第二点说。

司马谈说儒家“序君臣父子之礼，列夫妇长幼之别，不可易也”。这指的是儒家对于构建秩序的倡导。试问，有哪个政权会反对对秩序的构建呢？在这一点上，秦政当然也不例外。司马谈之子司马迁记录的秦始皇泰山刻石证实了秦代对于秩序的构建，其中正颇有“贵贱分明，男女礼顺”的礼的成分：“夙兴夜寐，建设长利，专隆教诲。训经宣达，远近毕理，咸承圣志。贵贱分明，男女礼顺，慎遵职事。”

陈寅恪说：“李斯受荀卿之学，佐成秦治。秦之法制实儒家一派学说之所附系。中庸之‘车同轨，书同文，行同伦。’（太史公所谓‘至始皇乃能并冠带之伦’之‘伦’。）为儒家理想之制度，而于秦始皇之身，而得以实现之也。”陈寅恪的这一洞察，或源于司马谈一脉，或从李斯之师承予以阐发。在这一点上，陈寅恪对儒家变迁的观察当然是有其道理的。

司马谈和陈寅恪的洞见，让我们看到了秦政与儒家秩序观各自隐秘的一面。

秦政本来是至刚至烈至猛的，本来倡专权而兴文火，一把烧掉各种思想；儒家本来是秦政声讨和打压的对象。可是，这时秦政用儒之制度，儒家又成为秦政之一部分，这种隐秘的另面和表面的乱套，实则以秩序为其本源。

秦政在打压自由思想的同时，当然需要塑造秩序。秦统治者当然明白，统一之后的六国国民，加上原来的秦国之民，总不能全部关到监狱当中，全关到监狱里，哪来那么多秦警？统治者们的各种消费又从何供给？所以，最好的做法当然是用严苛的秩序管控国民，把全国当成一座某种意义上的“准监狱”，但又让他们各自得以生产生活。进一步说，“准监狱”当然也不是说到做到，管控难度较大，所以，以某种适合的制度为依据，在一定幅度内，让社会实现某种严格的自治互治秩序，就是一种考虑。

李斯作为荀子的学生，自然对于荀子之礼法意义上的制度之学有所掌握。礼和法都是制度、规则，都存在对人的行为的约束。假如抛开了规则内核的关怀，的确礼法（也包含命令、政策）——假如我们用宽泛的法律来作为统称，本来就是工具性的。就立法来说，统治者可以把自己全部的意志灌输到法律当中；从执法司法来说，执法司法者可以无限度自由裁量和自由心证，法律当然可以成为让不服从的百姓就范的工具。而法律即使不这么工具性，仍然可以被赋予规训社会的职能，只要这个法律的解释权属于秦始皇系统，只要礼法所构建的秩序体系有助于秦统治这个核心利益下的安宁。当然，即使在这个体系之下，也有社会自治空间之大和小的问题，客观地说，无论是司马谈所讲的“贵贱分明，男女礼顺”，还是陈寅恪所讲的“行同伦，即太史公所谓‘至始皇乃能并冠带之伦’之‘伦’”的自“秦始皇之身，而得以实现之也”的制度体系，都还是给民间留了一定空间的。这种被陈寅恪认定的儒家秩序，当然算是刚烈之秦政的难得的温和一面。

司马谈谈到了儒家的“博”和“劳”，这很有趣。我们甚至可以想到，那群读书人谈起各种礼仪规矩时，是何其眉飞色舞。这群被世人视为迂腐的书生，的确满腹经纶，他们所倡者，一个是古，另一个是秩序体系。假如从礼仪制度的方面来谈博和劳，可以看到，博，指的是古来礼仪的博雅和驳杂。当秦统一六国时，本来就把各行其是的礼仪凑到了一起，礼仪之间必然产生竞合关系，而且条款极其复杂。各行其是，各倡其礼。劳，指的是遵循古礼所带来的社会成本。假如一个高级官员出门，本来简单就出去了，可是按照各种不同的礼仪，遵守下来，恐怕一时半会儿也出不去，这就是“劳”，在俭省者看来，这当然是无意义的社会支出。

司马谈所讲的博，是来自书生们的渊博和尊古，但是其结果中的复杂和烦琐，或许就包含不能满秦统治者之意的内容，古不一定合今，古之限权之礼，更不能合于集权之秦。而其劳，当然也不能满足秦政之短平快的需求。所以，司马谈的两分法，前者合于秦之要，后者则为统治者所不睬和讥笑。

从秩序来说，司马谈和陈寅恪说的无疑有相当洞见，这表明，秦始皇在建立秦政之新制度时，是以秦之核心利益为诉求，以统治为目的，而乐意采用的秩序型礼仪。这和“焚书坑儒”冲突了吗？并没有，从儒家学脉史来说，这恰好呈现实质之儒和学派之儒的差异。

实质之儒是“儒家”所提出的主张。礼本来就是礼仪，一个社群本来就不会没有礼仪，孔门群体倡礼，礼确乎是社会秩序的制度体系，在秦来说，采礼是需求和现实的整合。秦需要秩序，而有师承于荀子的李斯供其用——至于被认为儒家的核心价值之一的“仁”，就被秦政的智囊、另一位被认为也师承于荀子的韩非子所批评：“世之学术者说人主，不曰：

‘乘威严之势以困奸邪之臣’，而皆曰：‘仁义惠爱而已矣’！世主美仁义之名而不察其实，是以大者国亡身死，小者地削主卑。何以明之？夫施与贫困者，此世之所谓仁义；哀怜百姓，不忍诛罚者，此世之所谓惠爱也。”在这个意义上，我们也可以说秦政是“重礼轻仁”，而其所重之礼，实在只是他认为有用的秩序之礼。

学派之儒是儒家作为学派的存在。在我们看来，学派之儒的归纳讨论是汉初的事——恰好就是司马谈和早于司马谈的这个时候。我们前面说：“秦亡之后，迎来的是知识的重建。这次知识重建，意义不同凡响。包括儒家在内的各家思想被正式概括和提炼出来。正是在这次重新整理的过程中，各家的分类得到了强化。诸子、百家和‘六家’不同，诸子是具体的人，百家是形容数量多（且乱），‘六家’才是真正的学派分类。随后又做了一个倒推，从而强化了孔孟荀等的谱系传承。”秦火之后，思想毁而重生，凤凰涅槃之后，儒家思想被读书人们归纳了出来。

所以，在实质之儒的意义上，秦并不反礼，抑或并不反儒——在这个意义上，陈寅恪说的当然没有错；而在学派之儒的意义上，秦不仅反对儒，也反对其他的自由讨论，但是学派之儒被提出，是凤凰涅槃之后的汉之事了。

第五节 孔门儒家

秦亡，战争之后是汉建。人们常说汉承秦制，这当然没有错，“百代都行秦制度”，况乎汉哉？但是，这种继承，这种实行，不是以秦之名，而是用其实质，这个实质就是——根本性地，秦创建了一个大帝国。简要地说，在秦之前——也就是我们常说的“先秦”，中国大地，可以说是一个联邦文明体，而不是一个大帝国，何以言之？各个“诸侯国”万邦林立，天子只是一种文明体意义上的“天子”，并没有达到统一国家之国王的程度——普天之下，莫非王土，却只是一种理想。各个诸侯之邦国自行其政，这就是常态，而不是我们偶然误读的异态，好像商周的“诸侯”都必须像省级政府负责人一样，事事听从中央安排，而只有不听才是异态，不是那样的。地方成为中央绝对管辖的领土，地方必须服从中央，这是秦以后的事，所以，秦真正开创了大帝国和中央集权，这个大概念意义上的制，恐怕也无法不承。

但是，汉对秦是何态度？是完全的革命态度。所以也有学人指出，汉怎么会自称承秦制？汉只会指责秦、革命秦，在这个意义上，历史对于秦的叙述，恐怕也有一些汉代及后世对其添油加醋地进行批评以呈其恶的成分。

汉对秦的革命是颠覆性的，其中一项就是法律，我们常说的“余悉除去秦法”就是一种姿态，也正因如此，云梦秦简的出土才让人感到石破天惊——谁能想到秦代立法如此繁复，难怪贾谊说秦法“繁如秋荼”。所以我们说，中国历史说，如何对待法律，实际上可分三种：第一种是革命型的，也就是破旧型的，要求全部废除旧法，汉就是如此；第二种是继承型的，唐以后不少如此；第三种是移植型的，近代如此。

汉对秦的颠覆当然也包含文化重建，如我们前面所言，整理秦火之后的学术经典，就是其中非常了不起的一项。

文化整理工作，显然不可能完全始于汉代，例如，齐稷下学宫，就是个优质学术机构。但是，考虑秦火之大，则汉初的整理更具意义，也更具对于后世来说的经典重建与脉络划分属性。

儒家，在这时候完成了第一期的整理工作。所谓第一期，包含三个意思。其一，将儒家与各家并列在一起，有梳理，有比较。其二，把儒家的发展脉络倒叙，使之成为一个脉络清晰的谱系，也为后来的学统之构建打了基础。其三，与董仲舒所进行的儒家第二期整理，以及与刘歆后来将儒与周做了更紧密衔接的第三期整理形成了差别。第一期整理出来的儒家，是更纯粹的儒家。

第一期的整理，首先在于正名，儒家的正名，实质是将孔门确立为儒家。关于孔子门徒的师承，司马迁写道：“自孔子卒后，七十子之徒散游诸侯，大者为师傅卿相，小者友教士大夫，或隐而不见。故子路居卫，子张居陈，澹台子羽居楚，子夏居西河，子贡终于齐。如田子方、段干木、吴起、禽滑釐之属，皆受业于子夏之伦，为王者师。是时独魏文侯好学。后陵迟以至于始皇，天下并争于战国，儒术既绌焉，然齐鲁之间，学者独不废也。于威、宣之际，孟子、荀卿之列，咸遵夫子之业而润色之，以学显于当世。”司马迁这段话，大有值得细读之处。照这段话，孔门主要分为实践派（从政派）、理论派（学者派）和隐士派。所谓“儒分为八”，大致也都是相似分类。

实践派（从政派）兼具理想和现实、咨询和决策、活动和静思等不同的行为特点，相较而言，确实比学者的处境更复杂，需考虑更多，也更需要务实和回应现实。这似乎可以启示我们，假使战国时的法家也师承于孔门，或许就有作为改革家的法家虽然接受了孔门教育，但也不能不回应现实的实际原因。这就是人们常说的“有经有权”，有经就是遵守常道，有权就是要适时调整。“如田子方、段干木、吴起、禽滑釐之属，皆受业于子夏之伦，为王者师。是时独魏文侯好学。”孔子弟子子夏所授的这个序列，的确是“如画江山”中的“一时多少豪杰”。这是个竞争的年代，越是竞争年代，就越不能固守之前的“血而优则仕”的状况。就像我曾谈论和引用何怀宏著作所述：血缘与家族并重于先秦，即便不是最显赫的世家大族，只要有一定的家族规模，那么，从家跨越到国，也属以政治为业的正常人生安排。恰如何怀宏所言，当时社会主要的资源（权力、财富和名望）基本上都是控制在世族手中的，春秋的世族呈现“血而优则仕”的情形：“血统或家世是取得精英地位的首要条件。世族的建立，尤其是其发展壮大，虽然还是要有赖于个人及子孙的德行、才干和机遇，但无论个人贤否，家族血统都是上升的第一要件。有限的选举是隔离的，分别发生在大夫与士阶层的内部，可供个人选择的余地相当之少。”〔1〕孔子不愧是使命感极强、学养极其深厚而洞明世事的学者，他的学生素质高，再传弟子亦然，这就能够在政权需要的时候，被选中，且创造出已经被历史记载和记忆的政绩，他们不负历史，也改变历史。当然，他们的改革不一定都对，而历史的走向也不一定理想，但这与个人的情怀和实干并无十分关系。

理论派，则继承、发展，很大程度上也是保全了孔门。理论派当中，有群体，有个人，“儒术既绌焉，然齐鲁之间，学者独不废也。于威、宣之际，孟子、荀卿之列，咸遵夫子之业而润色之，以学显于当世。”齐鲁学者，尤其是鲁儒，这是一群于礼仪深具学问的读书人，构成了一个乱世读书的特殊群体。

〔1〕 董彦斌：《“摸龙之道”：例以韦伯与中国法之相遇》，载《中国法律评论》2017 年第 6 期。

至于孟子和荀子，那自然是分别被称为学者型的活动家、思想家和体系型的孔门思想发展者。这其中当然也包括了《礼记·大学》的可能的作者曾子、《礼记·中庸》的可能的作者子思和《礼记·经解》的尚不能确定名字的作者。没有这群人的孜孜不倦，孔门不存——毕竟前述之政治家已然主要投身在实践中。孔门不存，儒家也未必能够被视为显学，假使如此，中国的历史或许都要重写。

隐士派，这当然是一个不容易被记述的群体。真隐士，外人未必知其名字；假隐士，似乎背离了隐士的精神——例如，阮大铖在晚明就曾通过隐居而“养望”。关于司马迁这里所讲的孔门之隐者，当然未必都是隐士，而当时的大量隐士也未必是孔门传人。但是，儒门当有隐士，而隐士足以在一定意义上形成感召效应。何世无奇才，遗之在草泽。隐士一般都是杰出人才，否则，每一个默默无闻的人都可以被叫作隐士。隐士中固然有“遁世”的甚至混生活、讨生活的人，他们似乎只是对尘世生活感到厌倦，甚至放弃了固有的理想。但孔门中若有隐士，当非如此，或许他们真正在基层展开了实践。其之内仁外礼，自然有助于民间良序的构建，在这个意义上，他们在默默影响着身边的社群。

自然，更被认为于儒家的发展形成了实质的助力，是我们这里讲到的孔门理论派。

第六节　班固与雅斯贝尔斯视野中的诸子与儒家

毫无疑问，在董仲舒进行第二期整理之前，儒家（以及其他各家）的第一期整理工作很是有声有色。

正如我们之前说到的，儒家和各家一起，其学说，其师承，其脉络，被清晰地划分了出来。正如儒家之划分一样，各派的划分，大体上有一个比较简单易掌握的标准，这就是师承。例如，儒家从孔门起算，道家追溯到老子，墨家就是墨子的门徒。有意思且有意味的是，他们还要继续追溯，例如，孔门不仅要算到孔子，还要算到尧舜和周文王周武王，如此一来，历史悠久，其来有自。而老子一系，算到了黄帝。这样一来，史籍记述不十分清晰——有的说完全是一系，有的则不一定按一系看待黄帝与尧舜的观点，也就在这种不同学派的追溯中发生了分歧，一个偏道，一个偏儒。我们当然也必须看到，这种回溯，不是始自汉代，但汉代的确将其更强化和系统化了。至于更早的盘古、伏羲等，自然也存在于不同学派的叙述中。有个略显跑题的话题是墨子再往前追溯，会是什么渊源？实际上，作为带有强烈的组织性色彩、平民色彩、行业色彩和科技色彩的墨子的思想渊源，倒很可能藏着比儒家和道家更加重要而深刻的早期中国之秘密。

按师承来划分，显然也会有一些难解的问题。例如，儒家的实践群体和理论群体的差异比较大，而且就法家来说，似乎也找不到明显的师承，法家转益多师——这是因为法家更因应现实。

《汉书·艺文志》给出了师承之外的一种解释："诸子十家，其可观者九家而已。皆起于王道既微，诸侯力政，时君世主，好恶殊方，是以九家之术蜂出并作，各引一端，崇其所善，以此驰说，取合诸侯。……使其人遭明王圣主，得其所折中，皆股肱之材已。"在班固看来，这九家主要的学说都是因应政治的"政治哲学"和"意识形态"，是政治设计，或是政治献言。

华夏文明体的整体形势是"王道既微，诸侯力政"。周天子的权力和权威，如同石头落水后的波纹一样，逐渐消失。华夏文明体失去了曾经的中央权威，这的确是此文明体最缺乏向心力且极其危险的时刻。很难揣测的历史便是，假设没有秦的统一，华夏文明体的走向会是如何？会不会各大邦国在形成自己的中央权威之后，就形成了千年的既定事实，以至于在文化、语言等方面越发无法融合甚至对话？

各邦国内部的形势是"时君世主，好恶殊方"。好恶殊方，这个词应该不是贬义，而是真实描述。各邦国的君主各有各的难题，各有各的处境，各有各的野心。君主当然有其绝对的自由裁量权，有的君主是理性的，有的君主是非理性的，总体来说，一部分君主的好恶可能来自情绪化，另一部分则未必，这可能与处境相关。当中央权威衰落时，各邦国的“强国梦”变得更加真切，也更加急迫，之前还是一池春水被吹皱，后来就是惊涛骇浪。当此之时，政治设计和政治献言，不仅是自下而上的，当然也是自上而下的。当此之时，各君主的傲慢可能是缺乏远见的自我伤害，求贤若渴才是自救良方。

九家学派在此形势下的基本样态是：“九家之术蜂出并作，各引一端”。班固这里出了一个“语病”，九家怎么能是“蜂出”——像蜜蜂一样飞出来呢？像蜜蜂一样飞出来，是形容数量之多，九家却并不多，百家像蜜蜂一样飞出来还差不多。所以，更可以看出九家是提炼，是从百家甚至更多家基础上的提炼。九家各有各的见解，这也是有趣的。见解要有特点，这样才能把自己和别人区别开来。认为别人见解不对，在纠正或辩论的基础上提出新的见解，这样也会显得不同。有的更极端化、可识别化，因为不如此则显不出自己的存在感。

九家学派当然是以理论为旗，分为真诚的“崇其所善”和功利的“以此驰说，取合诸侯”两个方面。“崇其所善”确乎是真诚的，其善者，至少有三个内涵：价值认同的内涵，身份认同的内涵，理论构建的内涵。

价值认同的内涵，在于学者还是有自己的善恶观念，一个人要想取消自己的善恶观念、完全背离自己的善恶观念去进行深层思考是极难的事，何况春秋战国时的学者还处在那样的学术初创阶段。在基本善恶观的基础上，学者构建其正义、义利价值体系，从而认同自己所认同的善并强烈追求之，并想说服一个邦国、一个君主来赞成和支持，这是一个学者极强成就感之所在。

身份认同的内涵，或者表现在血缘、家族和邦国，或者表现在全局，或者表现在阶层，甚至于完全表现在个体。有的学者就是要为自己，从自己的固有血缘、家族和邦国的身份出发，或维护小利，或维护大利；有的站在全局，从公共利益和基本人道的视角看待战争和政策；有的站在某个阶层的角度，为全局中的某一群或某一类人代言；有的只为个体，甚至只为自己——我只代表我。

至于理论构建的内涵，我们完全可以借用雅斯贝尔斯在其《论历史的起源与目标》当中的卓越论述。在中国、印度和西方的“上述所有的三个地区，人们开始意识到其整体的存在、其自身的存在以及其自身的局限。他们感受到了世界的恐怖以及自身的无能为力。他们提出了最为根本的问题。在无底深渊面前，他们寻求着解脱和救赎。在意识到自身能力的限度后，他们为自己确立了最为崇高的目标。”“哲学家首次出现了。人们敢于作为个体依靠其自身。……他们在自身之中发现了根源，并由此超越了其自身以及世界。”“和这一新的精神世界相一致，在上述的三个地区表现出了一种类似的社会学状态。那里有大量的小国家和城市，有国家对国家、城市对城市的战斗，而这一可能性的前提是要有惊人的繁荣以及力量和财富的发展。”“相互间的交流促使精神运动在上述的三个世界内部流传开来。中国的哲学家们，如孔子、墨翟以及其他人，到处游走，以期相互间能在有利于精神生活的、著名的地方相遇，正如希腊的诡辩家和哲学家到处游历一样，佛陀也是终生都在各地漫游。”“人们感觉和意识到，在自我的当下之中，一些不寻常的东西正在开始。”[1]

雅斯贝尔斯的论述如此精彩，导致我们无法不多引，以表达其卓见和其乃包括儒家在内的九家学派的旷代知己之感。这种世界级的独一无二的人类意识觉醒的轴心时代，当然是理论构建意义上的“崇其所善”，而不是简单化的“货与帝王家”，不完全是功利意义上的“以此驰说，取合诸侯”。

当然，我们可以说，在此把班固和雅斯贝尔斯放在一起，才能更清晰地看到轴心时代的九家当中的儒家。二者有其辩论的冲突属性，但在“崇其所善”上相逢。无疑，雅斯贝尔斯消解或者深化了班固的看法，反之，班固于雅斯贝尔斯亦然。总之，包含儒家在内的轴心时代放在那里，班固做了汉代的解释，雅斯贝尔斯做了 20 世纪西方的全球观察意义上的解释。

---

〔1〕［德］雅斯贝尔斯：《论历史的起源与目标》，李雪涛译，华东师范大学出版社 2018 年版，第 65~66 页。

第七节　儒家画像

当儒家被明确认定为学术之一大宗派时，发生一大问题，这就是儒家经典的归属问题。

儒家经典首先归属于儒家，这自然不是问题。但是，儒家是否垄断了这些经典？当然不是。在《左传》当中，我们能多次读到各邦国政治家对《诗经》和《尚书》的引用，可知这些经过孔子编订的经典，确乎成为政治家们的公共话语：一来这是一群接受了博雅教育的政治家。二来在尚古而尚文的氛围当中，引用古语，颇能赢得认同，而且说服力也强。三来假如《左传》的文字可靠，而孔子编订的经典是当时通行的经典，则当时的文化传播之迅速亦可想见。即使其版本不是出自孔子所编，而过程恰好相反，是孔子发现这些经典重要，从而予以编订——即便如此，仍可想见，孔子的版本仍然在编订完成时一纸风行。四来在周天子权威下坠甚至周天子系统消亡时，不同邦国的政治家仍能因为他们对经典的引用而共同营造一种华夏文化氛围，可知邦国之间虽然利益对立，但是文化共识却是存在的——显然，尊重传统的文化才是华夏的核心命题，才让华夏面对四邻有了当时来讲的优胜心和凝聚力，即使周天子消亡，文化依然维持着华夏作为一个文明体的存在。

正是基于这种各邦国政治家都认同经典的状况，故《礼记·经解》当中才有这样的以孔子之名而道出的总结："入其国，其教可知也。其为人也温柔敦厚，诗教也；疏通知远，书教也；广博易良，乐教也；絜静精微，易教也；恭俭庄敬，礼教也；属辞比事，春秋教也。故诗之失愚，书之失诬，乐之失奢，易之失贼，礼之失烦，春秋之失乱。其为人也温柔敦厚而不愚，则深于诗者也；疏通知远而不诬，则深于书者也；广博易良而不奢，则深于乐者也；絜静精微而不贼，则深于易者也；恭俭庄敬而不烦，则深于礼者也；属辞比事而不乱，则深于春秋者也。"

《礼记·经解》中的这段话，非常规范完整，虽未知其是否确切出自孔子，但是，作为汉代归纳的儒家经典，即使非孔子之原话，也应具有意思上的可靠性。"入其国，其教可知"，这表明，在孔子的时代，文化教养成为一种竞争力和评判指标——这确乎不同于一般史书所见的杀伐世界。诗教，教人温柔敦厚，也就是养成性格；书教，教人疏通知远，也就是思维的见多而宏大；易教，教人絜静精微，也就是思维的精准细密；礼教，教人恭俭庄敬，也就是如何与人相处；春秋教，教人属辞比事，也就是如何行文叙事。入其国，其教可知，并不是说国与国要整齐划一，那实际上做不到，毕竟一国与一国情形不同，楚国多屈原歌咏的浪漫世界，郑国有似乎颇为旖旎的"郑声"，但是，以上的五教总还是文化上的公约数，也正因此，作为经典编订者的孔子受到广泛尊重，而孔门也成为一个显著的群体。

当“儒家”还没有被公认时，这些典籍也就不算是“儒家经典”，而是公共经典。《汉书·艺文志》说：“昔仲尼没而微言绝，七十子丧而大义乖。故《春秋》分为五，《诗》分为四，《易》有数家之传。战国纵横，真伪分争，诸子之言，纷然淆乱。”班固这个分析，只能说对了一半。对的一半是，“《春秋》分为五，《诗》分为四，《易》有数家之传”，当孔子离开世界，对典籍的研究立刻分解为不同的门派，这是事实，班固对的就是这个事实。错的一半是，在班固看来，似乎这是一种乱象，好像孔门就得一以贯之，有一个整体而丝毫不乱的体系，这怎么可能呢？事实上，正因为分了不同门派，这才更让接受者有了选择权，借以从中看到什么是基本典籍当中的真知。至于战国时期的“真伪分争，诸子之言，纷然淆乱”，这更是事实，但也是言论与文化开放时期的基本样态。以整齐划一的视角看，这是“乱”；以开放自由的视角看，这是活跃。

显然，孔子讲的这五教，也就是这五部作为文化共识和公共文化资源的典籍，还不构成各邦国之文化教育的全部，例如，各国都有国防的需要，就需要读兵书，这些文化典籍却不能提供，所以，显然各邦国的政治家还要广泛阅读其他典籍。但是，五部经典的基础性作用不可忽视，在此意义上，我们可以说，当“儒家”还没有成为人们的共识时，后来被确定的儒家经典，早就型塑了秦之前的文化世界。所不同者，仅仅在于由于儒家没有被厘清和确定为一种意识形态，所以各邦国的阅读更自由开放一些，但是其真诚毋庸置疑。从这个意义上说，无论是周礼之推广，还是公共文化典籍之风行，在儒家从汉代统摄中国人的心灵之前，先秦已经半只脚踏入了“儒家”的世界。

如我们所言，秦火之后，汉初进行了第一期关于儒家的整理工作。《汉书·艺文志》说：“至秦患之，乃燔灭文章，以愚黔首。汉兴，改秦之败，大收篇籍，广开献书之路。迄孝武世，书缺简脱，礼坏乐崩，圣上喟然而称曰：‘朕甚闵焉！’于是建藏书之策，置写书之官。下及诸子传说，皆充秘府。”这次整理，抢救了秦火未能烧尽的文化，避免了华夏整体上的文化断层；厘清了各家，也厘清了儒家典籍。

当此时也，像其他各家一样，儒家被正式地画出了肖像。

这次画像，有形式上的意义，且形式上的意义仍然非常重要，这就是整理出宗派脉络，并且整理出宗派典籍。那些之前已经在传承、经过孔子整理更具科学性和系统性、经由孔门不断传承的经典，正式被确立为“儒家经典”——它们从公共文化经典变为“儒家经典”，这的确让现实中的儒家的地位迥然不同于别的派别，儒家成为经典的守护者、“非物质文化遗产传承人”。这也让历史上的儒家地位不同，作为一直以来的经典守护者，被厘清之后的儒家，整体脉络都充满了文化感，是一个真正的读书人群体。

这次画像，当然更有实质上的意义，被整理出的儒家有一套儒家的见解，这就是以孔子思想为中心、以儒家典籍为依据的一套理解社会和历史的社会规范系统。如果说，先秦只是因为阅读公共典籍而半只脚进入儒家世界，此时，当然具有了全部进入儒家世界的前提，而这个时代，正在乘着汉武帝和董仲舒的马车到来。

第八节　立教时刻的董仲舒

汉代政权建立70余年之后，董仲舒的主张逐步在汉代政府中得以推行。显然，就像人们常说的，这是“需要巨人而且产生了巨人”的时代，也是“需要主张而产生了主张”的时代。董仲舒对儒家做了第二期的整理，此次整理让林毓生称为“普遍王权”的秩序完整地铺开。林毓生对“普遍王权”的结论是：“秦代以来帝国的建立以及精心提出的、成为钦定儒教的有机式宇宙论，增强了普遍王权的思想和制度。作为使社会政治秩序与文化道德秩序整合的链环，普遍王权自此以后更加强大和巩固。”“普遍王权是一个根基至深的、为不分畛域的众多相异思想学派所共同采纳的预设，从中国有文字记载时起，就占有支配性的地位。中国的传统文化几乎没有摆脱这一预设的可能性。”[1]

我此前将秦汉以来的儒家式中央集权政权的创立称为“立教时刻”，其含义为两方面，一是中央集权的帝国模式正式创立，中国正式成为一个统一的大帝国，二是儒家成为这个中央集权的意识形态。假使借用林毓生的“普遍王权”概念，那便是普遍王权秩序进入了它的第二个阶段。普遍王权的第一个阶段，在秦以前，是天下秩序，王统领天下。与此同时，普遍王权的观念并没有得到统一的教化与强化。第二个阶段，在秦汉之时和之后，是帝国秩序，才有了这样的让“普遍王权”更加强化的统一帝国，同时也有了儒家来整合思想。

董仲舒具有政治家和学者的双重色彩。按照《汉书》的说法，一方面，优秀学者刘向认为“董仲舒有王佐之材，虽伊、吕亡以加，管、晏之属，伯者之佐，殆不及也。”这简直把董仲舒提到了最杰出政治家的行列，这固然是因为董仲舒具有实际的事功，但由此至少看得出来，求学时期的董仲舒，绝非只尚空谈的学究。另一方面，与父亲刘向同等优秀的学者刘歆认为“仲舒遭汉承秦灭学之后，《六经》离析，下帷发愤，潜心大业，令后学者有所统一，为群儒首。然考其师友渊源所渐，犹未及乎游、夏，而曰管、晏弗及，伊、吕不加，过矣。”刘歆认

[1] [美]林毓生：《中国意识的危机：“五四”时期激烈的反传统主义》，穆善培译，贵州人民出版社1986年版，第21页。

为父亲刘向把董仲舒抬到了管仲、晏婴的高度，是夸张了，但是，他同样承认董仲舒虽比不上孔门第一人的颜回，也比不上子夏之类的孔门核心弟子，但同样可谓秦火之后重振儒学的群儒之首，这就是说，在刘歆看来，董仲舒在儒门，堪称贡献第一人、学者第一人。刘向、刘歆父子对董仲舒评价如此之高，显然是基于他们对历史和现实的观察——或许还包括对未来的观察，而不是简单意义上的学术评价。事实上，如果仅以儒门学派来看，刘向、刘歆与董仲舒其实还有旨趣与追求的不同，董仲舒尚春秋，而刘氏父子尤其是刘歆更崇周。刘氏父子之推重董仲舒，显然在于他们看到了董仲舒在实践和理论上的双重意义。假如刘氏父子能够看到一部关于随后两千年的"未来简史"，可能更能印证自己的判断之准确。

董仲舒的整理真正改变了儒家的命运，当然也因为改变了儒家的命运，从而改变了中央集权的帝国的命运。汉初，各家得以分殊，但各家命运并不相同。并不见得儒家具有命定胜出的绝对胜算。直到董仲舒得到汉武帝的重视，儒家的命运这才算开始真正"翻身"。无疑，正如我们之前所言，儒家经典与儒家不同，秦代对礼的重视也不代表孔门儒家就得到了重视。孔门儒家的群体，经过数百年的发展，的确形成了传承体系，尤其在汉初，其主张逐渐在解冻之后得到恢复。但只有像董仲舒的强硬推儒，才让儒家真正登上从未有过的历史高位："今师异道，人异论，百家殊方，指意不同，是以上亡以持一统；法制数变，下不知所守。臣愚以为诸不在六艺之科孔子之术者，皆绝其道，勿使并进。邪辟之说灭息，然后统纪可一而法度可明，民知所从矣。”

显然，在伤害百家的事情上，董仲舒呈现了冷酷的理念和冷酷的理想，“皆绝其道，勿使并进”，这基本上和商鞅之论与秦火没什么差别了。董仲舒猛烈批评秦代不仅以乱制乱，越来越乱，而且遗毒不止，造成习俗破坏：“自古以来，未尝有以乱济乱，大败天下之民如秦者也。其遗毒余烈，至今未灭，使习俗薄恶，人民嚣顽。”但事实上，董仲舒伤害百家的主张却类似秦火，同样是一种文化专权主义，这就像人们所讲的“变成了自己所恨的样子”。好在当董仲舒之主张兴起时，汉代已经经历了几十年的建设，国家与社会的土壤不再像秦朝时一样激烈而敏感，“皆绝其道，勿使并进”的汉火终于没有像秦火一样再一次一把火烧掉全部自由思想。在此事上，亦可解释为董仲舒的主张是迎合汉武帝的，或许汉武帝的主张本来就是如此，因为一个例证是，当天子善董仲舒之对，以仲舒为江都相时，丞相卫绾奏：“所举贤良，或治申、韩、苏、张之言乱国政者，请皆罢。”汉武帝立即同意了卫绾的建议。很难说卫绾是在迎合董仲舒，即使董仲舒的主张一时得到了汉武帝的支持，他也未必就马上奉和，但是，卫绾迎合汉武帝是无疑的。也就是说，董仲舒“献计”中的冷酷一面，汉武帝应当承担相当的责任。或者说，在这件冷酷的事上，君臣达成了相当的共识。也正是在这个意义上，我们说，董仲舒不仅是一个读书人，也不仅是一位政治家，更可以说是一位有相当的博弈能力的政客、活动家、谋士。

而在推宣儒家的意义上，“六艺之科孔子之术”此时成为了一套完整的体系。经典与儒家合一，儒家不再是普通的“子”，而逐渐近乎宗教偶像。这也就是冯友兰所讲的从“子学时代”过渡到了“经学时代”。冯友兰说：“董仲舒之主张行，而子学时代终；董仲舒之学说立，而经学时代始。阴阳五行家言与儒家合，至董仲舒而得一有系统的表现。《公羊春秋》中孔子由师进而为王，谶纬书中孔子更由王进而为神。至古文家出，孔子始渐回复为人，儒教始渐回复为儒家。”[1]这当然就是我们所讲的“立教时刻”的标准时刻。

自然，当儒家被推举到这样的位置时，儒家也自然发挥了它的拱卫职能，普遍王权秩序之硬的、物质的层面是武装和财政，软的、精神的层面当然主要靠儒家，这自然改变了中央集权的帝国的命运，使其体制在大的稳定和小的波动中维持了两千年。

仔细地看，董仲舒式整理儒家，核心词是“法天法古”，在法天法古之下，才是人们常说的阴阳五行之类，阴阳五行算是董仲舒为了讨论法天法古才采用的理论工具。董仲舒之

〔1〕 冯友兰：《中国哲学史》(上册)，商务印书馆 2011 年版，第 32 页。

“法天法古”，根本点有三。

第一，董仲舒要创立一套与宇宙相关的历史、政治、社会哲学。孔门儒家自孔子开始，在历史、政治、社会哲学方面成绩斐然，当然也有不足。成绩在于编订典籍和设坛授课，不足在于其中的宇宙思考部分，显然不及《老子》等作品。假使孔子在编订典籍时已经通过对《易经》和《春秋》等的阐述而阐发了他的宇宙观，但是，其中的著作权并不明显，而著作权明显的作品，就不那么“宇宙”了。人们常说“子不语怪力乱神”，又说“子曰：天何言哉？四时行焉，百物生焉。天何言哉？”这表明孔子的宇宙观高度理性化，不会去触碰在他看来有些非理性的民俗宗教，他又把天看成了一个万物井然有序的宇宙秩序体，这倒是让人想起了康德的话：“世界上到处都有清晰的迹象，显示世界有一个按确定的目的并由高度的智慧安排好了的秩序”，似乎孔子与康德所思略有所通，但孔子所谈极少。这样来看，林毓生所讲的普遍王权在其早期还不能说已经完全搭建起来，至少孔门的贡献还不够。董仲舒作为自幼读书者，尤其是当他面对战国以来编订又经汉代整理的那些宇宙观颇为突出的孔门之外的诸家作品时，不能不有所触动。

要形成思想市场的有效竞争，董仲舒的供给必须是全面而有深度、有效果的，这样，董仲舒开始搭建一套与宇宙相关的历史、政治、社会哲学。应当说，董仲舒这套理论的风格，是试图理性（科学）、神圣而且有务当时之实的。阴阳五行等学说，在近代以来似乎成了与科学无关的语句，除了中医等少数学科还在沿用，大部分学科可谓弃如敝屣，这些学科被列入博物馆陈列，而在董仲舒时，不能不说这些理论就是当时所能触摸到的科学和理性。阴阳理论作为一种二分法，颇能与现实世界形成对应，例如雌雄、昼夜、黑白、善恶，这就具有一种说服力，五行亦然。所以，并非后来的人们所认为的“不科学”，董仲舒追求的恰好是“科学”。至于神圣，因与天、宇宙相关，自然有其敬畏感。至于务实，则在于董仲舒不是“闹着玩的”，是要面对统治者而提供“帝王术”，这套理论不仅因经读书人整理而自带学术性，而且更要形成一种治理意义上的可用性。在最后一点上，董仲舒把学术与政治绑在了一起，又或许真诚在兹，或许在他看来，经世致用也是一种真诚。

第二，董仲舒要讲好历史故事。翻开诸“子”，多在讲历史故事。个人见解往往杂于历史故事当中。康有为在《春秋董氏学》当中说：“无教者，谓之禽兽；无道者，谓之野人。道、教何从？从圣人。圣人何从？从孔子。圣人从孔子，孔子之道何在？在六经，六经粲然深美，浩然繁博，将何统乎？统一于春秋。……欲学公羊者，舍董生安谁？”尤其是这段话里还特别引用了孟子的话：“其事则齐桓晋文，其文则史，其意则丘取之矣。”从“孔孟”到董仲舒到康有为，都要把历史故事放在统一叙事和义理阐发当中。这既是中国式风格，当然也是历史形成的环境使然。就在董仲舒有机会面见汉武帝时，汉武帝也问了他历史故事当中的问题："盖闻五帝三王之道，改制作乐而天下洽和，百王同之。当虞氏之乐莫盛于《韶》，于周莫盛于《勺》。圣王已没，钟鼓管弦之声未衰，而大道微缺，陵夷至乎桀、纣之行，王道大坏矣。夫五百年之间，守文之君，当涂之士，欲则先王之法以戴翼其世者甚众，然犹不能反，日以仆灭，至后王而后止。"钻研春秋、谙熟于历史故事的董仲舒，恰好遇到了询问他历史故事的汉武帝，董仲舒该是什么样的兴奋心情？

第三，董仲舒要反思和反击秦的哲学。作为秦之哲学与秦之实践的一大人物，商鞅的名言毫不保留地讲出了他对"古"的看法：不法古，不循礼。在商鞅这里，法古是一种拘泥，循礼是一种不作为。要创新变革，必须从传统中解放出来，从束手束脚的礼仪中挣脱出来："论至德者不和于俗，成大功者不谋于众。……是以圣人苟可以强国，不法其故；苟可以利民，不循其礼。""三代不同礼而王，五伯不同法而霸。智者做法，愚者制焉；贤者更礼，不肖者拘焉。""治世不一道，便国不法古。故汤武不循古而王，夏殷不易礼而亡。反古者不可非，而循礼者不足多。"商鞅也要讲历史故事，讲汤武如何，夏殷如何，但是，他们都被商鞅当成了不法古的范例，意思是，"我法的是不法古的古"，"我崇拜的是不崇拜人的人，崇拜他不崇拜人的精神"。这些话作为改革话语，当然毫无问题，但对秦之后的汉来说，恐怕还有个身份和立场问题——既然商鞅是秦的哲学和实践的英雄，董仲舒自然要与这类人的主张做个区分——你既然强调不法古，我就要强调法古。而从实质上说，两者其实都强调的是改革，只不过，强调法古的改革，更具有一种保守主义的意味，更尊重历史和文化，更尊重哪怕是理想当中的秩序。所以，相较而言，不法古的变革更接近革命，也更要创造革命新文化，它崇尚的是革命后的短暂文化；法古的变革更接近改良，更尊重古已有之的秩序和文化。

但是，董仲舒强调法天法古，创立与宇宙相关的历史、政治、社会哲学，这都是给孔门儒家做了一个整理和包装，其内核，仍然是被整理出来的孔门理念系统、孔门“绝活儿”：儒家秩序与伦理。但是董仲舒的整理、包装，尤其是他对儒家生命力的助推，的确是极其要害的，正如我们说的，不仅在于儒学，还在于中央帝国。正是在这个意义上，我们才把中央帝国的开创时期称为“立教时刻”，从政体来说，此体系创于秦，从内核来说，创于董。人们说中国古代政治体制“外儒内法”，在我看来，恰好是相反的，“外法内儒”，崇尚法家的秦制是外在的，崇尚董开创的儒家教化体制是内在的，所以也可以说是“外秦内儒”。只不过，由于儒家教化力量的强大，一切都顺应“儒家化”的制度趋势慢慢展开，导致人们觉得外在也是“儒”了。无论如何，董仲舒无疑是这个时期的关键人物，但是，董仲舒是一个摆渡人，摆渡来的内核还是孔门儒学。

第二章

孔子的法政哲学：基于《论语》第一篇

第一节　开学

子曰："学而时习之，不亦说乎？有朋自远方来，不亦乐乎？人不知而不愠，不亦君子乎？"

"学而篇"居《论语》之首，本章或本句也是"学而篇"得名的由来。《论语》各篇及各章之排列，似无逻辑顺序，那么，《论语》为什么将本章或本句列为开篇第一句？是排列无序的偶然使然？还是别有深意或别有原因？

我的解读是，这一章或这一句，似非偶然，而是孔子面对新报到的学生的开讲辞。

这时的孔子，其身份，是一位受人尊敬的老师、优秀的学者、当时的大儒——懂礼、通"六艺"的读书人，同时也是君子和后人赞誉的"圣人"。顾颉刚在《春秋时代的孔子和汉代的孔子》演讲中谈到，孔子的追求到底是君子还是圣人？顾颉刚说："一部《论语》，提出君子的有七八十条，但说到圣人的不过五条。把这七八十条提出君子的话归纳起来，可以得到几条主要的观念：（一）有礼貌（恭、敬），（二）有感情（仁、惠），（三）有理智（知、学），（四）有做人的宗旨（义、勇）。这实在是切实的人格陶冶。"〔1〕君子是在人格、境界意义上的。圣人，从其本意看，按照《说文解字》及段玉裁注所言，就是"通人"，"凡一事精通，亦得谓之圣"，进一步说，是万中无一的卓越人才，《礼记》称为"万人曰杰，倍杰曰圣"。孔子对圣人定位尤高："圣人，吾不得而见之矣，得见君子者斯可矣。"圣人，首先是知识意义上的，其次又被作为杰出楷模的指代称呼。这样来看，从圣人的本意来说，君子和圣人并不冲突，一个人可以同时成为人格意义上的君子和知识意义上的"通人"。而从圣人的引申义来说，圣人成为从孔子到后人都非常景仰的致敬对象。无论如何，在课堂上迎接新生的，是这样一位既强调人格，又强调知识的知名好老师。课堂很多，孔子只是其中的杰出名师。不同地域的人各追随各的老师，有幸的是，追随孔子的学生们，成就了孔门的谱系，成为后人称赞的孔门繁星。

学生来到孔子的学堂。日本学者井上亘考证了先秦的讲学基本模式："（山东诸城出土的）诸城讲学图所画的是先

〔1〕 顾颉刚：《古史辨》（第二册），上海古籍出版社1982年版，第133页。

秦的讲学，按《管子·弟子职》：'受业之纪，必由长始；一周则然，其余则否。始诵必作，其次则已。'在乡校里从年长学生开始一对一地授业。《礼记·曲礼上》云：'请业则起，请益则起。师出，皆起'。《弟子职》又云：'若有所疑，捧手问之。'可见，当时的讲学由'请业'（诵书）和'请益'（问答）两部分组成，'请益'时由学生捧手提问。郑玄在此引用《论语·子路》一文，'子路问政。子曰：先之劳之。请益！子曰："无倦。"'《论语》中的对话可以说是当时讲学的纪录片。"〔1〕

老师来的时候，大家都要起立。学生跟随老师学习诵读，一定从年长的开始；第一轮照此循环，其余可以不必。首次诵读必须起立，以后可以不必。向老师请教问题，要起立，捧着手提问。

《管子·弟子职》还讲了学堂规则："先生施教，弟子是则。温恭自虚，所受是极。见善从之，闻义则服。温柔孝悌，毋骄恃力。志毋虚邪，行必正直。游居有常，必就有德。颜色整齐，中心必式。夙兴夜寐，衣带必饰；朝益暮习，小心翼翼。一此不解，是谓学则。"学生穿戴要整齐，气氛要和谐，行动要整齐而合规矩，尤其要对老师心怀敬意。

众生远道而来，孔子致辞欢迎。"有朋自远方来，不亦乐

---

〔1〕［日］井上亘：《汉字文化圈的形成》，载《科学中国人》2013年第10期。系据同作者《古代日本的讲学及其来源》（载《北大史学》2013年第1期。

乎”，恰是孔子对新来之学生的欢迎辞。“同门曰朋，同志曰友”，按照程树德的集释，无论是不同版本当中的“友朋自远方来”，还是“朋友自远方来”，“朋”和“友”都表达了同门、同志的意思。显然，同门也好，同志也好，都不矛盾，同门是都到了孔子之门，同志是都怀着以孔子之志为己志的信念。“有朋”也好，“友朋”也好，于各位学友来说，皆为平等之友，于孔子来说，其人亦师亦友。在我看来，孔子的开讲辞虽然把“学而时习之”放到了第一句，但其本人内心充盈着对这些跋山涉水、远道而来的友朋的喜悦心情。

“学而时习之，不亦说乎”，恰与《管子·弟子职》当中的“朝益暮习”相对应。结合管子的话，我们知道了“学而时习之”的“习”的含义。习，一解为温习，即《说文解字》所讲的“数飞也”。又解为实践，也就是学习之后要实践。“朝益暮习”，其最明白的意思就是“早上向老师请教，晚上自己温习”，这不仅呼应了《论语》，而且描绘了学堂的场景，还告诉我们《论语》之易解——不需要朝着最艰深的方向去琢磨，《论语》就是如你所想，就是你向老师请教之后，老师的亲切回答。然而，《论语》易解，不代表“学而时习之”中的所学易解，孔子学堂之所学，显然不可能是孔子的简明语录，而一定与《诗》《书》《礼》《易》《春秋》相关，不仅是孔子编订的版本，还包括其他各种版本。来到孔子学堂的友朋，想来并非孩童，故孔子学堂不是幼儿园小学，不负责启蒙授字，而乃类似于大学，习史哲，研治理。王应麟在《汉制考·汉艺文志考证》当中引用了其同时代的南宋学者晁公武的话谈论《齐论语》："《齐论》有《问王》《知道》两篇，详其名，是必论内圣之道、外王之业，未必非夫子之最致意者"。[1]或许是后辈书生对孔子的知己之论。《齐论语》的《问王》《知道》两篇已失传，然而蕴含在其中的"内圣之道、外王之业"却是孔子最中意的学问。学生早上请教讨论，晚上温习，孔子之授课，乐在其中。

"人不知而不愠，不亦君子乎"，孔子告诉学生要豁达温和，未必不是夫子自道。孔子选择了这条授课的道路，一条路径的选择意味着另一条路径的放弃，其中不解孔子的旧友想来不知凡几，然而短暂的不解并不令孔子生气，他也不希望学生们因各自的选择遭致不解而生气。既然选择做君子，就要有君子的胸怀与修养，不激不随。

黑格尔在《哲学史讲演录》的开讲辞中讲道："时代的艰苦使人对日常生活中平凡的琐屑的兴趣予以太大的重视，现实上很高的利益和为了这些利益而作的斗争，曾经大大地占据了精神上一切的能力和力量以及外在手段，因而使人们没有自由的心情去理会那较高的内心活动和较纯洁的精神活动。"[2]《论语》记录简洁，或许孔子的开讲辞的主体部分都未

---

〔1〕 王应麟：《汉制考·汉艺文志考证》，中华书局 2011 年版，第 188 页。

〔2〕［德］黑格尔：《哲学史讲演录》（第 1 卷），贺麟、王太庆译，商务印书馆 2017 年版，第 1 页。

被记录，而“学而时习之，不亦说乎？有朋自远方来，不亦乐乎？人不知而不愠，不亦君子乎？”极可能只是开讲辞当中的三句提纲或要点。孔子可能所讲的全文当中，未必不包含黑格尔式的超然和对精神的呵护。

孟德斯鸠在他的开讲辞里讲了歌声、诗篇，以及更重要的理性：“神圣的缪斯啊！我感到，你们给予我的灵感，不是坦佩山上和着芦笛的歌声，也不是德洛斯岛上伴着竖琴反复吟诵的诗篇；你们希望我展示理性，因为理性是我们最完善、最高尚、最精美的意识。”或许孔子也像孟德斯鸠在《论法的精神》当中偶然的文艺一样。

第二节　儒家之爱

有子曰：“其为人也孝悌，而好犯上者，鲜矣；不好犯上，而好作乱者，未之有也。君子务本，本立而道生。孝悌也者，其为仁之本与！”

子曰：“弟子入则孝，出则悌，谨而信，泛爱众，而亲仁。行有余力，则以学文。”

子夏曰：“贤贤易色；事父母，能竭其力；事君，能致其身；与朋友交，言而有信。虽曰未学，吾必谓之学矣。”

子曰："父在，观其志；父没，观其行；三年无改于父之道，可谓孝矣。"

假如《论语》是学生向老师请教的"请益"对话录之合编，假如《论语》的顺序不是乱简杂排，而有一定顺序，那么紧接着孔子开讲辞的，便是关于孔子的学生有若（有子）对"孝悌"的讨论，而"孝悌"的起点是"孝"。讲到这里，我们先引入《孝经》当中的第一段："子曰：'先王有至德要道，以顺天下，民用和睦，上下无怨。汝知之乎？'曾子避席曰：'参不敏，何足以知之？'子曰：'夫孝，德之本也，教之所由生也。复坐，吾语汝。'"

孔子问曾参：先王有治理天下的"至德要道"，你知道吗？曾参本是孔子最年轻的学生，或许入学不久，似是被问懵了，离开坐席恭敬地回答：学生反应不过来，我怎么知道这么重要的东西是什么呢？孔子说，是孝。孝是"德之本也，教之所由生也"，请回到座位，我来跟你讲。

这是一个典型的课堂情景，形成《学而》的对应。就形式来说，《孝经》孔子问，曾参答，这当然是"请益"的应有之义。除了学生问，老师答，当然也有老师问，学生答，故有"避席""复坐"的动作描述之语。这样来看，有若（有子）直接切入"其为人也孝悌"这句有点"没头没脑"的话，当亦是如《孝经》般与孔子讨论的内容。就内容来说，《孝经》主题是孝，所以开篇就讲孝，当然切题，但孔子又在《孝经》的开篇把孝当作道德的根本、教化的来源，这与《论语·学而》是一致的。《孝经》里孔子讲孝是“德之本也，教之所由生也”，《学而》里有若讲“孝悌也者，其为仁之本与！”一个是德之本，一个是仁之本，连用词和构词方式都相同，我们简直可以说，《孝经》和《论语》这两段话语，完全不是隔空对话，而更可能是现场对话，甚至可能是孔子课堂常规的首场对话。

以孝为先，蕴含对话式循序渐进的教育方式。孝是生活中的平常而温馨的场景，极具日常生活的亲切性，不抽象，也不高远，是实实在在的做人之本分。仁、礼、德本来是孔子的核心概念，但是孔子第一课似乎并未直接切入仁和礼，没有概念先行——来日方长，先从日常中的孝说起。相较而言，《老子》直接从最抽象的道切入，“道可道，非常道；名可名，非常名”，孔子循循善诱，老子抽象构建，二者差别何其大也。《论语》最初也提到：“君子务本，本立而道生”，但这里的道隐藏在孝的后面，让人注意不到。老子的道则无法让人无视，但作为初学者又不能迅速接受。看起来，孔子的确更像一名好老师，而老子更像一名好哲学家。

孝，是子女对父母的爱，是子女对父母的感恩，是子女对父母的责任。父母对子女的爱，其中有无限温暖和付出；异性之爱，蕴含激情和内心的颤动。在此两种爱中，都有生命繁衍的成分在，可以说是生命个体最重要的本能和本质，不独人如此，动物何尝不是？父母和异性之爱，最能诠释利他即利己，以对方的满意和舒畅作为自己快乐的源泉。但是父母之爱恒久，有更高的生命命令；异性之爱有恒久之事例，也有短暂之欢情，也与生命的某种本能有关。而就子女对父母来说，既有生命本质意义上的爱，也有相当程度的依赖。孔子所处的春秋时期及春秋以前，人类普遍寿命难长，越如此，则父母去世时，子女幼小者越多，幼小之年，尚不能自保，更需依赖父母。而当子女成长到深深懂得亲情的珍贵时，在春秋时代，恐怕很多父母已经辞世而去。所以，只有爱和依赖，在子女对父母的情感当中还是不够的，要让子女真正懂得对父母的爱，就要在爱上加上感恩和责任，这就是孝，孝是爱、感恩和责任的叠加。

强调孝，比单纯强调爱，之于社群的意义更大。假如爱完全是父母以一般的付出为快乐，本来是极好的，但是生存资源永远有限，人确宜把自己和自己的基因管好，由此，自利和利他都是可以被理解和尊重的，父母对子女的爱的确不能完全推演到所有个体当中。也就是说，人不能像学习怎么对自己孩子一样去学习怎么对待社群中的他人。社群中的相处，当然更做不到像对待热恋中的异性一样，那种只对一人好的模式，本身就与社群之道相悖，而且，对多人好，还会在异性之爱中受到批评甚至谴责。相较而言，孝，作为爱、感恩和责任的叠加，的确更适合作为社群交往的参照。爱是浓浓情感，感恩是一种超越博弈与计算的交流之道，责任是一种理性与担当。由是，孝比子女对父母本能的依赖丰富了很多，正如《说文解字》中对孝的解释："善事父母者"。

正因为孝是爱、感恩和责任的叠加，而且这种叠加是自然而然的，而且孝作为家庭中的日常，本身不突兀，不需要理论的论证，所以孝成为孔子谈论的起点。(1)从在家里真诚而不是装样子的孝做起，直到走入社群时，真诚地爱着和关心着大家："入则孝，出则悌，谨而信，泛爱众，而亲仁。"(2)尽心竭力对父母好，用心对待参与的国家事务，认真对待五湖四海中有缘相遇志同道合的友朋："事父母，能竭其力；事君，能致其身；与朋友交，言而有信。"(3)从对父母彬彬有礼，到工作中彬彬有礼，尊敬科层制当中的上级与长者，不构成阻却秩序运转的力量："其为人也孝悌，而好犯上者，鲜矣；不好犯上，而好作乱者，未之有也。"这里的"好犯上"和"好作乱"，关键在"好"，这里大致为"喜欢、惯于"，大致是失去了合作精神，而不是失去了士大夫和知识分子的怀疑精神和反抗精神。

孔子是其父亲的幼子，三岁时父亲病逝，由此，孔子终身没有对父亲尽孝道的机会，或许这是孔子心里永远的痛和缺憾。孔子像对待自己的孩子一样对待他的学生们，但并未反过来要求他的学生们这样对他，而是劝诫大家从孝自己的父母开始，有机会就孝，这样才不会痛："父在，观其志；父没，观其行；三年无改于父之道，可谓孝矣。"

"三年无改于父之道，可谓孝矣。"显然，这是个美好的父亲形象，有点像英谚讲的"国王不为非"，父亲无错，而是秉道而行。每一个父亲都是个体，岂能无错，又有多少现实社会中的普通父亲并不能真正守道？孔子越这样将父亲理想化，或许越表达了他对父亲的思念。

第三节　温和

子禽问于子贡曰："夫子至于是邦也，必闻其政，求之与？抑与之与？"子贡曰："夫子温、良、恭、俭、让以得之。夫子之求之也，其诸异乎人之求之与？"

有子曰："礼之用，和为贵。先王之道，斯为美；小大由之。有所不行，知和而和，不以礼节之，亦不可行也。"

有子曰："信近于义，言可复也。恭近于礼，远耻辱也。因不失其亲，亦可宗也。"

（一）

我曾说："简要地说，在秦之前——也就是我们常说的'先秦'，中国大地，可以说是一个联邦文明体，而不是一个大帝国，何以言之？各个‘诸侯国’万邦林立，天子只是一种文明体意义上的‘天子’，却没有达到统一国家之国王的程度——普天之下，莫非王土，却只是一种理想。各个诸侯之邦国自行其政，这就是常态，而不是我们偶然误读的异态，好像商周的‘诸侯’都必须像省级政府负责人一样，事事听从中央安排，而只有不听才是异态，不是那样的。”

我们所讲的秦以前的“国”，原名为邦。之所以改名为国，可断言是避刘邦之讳而导致，所以清华简的战国文献有“邦家之道”之说，而不是我们常说的“国家之道”。再细一些说，邦又分为两大类，一类是周天子实质分封的邦，即真正意义上的“建邦”，另一种是周天子承认的邦，前者当然与周天子关系更加紧密，后者则更疏离。

应当说，在周代，各邦与周天子关系，无法对应今天的任何机制，既非中央集权，也非联邦，也非邦联，而应是某种联邦和邦联之间的状态，所以，我把周以前的状态，统称为“联邦时代”。在联邦时代，各邦并不能像今天的主权国家一样各自为政，但也并非地方政府。

北京大学张海先生的论文《“邦”、“国”之别——兼谈两周铜器铭文所示西周王朝之国家结构》一文，有效地引用出土文献尤其是西周铭文论证了“有邦无国”（并不是没有国，而是先秦时代国的含义不是“国家”，邦才是国）的历史事实。但是，他强调“邦”是政治地理单元。承认周天子的邦相当于王朝的地方政区，可能还是稍显武断，值得继续探讨。所谓武断，就是说，从文献来看，各邦的自主性略强于地方政区。特别重要的一点是，周天子管理的地区，也叫“邦”，所以周天子和各邦是大邦和小邦的关系。[1]

无论如何，秦以前的中心和地方关系，地方和地方关系，也即各邦关系，都处在巨大嬗变过程中。但不管怎么变，都不能改变一个事实，这就是各邦之间，尤其是天子之外的各邦之间，存在邦域竞争关系。只要有单元，就有竞争，这是不用说的。不同的情况仅仅在于，到底应该是有序的、和平的、服从一定规则和道义的竞争，还是无序的、战争的、无视规则和道义的竞争？

子禽向子贡问道：“孔子到了各邦，听闻各邦政事，是主动请求的，还是受到邀请的？”子贡回答说：“孔子温、良、恭、俭、让，所以获得尊重，孔子的请求，异于别人的请求。”

显然，温、良、恭、俭、让，不仅是孔子的为人之道，是孔子的符号，也是孔子关于邦政的建言。温、良、恭、俭、让，放在一起使用，往往让人产生这是一个词汇的印象，其实，作为一个词汇亦无不可，或者说至少是一组词汇。尽管古典词汇和现代词汇难以精准对应，而且古典词汇多有流变，不易把握其准确原意，但是，从大体上可以说：温，就是温煦；良，

〔1〕 张海：《“邦”、“国”之别——兼谈两周铜器铭文所示西周王朝之国家结构》，载《青铜器与金文》第1辑，上海古籍出版社2017年版，第560~584页。

就是良善；恭，就是恭敬；俭，就是俭省；让，就是礼让。我们可以把孔子的这组词汇，概括为“温和秩序主义”，又或者是“温和秩序理念”。

我曾提出“温和自由主义”“温和自由理念”的概念，对比起来，“温和自由主义”比“温和秩序主义”更在乎个人的权利和自由，以权利和自由作为制度出发点，这当然是一种近代以来的观念，我们无法强求孔子像启蒙以来的思想者们一样去关注个体权利和自由。一来轴心时代的思想家柏拉图、释迦牟尼等总体上都不持这样的见解，二来在孔子的时代，焦点问题的确不在个体权利和自由上，三来庄子、杨朱等思想家显然注意到个体的重要性（如《吕氏春秋》所言，“杨生贵己”），但是，在当时的环境中，却难以持此主张与诸侯对话。当代经济学家尚需费尽心力且得哈耶克之引领，才得以真正认识到杨朱的思想精髓，让孔子和孔子时代的诸侯与士大夫认识到早慧的杨朱之类思想者的意义，何其之难。

如果说温和自由主义或温和自由理念是从个体权利和自由出发，则温和秩序主义和温和秩序理念无疑从秩序出发。温、良、恭、俭、让，这一组词汇，无一不是在说在交往中如何对待他人，如何善待他人，如何在此种交往中建立良好的秩序，在这个意义上，温和秩序主义与温和自由主义有巨大的交集，甚至于只要有了一个足够大的自由自治空间和良好的制度框架，则两种理念可以做到在很大程度上的融合。

从周天子的管治权出发，从周代精心构建的礼制系统出发，各邦之间显然应该是有序相处的关系，而且周代显然试图做这样的驯化。但是，无论是基于经济振兴，还是中央或中心辐射不够发达，各邦之间出现了很大程度的无序的、战争的、无视规则和道义的竞争，这也就是难以避免的霍布斯丛林。这种霍布斯丛林当然是人类社会有史以来的真相之一，抢夺资源时从红脸到交手，从温情脉脉到瞬间变脸，往往属于常态。一方面，各邦也未必想如此，但不得不然，为避免被吃掉，就得去吃别的邦；另一方面，他们还会给自己的扩张找寻一些较好的说辞。

与温和对立的是暴戾，与良善对立的是恶意，与恭敬对立的是对立，与俭省对立的是奢靡，与礼让对立的是抢夺，孔子提出温、良、恭、俭、让这一组词汇，就是要劝说各邦去除暴戾、恶意、对立、奢靡、抢夺，这就是温和秩序主义或温和秩序理念的孔子式赤忱。

（二）

温和、良善、恭敬、俭省、礼让，这的确是对人的建议，也是对贵族们甚至邦君的建议，是对邦君治国的建议。孔子首先要求自己做到，然后要求他的学生们做到，然后逐步推演到精英全体。

孔子没有权力、军队和最高层面的血统，游走列国而开坛讲学的他，之所以赢得尊重，靠的是学问、政治理念，靠的是别人对他的温良恭俭让的人格画像。

温和就是努力不发脾气、“脾气好”、不表现出暴怒。我们常见对动物的叙述，如羊、鹿，性格温驯，另一些则未必，如狮子，但是人在本质上到底是温驯的还是暴戾的，似乎没有定论。在多数时候，经过长期教化的人当然是温和的，但是暴戾也是常态，尤其是当人面临一点艰窘的局面或面临竞争时，暴戾更加不加遮掩，这也就是人们常说的“原形毕露”。

不能不说，面对暴戾，人们会表现出一定的机会主义。暴戾出现之后，人们的表现将如何，有时看暴戾的人是谁——是个有相当权势的人，则人们会有些恐慌和畏惧，力争满足之、哄劝之；是个赳赳武夫，人们也会避其锋芒；是个普通人，才会谴责，才会纠错。反过来，对于温和亦然，温和有时会被认为“好欺负”，至少是“好说话”，在这个意义上，温和似乎带来的是“吃亏”。当此时也，似乎温和并不是人的第一选择，强大实力才是。似乎只有实力强大者的温和才能赢得尊重，实力弱小者的温和，就不受重视，甚至给自己贴上了软弱可欺的标签。

但是，又不能不说，人们的确对温和感到放松和无侵略感。在竞争不那么激烈或竞争有序的情况下，与温和的人相处不会太累，不会太紧张、太防备，会感到如沐春风。如果不考虑掠夺物资等，在同等条件下，人们还是愿意选择与温和的人相处。也就是说，尽管人们会“怕”暴戾的人，但是也会轻微厌憎；尽管人们会“欺”温和的人，但是与之相处还是更愉快些。而对于过度暴戾的人，人们当然谴责有加，称为“疯了”，也就是彻底失去理性了。所谓“暴君”，其暴当然来自诸多方面，但是暴戾应属其中之一。

当然，对于个体来说，暴戾也不能算错，或许是一个性格、“血质”、环境和长期驯化的结果。容错机制决定了人们不可能不容忍一定限度之内的暴戾。与暴戾相比，不能不说，温和虽然与性格有关，但总体上更需要自我说服和长期训练，温和在很大程度上是自律的结果。所谓自律，就是对本能的节制。压抑本能是自我戕害，节制本能是自我约束。在这个意义上，“温和自由主义”也就是“自律自由主义”，“温和秩序主义”就是“自律秩序主义”。这种温和和自律，还意味着放弃一些暴戾能够带来的利益，例如，选择温和，带来的或许是人们对温和的不屑甚至欺凌，但是在自我捍卫的同时，并不变温和为暴戾，并不改变根本原则。这就是说，温和看重的利益，高于暴戾能抢夺的那点利益；温和所看重的原则，高于自己的一点暂时小利。在这个意义上，温和看似简单，实需大勇在焉，就像我们常见的苏轼名句：“人情有所不能忍者，匹夫见辱，拔剑而起，挺身而斗，此不足为勇也。天下有大勇者，卒然临之而不惊，无故加之而不怒。此其所挟持者甚大，而其志甚远也。”

温和之外，“温良恭俭让”一组词汇当中的良善、恭敬、俭省、礼让，无不出于对自我的要求，无不出于自律。无来由的恶意或许是一种本能，良善就是克制此种本能。对立和不敬、蛮不讲理、出言不逊，或许是脱口而出，恭敬也要克制。奢靡、大操大办、满足不尽之口腹和诸多欲望是本能，俭省要克制。无理、无依据的抢夺是本能，礼让要克制。如果说，基于自我保护，人们对暴戾要避让三分或感到畏惧，那么人们对恶意、对立和不敬、奢靡、抢夺，则大体上都是负面评价了，除了偶尔会对奢靡感到一点“羡慕”。但“羡慕”也要看奢靡了谁的财富，假如对方是抢了自己的东西而奢靡，不免感到愤慨。基于此，当真诚、真实的“温良恭俭让”的孔子来临时，人们对孔子总体上不会持太大的恶意。《论语集释》引杨名时的话说：“夫子之温良恭俭让，使人望而仰之、则而象之，有不觉暴戾傲慢之潜消者”。说暴戾傲慢潜消当然是有些夸张了，对孔子有好感、尊敬是可以想见的。何况孔子的温和大约已经深入骨髓，“人不知而不愠”，人们的不敬和恶意揣度不见得能够影响孔子的原则。

孔子以“温良恭俭让”而自律，同时也观察一邦当中是否有温和秩序，民是否如此，君是否如此，政是否如此。从观察到倡导，构建他的温和秩序共同体。“孔子周流海内，再干世主，如齐至卫，所见八十余君。”“孔子历七十二君。”孔子见了七八十位邦君，其数量应当不少了。

邦君们在邦域竞争的环境当中，当然和我们前面讲的“人们”会有些处境相似，或许心理也仿佛。所不同者，一个人如果只是考虑自己，则牺牲一些自我利益，似乎更可迁就，或更值得赞许，而主一大家族，甚至主一邦之政，其涉及的是一个集群的大利益，就不免会有些迟疑，当此时也，在竞争甚至如虎狼的环境里，他们该怎么看待孔子的主张？到底是接纳，还是嗤之以鼻甚至斥之以迂腐？到底是虚与委蛇，还是真诚接受？到底是装个门面，还是接纳到自我伤害？

显然，无论抉择如何，他们先接受的是孔子这个人，在这个意义上，“温良恭俭让”的温和秩序主义，总是像第一缕吹进的春风一样，先暖了一小块，拂了一片面颊。道理哪有骤然接受的，何况涉及成千上万人的整体利益，但是，温和总让人感到一种愉悦感和亲近感，而不是暴戾所带来的恐惧和不适。

（三）

人与人的竞争是不可避免的，因为资源过于稀缺。存在个别不参与竞争的人，但是主体的确是竞争。还可以说，人的生命力之本质和人类社会的永续本质，就在于争。“温良恭俭让”当然不反对争，只是吁求争之道，吁求以一种温和的方式来争，营造一种温和的交流秩序和交往秩序。

人与人争利益，组织与组织亦争利益。在先秦时，一种重要的组织是家族，一个大家子，既是政治单位，也是生产单位，为了其家长的利益，争个不停。在家族之上，是邦。邦分大小，有的是极小的单位，类似于酋长集团，有的则极为庞大，已进化为国家模式。在很大程度上，邦与邦的竞争，不仅仅是为了国民而争，还是为了统治集团的利益、尊严、面子甚至一个念头的实现而争。本来，竞争应该是理性的，但是，当统治者未必时时刻刻理性时，那这种争，当然会变成非理性的扩张和竞争。

在人群与社会规模逐步扩大中，强人、酋长式的人物从单个人变成一个基于血缘、妥协、联合、兼并、功劳等各种因素组成的集团，这个支配集团具有强大的甚至于全面的决定力量，也可以说就是权贵支配集团，拥有超量特权。少数统治者必须依靠这个集团，才可维持统治。这里讲的是人类社会早期的样态，地球万国虽不同，大体类似，国家就从这种觅食秩序的复杂化过程中一步步进化而来。

修昔底德在《伯罗奔尼撒战争史》里面记录了古希腊人在面临城邦竞争时所讲的话语："如果我们确实接受了一个奉献给我们的帝国，而且不肯放弃它的话，那是由于三个最强有力的动机——恐惧、荣誉和利益——的驱使所致。我们也不是这个范例的首创者。因为弱者应当臣服于强者，这一直就是一条普遍的法则。”[1]所以说，“社会达尔文主义”只是根据达尔文的理论做的一个经典概括，达尔文式的弱肉强食之概括，实在是自古及今史不绝书，《伯罗奔尼撒战争史》更写下了人们对正义的嘲讽、不屑或者某种偏激深刻的见解：“当你们考虑到利益的时候，才开始高喊‘正义’的口号。”也正因为邦域有争之存在，所以杨树达才说春秋之美德，大莫过于让。

在“温良恭俭让”的基础上，孔子的学生有子进一步做了概括：“礼之用，和为贵。先王之道，斯为美，小大由之。有所不行，知和而和，不以礼节之，亦不可行也。”“信近于义，言可复也。恭近于礼，远耻辱也。因不失其亲，亦可宗也。”恭敬要近于礼，礼则以和为内核，这样符合先王之道。

有子，即有若，在《学而》篇里多次出现，且与曾子同被称为“子”，原因可能在于论语的传习者乃是有子和曾子的弟子辈，故其记录中就多了有子阐发的内容，这里有子的话，可能是有子在孔子课堂上讲的话，也可能是有子在传习孔子课堂上讲的话。

争既然是不争的事实，那么，即使是争，也要讲和气。让是结果，是对利益的重新分配和慷慨转移，而和是让的前提。没有和和气气，当然难有让的结果。即使是激烈辩论，

---

〔1〕［古希腊］修昔底德：《伯罗奔尼撒战争史》，徐松岩译注，上海人民出版社 2017 年版，第 109 页。

也应当以和为贵。和为贵的辩论，是君子之辩，不尚和，就在辩论中撕破脸皮，何况辩论仍然是和平手段，武器的批判代替批判的武器在暴戾中随处可见。如果说“温”更像日常生活中的与人相处，“和”就更有邦域竞争中两方交谈的味道，既重和，又重礼，就有希望把可能的战争消弭于谈判当中。

进一步说，信守双方交谈的结论，要近于义，什么是义？义就是利益至上的大义。义，通谊，说文解字解为“人之所宜”也，这个解释有点循环论证的味道，但是也很本真，人之所宜，就是人该做的，反过来说，不义就是人所不该做的。甲对乙有恩，乙不仅不报恩，反而还出卖甲、伤害甲，这就是典型的不义，必然遭到人们的谴责。即使披上了组织和邦国的外衣，同样如此，以本邦利益为说辞而伤及义，同样要被批评。所以《伯罗奔尼撒战争史》当中所强调的“弱者应当臣服于强者，这一直就是一条普遍的法则”“当你们考虑到利益的时候，才开始高喊‘正义’的口号”这两句话，说得固然没有错，但是培养出来的也只能是并不受社群欢迎的利己主义者，连精致都谈不上。

恭敬要近于礼，这倒是一句平常的话，“远耻辱也”却不平常，甚至有点费解。恭敬若不近于礼，就耻辱吗？似乎也不能这样说，那么，将“耻辱”一词用在这里，大约还是强调恭敬与礼仪的同等重要。

特别重要的是，有子这里讲“礼之用，和为贵。先王之道，斯为美”，在这里，《论语》当中非常重要的概念“先王”登场了。我们大体上可以说，温和秩序主义或温和秩序理念，作为孔子的符号性主张，是孔子的概括，在孔子与孔门看来，他们是概括了先王的理念，而不仅仅是自说自话的纯自我创造。他们把先王与自己描述为一条思想谱系，有传承而未断绝。

一方面，孔门极其重视历史，其课程讲授本来就是传习历史当中的经典，重要的《尚书》和《春秋》本身是历史教材，《诗经》当中也有大量历史内容。另一方面，尚古本来也是当时风气。在一定程度上，尚古与宗教有着同等重要的意义。《礼记·表记》当中记录了孔子的话：“夏道尊命，事鬼敬神而远之……其民之敝，惷而愚，乔而野，朴而不文。殷人尊神，率民以事神。先鬼而后礼，先罚而后赏……周人尊礼尚施，事鬼敬神而远之，近人而忠焉，其赏罚用爵列，亲而不尊。其民之敝，利而巧，文而不惭，贼而蔽。”孔子的这个论断，当然是获得了甲骨文的证明，当殷人率民以事神时，神启的意义大于人类社会的自我决断，而到了周代，事鬼敬神而远之，则历史登场。在很大程度上，可以想见，周代正是以历史为自己的合法性论证之来源，认为自己继承的是历史上的正确做法，由此，进入周的叙述逻辑时，先王怎么说、怎么做、尊奉什么价值观，就成了说服各方的重要方式了。这样来看，孔子的温和秩序主义或温和秩序理念当中，尊重传统实为一大本质。

第四节　反省与坚守

曾子曰："吾日三省吾身：为人谋而不忠乎？与朋友交而不信乎？传不习乎？"

（一）

曾经有两只走丢的羊，改变了两批重要文献的命运。一只是项羽烧过秦王宫之后，被咸阳牧童所牵引的走丢的羊，牧童打起火把走入那座本未完全烧毁的王宫，火星掉地，王宫全毁，包括那些本来还在的古籍，一并消失在这片偶然生发的火海当中。另一只是 1947 年被阿拉伯牧人牵引而走丢的羊。阿拉伯牧人走到死海岸边，走入一个洞穴，发现了诸多羊皮卷和纸莎草卷所组成的"死海古卷"，一批文献重现天日。

其实，大多数经典的命运，虽然不像这两只羊所关涉的古籍一样传奇，也仍然是跌宕起伏，《论语》当然也不例外。就《尚书》而言，一般所认为的古文《尚书》今文《尚书》之争，简直撑起了整部经学历史，然而《尚书》真相到底如何，我们仍然不能窥其全貌。就《诗经》而言，如果没有孔子增删，则其如何在春秋时传播当属一个难题，则中国有没有这批古老的歌谣，以呈现那时的语言之优美与情怀之浪漫，以及仪式感之庄严，都属于未知的难题。《论语》同样如此。现在来看，如果没有有子、曾子这个序列的学生们的记录和传播，那些闪光但同样是灵光一现的金句，完全可能稍纵即逝。据说钱钟书先生最擅长是谈话，可谓咳珠唾玉，然而他的精彩谈话，不论是语言还是影像都没有留存，于是，那些精彩，那些珠玉，都弥散在空气当中，像一阵水波一样远去。

谈《论语》时，谈曾子的话时，我们谈到这些古籍的命运与谈论的轻易消失，并非跑题，而是想借此表达曾子的不一般。我们看到曾子之呵护孔子谈论和孔门请业、请益的风采，这是实践，就能想见其理论的意义。曾子内省之语，使人读而难忘，而其内省的身后，是诚恳以行，这就是真正的知行合一，有这样的知行合一，才有了《论语》全书的记录和保全。与前期相当礼仪化甚至巫状态的雨师不同，与后世越来越宗教化的所谓"儒教"也不同，曾子的话语和行为，都不过是尽一个读书人的本分，然而给人的启发却是极大。

为了讨论问题的方便，学者们将儒学分为制度儒学和心性儒学。这当然是没有错的。制度儒学，甚至政治儒学，强调的是外王之一面。世界上的制度，大体上可以分为良制和恶制两种，其实标准也比较简单。让大多数人恐惧、不自由、饿肚子、不能走动的制度，就不会是什么良制；反之则相对是良制。当然，相对非常重要，在历史的当时，相较而言是良制，就很了不起，说明不是主事者已经有了公义和公益之心，就是歪打正着。但歪打正着之后，有利于民众而不改之，也属于了不起。皮锡瑞在《经学通论》中说："《春秋》有大义，有微言。所谓大义者，讨诛乱贼以戒后世是也；所谓微言者，改立法制以致太平是也。""改立法制"在皮锡瑞这里被解释为微言，实际是重要的大义，就是要在制度中谋求公正和某种基于此而生发的幸福感。而心性儒学是向内的，强调内圣，而内圣的基础是内省、自励和自我培养，显然，曾子的这番话，既然在《论语·学而》这篇《论语》的首篇说出来，其在内省方面的位格就足够高。显然，强调制度和强调心性，只是儒学的两个面向，制度和心性实际上不可偏废。或许，"制度与心性儒学"，才更是儒学的真貌。

曾子以"三省吾身"而开心性儒学之源，其语凛然让人生敬，具有相当的跨时空性，而且根本上也超越了儒家，无论一个人是不是认同儒家价值，恐怕都会对这几句话有感觉。"我每天都问自己三个问题：帮别人做事情，是不是站在对方角度着想且尽力而为了？和朋友交流，是不是记得自己说过的话，有没有没办到的？我学到的东西，有没有温故，有没有牢记？"

什么是曾子这里所讲的“忠”？朱熹曾说：“尽己曰忠，推己曰恕。”这就是说，竭尽自己的努力，就是“忠”。段玉裁把“忠”解为“尽心”，是与朱熹同。《广韵》解忠为“无私”，应属一种过度解释，尽到自己的努力，不代表无私，有私而尽力，其实是一种更可持续的忠。当然，无私是一种修辞，代表无限接近而不能达致的前方，总之是要尽己所能为向对方负责。

按照曾子的说法，“忠”本来是在平等双方中进行的，甲对乙，乙对甲都可以忠，也都应当忠。但是，这个忠也应该有相当的缘由，陌生人只有在特定情形下，才能忠起来，例如在危急时刻，虽是萍水相逢，一声托付就可以受人之托，忠人之事。友人则更有忠的前提和忠的责任。

《后汉书·独行列传》记录了范式（字巨卿）和张邵（字元伯）的故事，与我们这里的讨论相关。为了重读这个让人感动的故事，我这里引用稍长一些。

元伯寝疾笃，同郡郅君章、殷子徵晨夜省视之。元伯临尽，叹曰：“恨不见吾死友！”子徵曰：“吾与君章尽心于子，是非死友，复欲谁求？”元伯曰：“若二子者，吾生友耳。山阳范巨卿，所谓死友也。”寻而卒。式忽梦见元伯玄冕垂缨屣履而呼曰：“巨卿，吾以某日死，当以尔时葬，永归黄泉。子未我忘，岂能相及？”式恍然觉寤，悲叹泣下，具告太守，请往奔丧。太守虽心不信而重违其情，许之。式便服朋友之服，投其葬日，驰往赴之。式未及到，而丧已发引，既至圹，将窆，而柩不肯进。其母抚之曰："元伯，岂有望邪？"遂停柩移时，乃见有素车白马，号哭而来。其母望之曰："是必范巨卿也。"巨卿既至，叩丧言曰："行矣元伯！死生路异，永从此辞。"会葬者千人，咸为挥涕。

范晔在解释《独行列传》时说到"结朋协好，幽明共心"两个词汇，指的应该就是元伯和巨卿。我们读到"素衣白马，号哭而来"这句，好像自己都会热泪盈眶，就是为这对友人叹惋。我们可以看到，元伯身边两位友人已经讲自己"尽心于子"，这就是段玉裁和朱熹所讲的"忠"了，然而元伯认为这都是"生友"意义上的友好。而"死友"意义上的友好，是要托梦，是要千里素衣白马而来，是要看一眼再走。在元伯的理解当中，生死是最大的"一期一会"，生死送别是友人之间最大的忠。

显然，曾子所讲的"忠"，就是元伯身边友人所讲的"尽心"，这是一种日常当中的忠，生活中的忠。但元伯巨卿的"死友"之忠，更像是曾子话语的高级解释版。范晔之所以将其写入《后汉书》，就是因为"操行俱绝"，让我们可以看到普通人所能达到的境界，就像一泓泉水，照见人心。

（二）

“为人谋而不忠乎？”“忠”本来在平等双方中进行，为的是完成托付，可是，后来忠的含义，如人们之所见，主要用来形容看上去不甚平等的双方了：忠于君王，忠于主上，忠于国家，忠于地域，忠于组织和机构。由此来看，忠的含义变得多层次起来。

首先，忠于职责。职责，类似于托付，这是一种契约关系，这也就是林毓生念兹在兹，所倡导的韦伯的“责任伦理”。在林毓生看来，“在深受儒家影响的传统的中国，政治从来未被看成是一个独立的范畴（或领域），在这个独立范畴（领域）当中从事（政治活动）的人的行为，需根据韦伯所谓‘责任伦理’而不是‘意图伦理（或终极目的的伦理）’来判断”。“‘意图伦理’所根据的是一宇宙的理性主义，即认为宇宙的本质及其内的行为是理性的：相信善的意图将带来善的后果（或云意志的诚笃有助于世界的和谐）。”[1]林毓生反复申明，只依赖意图伦理，无法进行现代性的分工与活动，由此，责任伦理才是现代政治生活所必须的。倒是我们可以基于对“忠”当中的“忠于职守”的分解式理解，来补充一下林毓生的观点——不能说在儒家中国，责任伦理就缺失了。如果只是对

---

〔1〕［美］林毓生：《中国传统的创造性转化》，三联书店 2011 年版，第 509 页。

意图伦理的忠诚，忠诚实际上处于无所依托的空泛、狂热或者茫然当中，还是要有职责才清晰，才可被操作。不能说儒家要对意图伦理的流行负总责，这算是一种“归因错误”。

当然，我们总能体会林毓生对意图伦理的归纳和警惕。林毓生指的是大人物，但是“小人物”亦不例外。大人物为了终极目的不计成本值得警惕，小人物当然也不例外，只不过大人物在于画地图，小人物在于追随。由此，忠于一种确定的职守，的确比忠于善的意图更具确定性，或者更具可操作性。但这也不成为对意图伦理的反叛，还是要看到意图伦理的积极意义，其积极意义，不仅在于善的意图和“宇宙理性”，还在于其包含了情感因素。这里的情感是一种热爱，热爱是忠诚的源泉之一。有了热爱，基于责任伦理的忠于职守也成了“痛并快乐着”，根本点还是快乐的。

其次，忠于个人。显然，在忠的意味当中，契约和托付、职责都是应有之义，但又超越表面上的约定，没有情感因素，想要持续地忠下去是不可能的。这里的个人因素，把情感、身份关系等因素深深渗入个人关系当中，甚至引入了信仰的范畴。君主和主上，都是这里所讲的个人，总体都处于层级的上端。《赵氏孤儿》就是一个典型的这样的故事。为了拯救贵族赵氏的血脉，普通人程婴杵臼甘愿献出自己的生命，还献出自己的孩子的生命。而且这个贵族还不是一个邦国的君主，而只是邦国当中的重要的贵族。这是个震撼人的故事，又让人为了其忠诚而震撼，又让人为了其牺牲而震撼。假使元伯巨卿的故事之“死友”只是一种死时的相见，则《赵氏孤儿》是真的要牺牲，要以自己孩子的命换主上孩子的命。尽管这是一种“紧急避险”，但是，作为一种基于忠于主上这个特定关系的牺牲，确实让人看到了忠诚的烈度。进一步说，《赵氏孤儿》当中又包含了另一个悖论，如何看待屠岸贾对赵氏孤儿的抚养？如果说《赵氏孤儿》讲的是一个忠于个人的故事，那么陈凯歌的《赵氏孤儿》就包含了加入屠岸贾因素的疑问。陈凯歌对于赵氏孤儿程勃毫不犹豫地杀死屠岸贾表示不解，为什么一个被抚养长大的孩子可以对仇人与恩人兼于一身的人如此无情？这些价值冲突引发的内心冲突和艰难抉择，使得20世纪以来，有关质疑古代“愚忠”的讨论层出不穷，可以说是一种思想解放。

总体来说，应当说忠诚是值得肯定的，但又带有中性的色彩。例如，忠于一个坏人的忠诚，总让人感到不值，这也是文艺作品常讲的觉悟话题。但是，只要一个人的忠诚是真诚无害的，其忠诚总是让人感动的。同时，还是要看到其中的复合性——其中的牺牲，不仅在于对主上的，还在于对主上所附着的其他成分的，这些成分中最重要的当然是国和土地，而国和土地当中有着浓浓的情感因素。

最后，忠于归属感。归属感是一种情感，有时不仅仅与个人有关，也可能与土地有关。例如，人对故乡的记忆，很大程度上就是这种感恩与眷恋的叠加。在乡土之上，国土更加如此。爱国就是一种浓烈的归属感。这里的归属感不是国必然在养活个体，即使一个受难的个体仍然是爱国的。人们常引用的钱钟书先生谈屈原的话，就是如此："盖屈子心中，故都之外，虽有世界，非其世界，背国不如舍生。眷恋宗邦，生死以之，与为逋客，宁作累臣。"但反过来说，国当然应该爱民。国之爱民，虽不出于民的计算，却是出于民的参与感。

1987 年，丁学良先生提出"成熟的爱国主义"和"清醒的爱国主义"："我们中国人特别需要的，是这样一种爱国主义：它的前提是清醒；清醒地知道自己的缺陷和弊端；清醒地明了自己落后在哪里、已经落后到何种程度；清醒地了解强敌的优势和实力。爱自己的祖国不爱到无知和热昏的地步，恨敌人恨对手不恨到拒绝学习对方长处的地步。处于优势时不乐观。处于劣势时不绝望。"进入 21 世纪之后，丁学良先生将成熟的爱国主义和清醒的爱国主义又概括为"理性爱国主义"。

我们讨论孝时说："孝，作为爱、感恩和责任的叠加，的确更适合作为社群交往的参照。爱是浓浓情感，感恩是一种超越博弈与计算的交流之道，责任是一种理性与担当。由是，孝比子女对父母的本能的依赖丰富了很多，正如《说文解字》对孝的解释：'善事父母者'"。这样来看，忠于职守、忠于个人、忠于归属感当中也都包含爱、感恩和责任。只不过，孝的对象是父母，忠的对象则不是基于血缘。孝是一种爱的开端，很多事情可以比拟孝而进行：老吾老以及人之老。在这个意义上，忠也有比拟孝的成分——像孝一样去忠。但是，忠孝自然不同，忠当中包含了理性、契约和归属感。所以，与孝比起来，忠是一种更理性的热爱，也是一种含着热爱的责任。同时还有约束双方的契约精神。

（三）

假如“忠”是从平等的朋友关系拓展到了不平等关系，拓展到了对于国家、个人与组织的一种忠诚感，则“信”是曾子专门为朋友们打造的理念，曾子说：“与朋友交而不信乎？”“朋友”和“信”就是这里的关键词。

结合孔子在开讲辞里所讲的“有朋自远方来”，曾子这里的朋友可以理解为首先指的是学友，也就是当代社会所讲的同学。然而，这只是朋友的一种，曾子讲的是一个人怎样度过一生，则除了专业的教师，人自然不可能在学园里漫漫度过一生，总还要走出校园，甚至走出邦国，走在尽自己责任的路上。这样，朋友就将伴随一个人的一生。

厌倦了父子君臣之“不平等”的谭嗣同谈论说：“尽率其君若臣与夫父母妻子兄弟眷属天亲，一一出家受戒，会于法会，是又普化彼四伦者，同为朋友矣。无所谓国，如一国；无所谓家，如一家；无所谓身，如一身。夫唯朋友之伦独尊，然后彼四伦不变自废。”[1]这当然是一种理论和属于他的理想境界，他倡导把人与人的关系都化为朋友关系。应当说，这是一种较为偏激的见解，但也是一种当头棒喝和指引人们看朋友的新视角。事实上，民法上的平等理论和家庭法制度，在一定程度上算是综合了谭嗣同与儒门或社会的一般见解。一方面，平等把形形色色的人抽象为平等；另一方面，家庭法制度还是顾及了父母等特定关系。

假若不是那种先秦的世家大族，则父母是温暖的，但却没有一整套可令子女不劳而获的家业交给子女。提及看上去有特定身份关系的“孝”和“忠”之后，孔子和曾子都无例外地提到“友”。孝发生在血亲之间，关系是天然的，忠，是尽己曰忠；朋友，是一个人在人生当中遇到的最大范围的人群，这当中有生友，有死友，有管鲍之交和高山流水，有另一个自己，有互补的对象，当然也有辜负、背叛和渐行渐远。朋友之外，也并不全是陌生人。朋友是需要认识和有一定交流、交往的，朋友之外，仍然有一定的纽带，如同乡、校友，甚至于一个邦国之外的同国国民，他们都比彻底的陌生人概念更让人亲切一些。无论如何，朋友是一个人打拼人生的重要人群。

---

〔1〕 谭嗣同:《谭嗣同集》，岳麓书社 2012 年版，第 371 页。

曾子以“信”为朋友之交的关键词，这就是朋友之交的初心和永恒之道。信，才能让对方感到踏实。《说文解字》说“信，诚也，从人从言。”内心真诚，说出来的话要兑现，这就是信。于是，信函也有了信的内涵。甚至送信的人也有了信的内涵。口头交流的承诺要做到，远方来信的承诺要做到，送信的人也要靠谱，这都是信。这样来看，信的范围早已超越了熟悉的朋友，即使是最遥远的陌生人，只要有信，都让人感到放心。

“传不习乎？”这是曾子话语中的学园特色。老师传授的知识学生要温习。朝益暮习，这是一朝一夕的事。先做学生，后做老师，代代相传，这是一辈子和世世代代的事。假如放到今天，恐怕不仅要讲“习”，还要讲继往开来和开拓创新，然而，只讲习，这恰好是曾子的朴诚之处。很难判断被曾子学生记录的这句话，到底是被以老师身份的曾子所言，还是被以学生身份的曾子所言，或是前者，或许要多些教训口气，或是后者，则见毕恭毕敬。其实，师或者生倒不重要，习到一定程度时，创新自来。

在曾子这句名言里，最重要的当然是“省”。“省”的前提是“做”，在省之前，他已经忠过，已经信过，已经习过，他只是反思、复盘，看看做得怎么样，做得好不好、够不够，或许还包括该如何改进等。省之后，当然还要继续做。省是安静的、寂静的，甚至是寂寞的，但同时是充实的，是自己和自己的对话，是自己和景仰对象的对话，当然也包括自己对自己的鼓励。

有意思的是，这个“省”，却不是“知识”的范畴了，省不在《诗》《书》《礼》《易》《春秋》《乐》当中，不需要背诗，不需要研习尧舜的话，不需要学习易学本领，也不需要读《春秋》和学习乐理，只需要“自己问自己”、“自己询问自己”和“自己告诉自己”。这样来看，学生在孔子学堂的确不仅学习知识，还学习如何做一个受人尊敬的人。孔子的时代当然没有公民的概念，而曾子所讲的三省吾身，可以说就是那时的公民教育了。其实，公民这个词，于今天来说还是陌生了些，在公民教育这个词汇的含义里，公民，就是公共社会之一员的意思。但是，曾子版的教育似又不仅仅表现为公民教育。在现代公民教育的范畴当中——至少在尚未完成的阶段性的公民教育中，人与人的感觉似乎有点冷意。就像在一个城市当中，人与人之间有种孤岛之感，表面看似热情，背后却是彬彬有礼的客气和疏远。而曾子版的公民教育是热的，要忠诚，要信用，要传习，要问自己做到没有。这样，对方无法不以真诚作为回馈。这就不仅有了城市之间的空间尊重，还有了从心出发的热度传导。在这个意义上，现代公民教育不妨加入曾子的内容。

曾子的“三省吾身”不是信仰，是对自己的追问，而这份追问当中，有责任、信任和诚恳。

第五节　诚恳与仁心

子曰："巧言令色，鲜矣仁！"

可以设想，这是一个"情景对话"或"情景中的评论"。其情景是：孔子遇到了一个或一群巧言令色的人，与他（们）或许有深度接触，或许有短暂而实质的接触。但是孔子很快发现了其人的不仁之本质，于是孔子可能愤怒地、情绪化地进行点评和总结：巧言令色，鲜矣仁！这是个经验之谈，也是对人的告诫：首先，不要对巧言令色感到沉醉，此人可能违仁，甚至不怀好意。其次，不要试图去用花言巧语给别人设套，当对方看出你的违仁和恶意时，你的花言巧语令你更加失分。

"理中客"地说，好听的话、和悦的脸色，这本身是无错的。难道我们讲话要恶声恶气或者干脆沉默寡言？难道我们不能追求言辞的优雅、表达的良好和态度的和悦？巧和令，皆好辞也。在《诗经》当中，巧笑倩兮，是美好的笑，令仪令色，是美好的容颜和仪态。从《诗经》这两句话看得出来，巧和令是极好的词汇，表达褒义而非相反，是夸人、肯定人而非骂人的词汇。用今天的话来说，巧言令色就是话说得很好或很有水平，态度看起来也很好——这不仅是可以接受的，根本就是应该追求的，如果反对"有话好好说"和"态度好点"，岂不是有点反智或者反文明吗？

人类的语言始于谈话，在口头对话产生之前，大约脸色和态度也是交流方式。在此基础上，文字产生，产生后的文字又越来越理性化、充实化和优美化。同样，人与人相处的态度也在优化演进当中，狂躁和暴力只能被和颜悦色代替。和颜悦色是一种自我约束，也是对他人的尊敬。只要是正常的交往，而不是特定情形下（如遇到敌人和仇人），人总归应该是和颜悦色的，即使是熟人之间以表面的暴力方式开个玩笑（如捶一拳），其表达的仍然是浓浓的善意。而不和悦的脸色，往往给相处的对方带来心理压力，让人有点不知所措或干脆以牙还牙。在这个意义上，我们说，孔子否定巧言令色之举，可能是情绪化的。以孔子之平和与智慧，怎么会否定美好的表达和姿态？然而说了就是说了，孔子影响当然大，《论语》此句一出，巧言令色就变成了批评人甚至骂人的话。

但反过来说，孔子的这句话当然是当头棒喝。在外在与本质、言辞与人品之间，何者更重要？一个人选择什么？无疑，理性和自利的人都会选择本质与人品。就像糖果的外皮里包了一颗毒药，人会不会吃？除非你不知道或者你被引诱，否则你绝对不会吃。反过来说，苦涩的表皮里装了一颗良药，人会不会吃？当然会，虽然初遇苦涩会极不适应。但是，难道没有糖皮包着的良药吗？当然有，但是你要仔细分辨。一方面，你要知道糖皮之下，往往危险存焉，你需要怀着警惕，你要参与营造批评毒药之糖皮的氛围；另一方面，你要知道最重要的是里边的良药，你不要太关注是否有糖皮。这就是说，孔子在乎的是良药，是本质，是人品，是内在。

你在乎别人仁不仁，不是因为对方如果仁的话，你就打算去骗他或利用他，而是因为你打算对对方仁。你首先怀着善意，其次怀着期待。当此时也，对方话说得好听，态度极佳，你感到自己是对的、值得的，甚至是幸运的，慢慢你发现自己被骗了，怎不悲从中来？假如你自己已经怀抱了仁，持有了仁，怀抱了善意，持有了善意，你的仁和善意是不是绝对的程度？无论对方有多坏，都打算对对方好？这当然不是正确的劝告，所以特蕾莎修女说“爱，直到被伤害”，也不是“爱，哪怕一直被伤害下去”。所以，自己仁和善意，的确期待对方也能够仁和善意，也就不能不琢磨如何判断对方是真好还是假好，是良药还是毒药。当然，这里的“你”可以是任何人。所以，你和别人，也就是别人和你，人一方面怀着一定的戒心，另一方面又不能无意义地提防下去，直到产生“被迫害妄想”，那自然也增加了沟通成本和制造了巨大的不信任。这一切似乎都得交给“自我修炼”和“社会经验”，你得真的怀抱了仁和善意，然后又能刚好准确判断对方，还不能太费劲。这样是不是很难？

太难了，但是孔子又是极简的，这里的简，就简到了内在上。先考虑内在的仁和善意，再去提升外在。同样，先去探求对方的本质，再去评估对方的外在形式。自己做一颗良药，同时，自己在找到“良药”时，也要先看本质良否。孔子鼓励你做一个“老实人”，同时鼓励你不要越过老实人。不要想出门就遇到彩虹，要感谢所遇之好，同时怀着一种“太好了，会不会是真的”的浅浅的基于幸福感的不安。总之，孔子倡导一种诚朴的内在，诚朴的仁，诚朴的善意。然而，孔子也是人，当他遇到糖皮的伤害时，当然也要斥责，也要提醒。

巧言令色是不是很重要？当然，美好的言辞和态度是重要的。其实，孔子一定不会反对巧言令色的同时也仁，孔子不可能不期待内在和外在的统一。一颗药，内在是良药，外在是糖皮，岂不甚好？其实，孔子自己，除了是一位学术大师和一位好老师，当然也是一位好好说话、态度好的有仁者之心的人，是内外兼修的人。孔子反对自己吗？当然不是。孔子是在提醒。

至于如何判断巧言令色，除了“社会经验”，当然没有更好的办法。但是，必须了解的是，你不能对言辞好、态度好的人持有反方向的偏见，你认为他是骗子，当然不能如此。

人类是有趣的，人类一直在用法律约束自己，在用道德培养下一代。但是，下一代总是鱼龙混杂、善恶并存，这的确是个“不美好的世界”，是一个不美丽的旧世界。当善恶并存时，其实孔子是要提醒你自己要能够善。并不是说，你不善时，社会就会被你骗了，倡导道德的人对你无可奈何，而是说，你应该善起来。然后你也保护一下自己，留神世界的不善。所以说，仁是起点，巧言令色是路上。

起点最重要，但是路上也不为错。所以，起点是“巧言令色，鲜矣仁！”而路上是“巧言令色，鲜矣仁？”美好的言辞和态度是重要的，我们一半同意孔子，另一半应投身于美好且仁、好味道良药的营造当中。

第六节 念祖

曾子曰：“慎终追远，民德归厚矣。”

（一）

在《学而》这一篇当中，曾子共出场两次，一次是“三省吾身”，讲自己如何对他人、对朋友、对师长。一次就是“慎终追远”。即使《论语》的排列是随机的，是错简而无一条明线的，即使曾子在《学而》中出场一共就这两次，总结《学而》当中曾子说过什么，仍然是有意义的。在《学而》当中，孔子已经讲礼、讲邦、讲政、讲学，曾子却只讲了如何做自己和如何对待亲朋与他人。其实，在我看来，曾子所讲的如何做自己和如何对待亲朋与他人，就是“仁”，仁是一个抽象的总括性概念，本质就是如何做自己和如何对别人。在这个意义上，孔子是个总揽历史、政治、社会和伦理的学者和思想家，而曾子是个仁学专家，是个仁学思想者。

慎终追远，慎解为诚，实际上比诚更强调细节，用礼仪的细致和用心来表达对逝者的尊敬。追，是追祭，也就是以追逐的姿态来拜祭，念念不忘。其指向的对象，是父辈以上的祖先。父辈在世时，归“孝”的范畴约束，是在交往当中来孝；离世之后，就归“慎终追远”的范畴来约束，离世之人，已然无法交谈，无法交往，于是更加强调诚和一以贯之的追念。

这里涉及几个问题：慎终追远是否与祖先崇拜相关？慎终追远表达的是祈福还是感恩？慎终追远是规则还是自律？说到底，这些问题指向的是，慎终追远到底是主动还是被动的？是追随的还是觉悟的？

我们说中国在秦之前是联邦时代，而此联邦时代是由万邦林立开始的，在万邦林立之时，各邦最重“姓”，史书记录各邦，也最讲姓氏。在这个意义上，一姓之家族是为邦之主体。这倒有点像后世中国的村庄了。我用近来读《水浒传》发现的“庄”来比较一下数千年甚至上万年前的“邦”。

我们知道《水浒传》有很多“某家庄”。例如，史家庄、祝家庄、李家庄。史进的家乡，本名史家村，又名史家庄，这就是王进到访的地方。祝家庄同理，本名祝家村。为什么又是史家村又是史家庄呢？因为有个“庄”。在王进眼里，史家庄的庄院是这个样子："却是一所大庄院，一周遭都是土墙，墙外却有二三百株大柳树。看那庄院，但见：前通官道，后靠溪冈。一周遭青缕如烟，四下里绿阴似染。转屋角牛羊满地，打麦场鹅鸭成群。田园广野，负佣庄客有千人；家眷轩昂，女使儿童难计数。"从《水浒传》来看，史家庄的庄院是个中型庄院，祝家庄远大于它，而另一种村里的庄，就远小于它。大中型的庄，直接改了村名为某家庄，那种小庄则没改，例如，东溪村里就有个晁盖家的晁家庄。但东溪村并没有因为晁家庄而改名。

庄有庄院，即一个大院子，类似疆域；有庄墙，类似城墙或国界线。所以，庄是豪强地主把控的大村，而且往往有垄断的大姓（如《水浒传》中的史、祝、李）。庄主、家族共同发挥作用，领导体制以庄主为主。重要的是，这个庄还是个人或家族的私产。大院子、住宅是他或他们的，庄里还有各种场所和设备。至于各种分工，有的种地，有的组成自卫队。这里有一种独特的"地主与农民"的关系。又像我们看到的典型的租用土地的那种地主和农民，又像一个农业工场和私有型的农业共同体。至于庄主与庄客的权利义务关系、庄客做什么不做什么，是否有契约文书，还是依据惯例约定俗成，都大可探究。

我们常见到"庄户人家"这个词指代农民，在《水浒传》作者描述的情景当中，这个词指的其实是受雇的庄户。若论工作本身，其实还未必是农民，而可能是个村庄里的裁缝。至于“庄客”一词，与旅客、乘客用了同样的客字，表示是外面的人、“客人”。一个村里，有庄客与非庄客，只有“庄”才有庄客，所以有《水浒传》里的“孔家庄十二庄客”：急三千、慢八百、鸟上刺、沙小生、木伴哥、牛筋等。这些庄户也好，非庄客也好，显然对庄里、村里事务没有决定权。

《水浒传》描写的这种状况到底发生在何时？宋？元？明？到底发生在何地？是北方特有的情况？还是全国普遍的情况？我缺乏掌握。从乾隆版山西《汾阳县志》来看，很多村是庄，大部分叫某家庄，个别是某家堡、某家舍、某家垣、某家沟，我也没有掌握这里的某家庄，是否像《水浒传》描写的一样有自己的庄院和庄墙。从清末的照片来看，至少汾阳的一些村是有庄墙（堡墙）的。我们更不知道，这些乾隆时的某家庄起于何时，还有无庄院以及庄客，还是只变成一个标示名称的村名。在这里我们可以谈两条：第一，有些与政府管理相关的地名，不常改，如我的故乡山西杏花村在唐代叫大夏乡，直到明代还叫大夏乡。基于管理，它不必改。第二，有些与民间力量消长有关的地名，会随着势力消长而变化，例如，某家庄的得名可能来自某家力量的崛起，除非它固化为一个仅仅是名称意义上的地名。

无论如何，从《水浒传》揭示给我们的村与庄的关系，庄里庄主和庄客的关系，到乾隆时期的汾阳地名，我们可以看到一个农业文明之下的千人规模的共同体的存在状态和运行状态。这具有人类学上的意义，让我们去体悟数千年之前的万邦林立状态。

我们可以这样说：万邦林立时的某姓之邦，可与《水浒传》里的某家庄作比较，即某姓之家族是该邦的主人。林立之万邦，多在中原一带，本身以农业文明为主，当某姓之家族通过征服或其他方式拥有此地时，为了继续生存，当然必须种地；为了活得更好，当然必须分工，有的种田，有的保卫，有的做文官，这就相当于庄里的庄客。类似《山海经》描述的大山，可能就是一个邦，这座山是天生的疆域，但是山并不能种地，所以一定还有平坦的土地。为了保卫自己，当然可能盖起一圈围墙，或者开始慢慢形成集市。

重要的是，作为邦之主人的某姓之统治者，这个人相当于《水浒传》里的庄主，他或许实行世袭，或许在家族中寻找继承人，总之维系着某姓之邦的家族的持续统治。而这个人，就是最需要去追溯的祖先，对他的纪念，很大程度上是对邦国合法性来源的维护。在这个意义上，曾子的温暖的“慎终追远”，在其最早的起源上，具有一定的国家性和政治性。

（二）

古典中国的最早邦国起源，可以归纳为“山庄模式”，有大山庄，有小山庄。随后变为“村庄模式”，有大村庄，有小村庄。山庄与村庄的区别，与农业有关。山庄的主业未必是农业，村庄的主业更替为农业。但是，从山庄到村庄，产业形态变了，政治模式也在变，却尚未发生大变，这就是说，山庄和村庄都有个“庄主”，这就是全体村民首先要怀念的“祖先”。山庄与村庄的宗庙、祠堂里，首先供奉了这样一位政治家和血统的起源者，同时祭拜一个血统谱系。但是，在千年演化中，由于存在不同的山庄和村庄的融合——例如，张家庄和李家庄合并为张李庄，则被祭拜的祖先就逐步变得复合起来。

并不是说，慎终追远全是与政治相关，但是，慎终追远能够成为一种强势的文化模式，是与此种对于政治家祖先的祭拜有关，是为邦国—村庄意义、国族—庄族意义上的慎终追远。也就是说，这里的慎终追远不仅是一种温情，还是一种礼制和政治规定，是邦国——村庄里最重要的政治传统之一。所谓“姓”，就是对它的概括。

当一国成为某姓之国，恰如某庄为某姓之庄，这里的慎终追远，就可以将姓与图腾关联在一起。图腾可以是族群的，也可以是邦国—村庄的，也可以与其邦姓—庄姓相关。例如，“应（應）”国，一般认为其为鹰图腾，恰在于姓与图腾的融合。当姓与图腾融合时，对国族—村族祖先的追念和祭拜，就与信仰相连。

显然，这里可能有“技术”和“设计”的成分。也就是说，这样对其统治集团更好，信仰成为驾驭邦国—村庄之成员的一种有效方式，而且慎终追远与本族意义上的信仰绑定在一起，信仰即祭祖，祭祖即信仰。一位政治家，早期可能混沌地去参与这样的信仰与祭祀，后来可能清醒地认为这样不错，让信仰成为一种民间共识，然后“民气可用”。但是，这样就把早期的先民想象得过于“宫斗”了，其中不排除有“技术”的成分，但是更多的可能是真正的混沌。恰好不是出于“设计”，而是出于无限的景仰，景仰筚路蓝缕的先祖，祈求其保佑，又想象其具有一种超能力，当想像被偶然证实时，就确信此种想象，直到其被赋予了相当的神性。

这样一路走来，就走到了殷商。在人们的共识当中，殷商以祈祷和祭祀著称。“殷人尊神，率民以事神，先鬼而后礼。”“然夏人尚忠，忠之弊也朴，救朴莫若敬。殷人革而修焉，敬之弊也鬼，救鬼莫若文。周人矫而变焉，文之弊也薄，救薄则又反之于忠。”《礼记》和陆机的这些言论，正是殷人尊神事鬼的典型表达。尊神，就是尊重神明；事鬼，就是尊重祖先。从尊重神明和甲骨文所见卜辞来看，殷人之尊神，已然超越旧有的图腾模式，而在图腾之上升华出更抽象的神（陆机所谓的从夏的“朴”走向殷的“敬”），其宗教正在走向初步的理性化，而殷人之事鬼，表明旧的慎终追远依然如故。从邦国—村庄模式走向殷商，旧的慎终追远在殷商这里发生了转化或深化，转化是图腾转为神，深化是对祖先的慎终追远更加得到宗教式的重视。所以，殷商的尊神事鬼是慎终追远历程中的重要阶段，虽然殷商不是起点，更不是终点，但这一时期无疑起了极大的推动和塑造作用。

殷商作为承前启后的阶段，其转化一方面来自宗教模式，另一方面来自“央地”模式。殷商时期，中心（或者我们直接可以称为中央）权力无疑得到进一步强化。从最早期的繁星点点式的可能互不关联的山庄，到关联紧密的村庄，再到炎黄尧舜等中心政权的兴起，最后到殷商时期，邦国进一步被强化为以商政权为中心的联邦体制。商政权作为中心政权或中央政权，虽然没有将地方完全统合起来，但是其控制力显然正在增强，由此，商也就把原来各种方式的慎终追远强化为殷商式的尊神事鬼。随后，我们可以注意两个意义上的趋势。一个趋势是李泽厚所讲的“由巫到礼”，另一个趋势是《左传》和郑樵所讨论的“因生赐姓，胙土命氏”。

李泽厚说：“周公将传统巫术活动转化性地创造为人际世间一整套的宗教—政治—伦理体制，使礼制下的社会生活具有神圣性，是为‘由巫到礼’。孔子为这套礼制转化性地创造出内在人性根源，开创了‘壹是皆以修身为本’的修齐治平的‘内圣外王’之道，即‘释礼归仁’，这个‘内圣外王’恰恰正是远古巫君以自己通神的魔法（magic）来统领部族特征的全面理性化。周、孔使中国传统从人文和人性两个方面在相当早的时代获得了一条实用理性之途。”[1]在这里，当殷商式的宗教模式（不一定是李泽厚所讲的“魔法”）走向进一步理性化的周代时，慎终追远进一步与人间秩序相连。

郑樵在他的《通志·总序》中说：“生民之本，在于姓氏；帝王之制，各有区分。男子称氏，所以别贵贱；女子称姓，所以别婚姻，不相紊滥。秦并六国，姓氏混而为一。自汉至唐，历世有其书，而皆不明姓氏。原此一家之学，倡于左氏，因生赐姓，胙土命氏，又以字、以谥为官，以邑命氏，邑亦土也。左氏所言，惟兹五者。臣今所推，有三十二类，左氏不得有闻，故作《氏族略》。”郑樵具有学术意义上追求真理的“狂妄”，所以他对《左传》作者颇不认同，认为《左传》作者没听说或不懂被郑樵本人归纳的理论——“左氏不得有闻”（左丘明他没听过我讲课）。无论是郑樵还是左丘明，其与我们此处讨论的交集有两点，一是生民之本在于姓氏，姓氏是邦国—村庄里最根本的问题，不仅指代自己，还描述自己所属的谱系，相当于“产品溯源”，二是“因生赐姓，胙土命氏”，此语来自《左传》——“天子建德，因生以赐姓，胙之土而命之氏”。就这一点来说，《左传》讲到的是分封制体制下的姓氏与邦国的关系，而非起源。但是我们会发现，即使体制转换为分封制，对祖先的慎终追远依然接续着邦国—村庄模式下的很大一部

〔1〕 李泽厚：《寻求中国现代性之路》，东方出版社2019年版，第177页。

分传统。由此，慎终追远也从邦国—村庄故事讲到了数千年后的春秋故事。但是，慎终追远的政治性依然在继续，也就是“基本面”没有大变。

（三）

慎终追远首先是政治和邦国的，甚至于是历史的，其次才成为民间的普遍的对祖先的崇拜和对祖先的致敬。显然，从对村庄—邦国的创始人的纪念开始，将此创始人描述为此村庄—邦国共同的祖先，就从制度上塑造了拜祭祖先的基础，还塑造了对于祖先的信仰体系，随后，这成为一种氛围。本来，对先祖的怀念是人的自然情感，但是，有了这个久远的传统，就进一步地把自然情感、制度、信仰固化在一起。

这当然也强化了对祖先、先祖的自然情感。本来，一个人对与自己发生了直接交集的祖辈更觉亲切，尤其是那些亲手抚摸过自己的祖辈，有一种热泪盈眶的怀念，而在早期中国的氛围中，前移到并无直接联系的祖先们。这是怀念，的确也是建立一套祈福系统。先民困苦，无法不建立自己的祈福系统。一方面作为向公共神的上天祷告，另一方面就是向专属于本庄—邦的祖先甚至是向自己的祖先祷告，自己的祖先被自己确定为具备一种神性。此祈福亦是对话，于是，人与祖先的关系在神交中变得更加紧密。殷商普遍信仰化，只不过是其中的一个阶段和典型事例。

应当说，这个机制的形成，与中国独特的生活方式有关。游牧民族四海为家，农耕民族则安土重迁，不得不说，长居于一地，为追念先祖创造了地理上的可能。甚至于，祖先的坟茔也都近在旁侧，如果可能，还有祭拜祖先的祠堂场所。这个祠堂，在帝国意义上成为宗庙，在《通典》和《唐会要》等当中，有对此宗庙的依据——周礼传承的讨论："谨按周礼'天神曰祀，地祇曰祭，宗庙曰享'。又内司服职'凡祭祀供王后之衣服'。又祭统曰'夫祭必夫妇亲之'。据此则知皇后助祀天神地祇明矣。"太常博士唐绍等议云："皇后南郊助祭，于礼不合。但钦明所执，是祭宗庙，非祭天地。按历代郊祀，并无皇后助祭。高祖、太宗、高宗皆南郊，亦无此礼。"从唐代礼官讨论来看，祭天地的仪式，皇后不一定参加，是为国事；祭宗庙的仪式，皇后参加，这就是把宗庙祭祀视为"家事"。

在春秋时代，此数千年的传统与曾子相遇。我们说曾子是一位仁学专家，是一位仁学思想者。也就是说，对于政治上的功能、历史上的由来，曾子或许并不那么在意，他只是从一个人该怎么更好地成为一个人的角度来谈，谈对朋友，也谈对远祖。

慎终，是对近祖的追念，这更多的是自然情感。

追远，是对远祖和近祖的追念，这与制度和信仰系统相连。

事实上，当我们不从政治上的功能、历史上的由来、制度、信仰等方面看，只从“一个人该怎么更好地成为一个人”来看，其实慎终追远，用一个词足以概括，这个词便是“感恩”。懂感恩，也就是曾子所讲的“民德归厚”。

懂感恩是仁，是内在的；如何表达感恩是礼，是外在的。假如《论语集释》之释“慎”为诚足够成立，则曾子在这里说的真的只涉及仁而未涉及礼，曾子只是强调诚心诚意地去向近祖和远祖表达感恩。尤其是，对远祖的感恩更能代表一个人超越个体利益和自然情感，而升华为一种超乎个人的情感。这种情感，与对乡土和国家的热爱一样，都不是仅仅站在自己的立场上，但又不那么“集体主义”，也比信仰意义上的神更有一个血缘的依托。

由此我们可以看到，黑格尔式的对中国之祭拜祖先的繁文缛节的叙述和评论，既未去观察数千年当中的历史由来，也未体察曾子式的诚恳感恩。也就是说，黑格尔只是看到了最表面化的“礼”的方面。

黑格尔写道：“父亲死后，儿子必须哀伤三年，不近酒肉。他经营的业务必须停止，就是国家的官职也不得不辞去引退。甚至方才承继大统的天子在三年期内也不得亲政。守丧期间，家庭中不得有婚嫁的事情。只有五十岁的人居丧可以比较从宽，使他不致哀毁过甚，伤及身体。上了六十岁的人更加可以从宽，而七十岁以上的人就仅仅以丧服颜色为限。”

黑格尔又说：“中国人把生育子嗣当作一件大事，以便死后儿孙能够遵礼安葬，四时设祭，春秋扫墓。一个中国男子虽然可以娶妻数人，但是只有一人做得家庭的主妇，凡是庶出的子女必须把父亲的正室当作生母。如果妻妾都没有生下儿子，便可以招收他人的儿子来承继，以接替香火，因为祖宗的坟墓，每年不可以不去祭扫。做子孙的年年应当到祖墓那里去哀祭，许多人为了尽情哀伤起见，时常在墓边逗留一两个月之久。亡父的遗体每每在屋内搁置三四个月，在这个时期内，无论任何人都不得在椅上安坐或者在床上安眠。中国每一家族都有祠堂一所，全族每年聚集在祠堂内一次。在祠堂内，曾充显职高官的祖宗都悬有遗像，其他在族中较为次要的男女，都记名在神主牌位上；全族于是一同进膳，比较穷的族人由较富的来担任招待。"[1]

我们之所以引用黑格尔的话，是因为想要从黑格尔的敏锐观察中来感悟这些古礼。黑格尔虽然是"表面化的"，但同样是深刻的。其敏锐在于他身处一个完全不同的文化环境里，所以看到就感到惊奇。其深刻在于他观察到的，恰好也是中国之伦理化的家长制的各种规训。显然，曾子的诚恳感恩之仁，与黑格尔这里记录的烦冗的礼是有距离的，这表明到了黑格尔所记录的时代，礼虽然反映诚恳的仁，但已经异化为对人的超限约束。由此，我们或许增加了对慎终追远的

---

〔1〕［德］黑格尔：《历史哲学》，王造时译，上海人民出版社 2006 年版，第 115 页。

真正敬意。所以，在理解黑格尔和感谢黑格尔的意义上，我们不得不说，这是对于慎终追远的有意义的批评，虽然他“不够知己”。

事实上，对于当代中国人来说，稍微阅读一点关于慎终追远之古礼的记述，其观感不会和黑格尔差多少。但是，慎终追远的内在的感恩的仁，不应该远去。它不应该成为慎终追远的对象，而应该生活在生活中。

第七节 贫与富

子曰：“君子食无求饱，居无求安，敏于事而慎于言，就有道而正焉，可谓好学也已。”

子贡曰：“贫而无谄，富而无骄，何如？”子曰：“可也。未若贫而乐，富而好礼者也。”子贡曰：“《诗》云：‘如切如磋，如琢如磨’，其斯之谓与？”子曰：“赐也，始可与言《诗》已矣，告诸往而知来者。”

（一）

著名比较法学家和翻译家潘汉典先生98岁逝世，十几年前，我拜访先生时，曾受过《论语》的洗礼，所洗礼者，就是《学而》篇中的这段话，主题词是“富而好礼”，潘先生也引用了《述而》篇当中的话，“富而可求也，虽执鞭之士，吾亦为之。如不可求，从吾所好”。潘先生生于律师家庭，是为殷实之家，记得他讲过，父亲去世时，许多受父亲帮助的人自发来送行，给幼年的他以深刻印象。潘先生的父亲在当时较为富有，而潘先生本人作为一名知识分子，与贫富似无关——至少谈不上富，但是潘先生完全以雍容的心态走完长长的一生。晚年谈《论语》，脱口而出，在这个意义上，我们似乎可以说，他也是一名儒生，并且在用一生的时间体会《论语》。

应该说，尽管“贫而乐道，富而好礼”和“富而可求也，虽执鞭之士，吾亦为之”这几句《论语》的话我早已读过，但是，建立起印象，真的来自访潘之旅，看来，这也是一种“案例教学法”。孔子类似的表达还有不少，例如，《里仁》篇当中的“富与贵是人之所欲也，不以其道得之，不处也；贫与贱是人之所恶也，不以其道得之，不去也。君子去仁，恶乎成名？君子无终食之间违仁，造次必于是，颠沛必于是。”又如，《述而》篇当中非常著名的“饭疏食，饮水，曲肱而枕之，乐亦在其中矣。不义而富且贵，于我如浮云。”

细想起来，甚是有趣，例如，孔子居然会谈到“富”。谈到“贵”应该是不奇怪的，贵来自血统与层级较高的权力和地位，是为“从身份到契约”之身份的基本含义。虽说孔子将富与贵并列时，让人不奇怪，因为当中有“贵”，还可以纳入身份探讨当中，但只谈到富时，就让人觉得不一般了。

在孔子之后的很长的时间里，或者说，在我们印象当中的最近几十年里，中国的人文知识分子们在书面表达和公共表达中实际上很少谈到自己的贫富，很少谈到如何从贫到富，如果谈到贫富，大约表达的都是对穷人的同情和对富人的谴责，并从富人的财富来源上追问其正当性。尽管经济学家的工作就是谈论贫富，尽管在正式场合之外，人文知识分子当然会在意贫富，尽管改革开放初期的一大主题词就是“致富”，尽管在《平凡的世界》当中，作者细致地写了“夸富大会”，但这些都没有改变人文知识分子不谈贫富的基本面。究其实，一方面，其原因或许在于对“地主”和“资本家”的训导式教育还在弥散其作用，某种意义上的反思富有甚至仇富心态还在潜在地发挥作用；另一方面，人文领域还没有建立一套公认的贫富讨论话语系统，故而道德系统（义）仍然比贫富系统（利）更加占据主导位置。正是这种氛围，让我在听到潘先生谈“富而好礼”时感到新奇，正如我们看到孔子谈富，不免感到惊讶，感到孔子在谈论一个棘手的“敏感词”。

富，换个词说就是“有钱”，就是拥有财富。有了财富，就拥有了对物质的支配权，甚至拥有了对人的支配权——通过雇佣的方式。可以想见，即使在孔子的时代，贵者也未必富，一位贵族很可能家道中落，甚至可能因为不测之风云而财富归零。例如，一场大火或一场洪灾就可能让一位富庶的贵族变成穷人，尽管他身份仍然是贵族。变成穷人的贵族，其身份给他以尊严，但其生活只能是艰窘的，物质条件迅速下降，最直观的是饮食水平的下降，从吃肉变成吃糠咽菜，这里的菜是野菜，而野菜很可能是未经检验的苦菜，若非饥饿，或许很难下咽。黄仲则先生诗句说："全家都在风声里，九月衣裳未剪裁。"孩童对贫穷的认知，当然比成人更直接，饮食带给孩童的快乐，大于有多重快乐感受的成人，在这个意义上，贫穷带给人的刺痛感，于一个家庭更甚。家道中落之家就更甚，因为赤贫环境中的人尚不知锦衣玉食的体验，家道中落者却是断崖式下跌。

在上述意义上，"富"比"贵"可能更加重要。卖火柴的小女孩，在生命弥留之际，点燃火柴，看到的是"桌上铺着雪白的台布，上面放满了各种各样好吃的东西。一只烧鹅突然从盘子里跳出来，背上插着刀叉，摇摇晃晃地向她走来。几只大面包也从桌上跳下来，一个个像士兵一样排着队向她走来。"这是因为饿极了，饿到了生命垂危的时刻，基于对饮食的向往，人们就会向往那种财富生活，何况财富带来的远远不只饮食。所以，人们基于向往财富而羡慕富人，这实际上成为人类社会的一大基本现象，也是长篇电视剧里豪门世家、富商大贾与贫寒人家发生感情纠葛的一大话题。反过来说，富者似乎也比贵者更容易“拉仇恨”，从个体的为富不仁到整体的富人掠夺式致富，都成为劫富济贫和均贫富的反抗和斗争事由。打造一个消灭贫富差距的黄金时代，也成为激励不知多少代纷争者的向往，而消灭贫富差距成为社会正义的一大内容。

孔子难得地谈论了贫富话题。孔子的谈论是平和的。以孔子一代宗师之身，他当然不会像一个普通人一样去羡慕富人（虽然羡慕富人也不算什么不足，正如子贡问到了“贫而无谄”，这里的“谄”，其实大体上就表达一种羡慕的意思），孔子也没有表达对于富人的不屑甚至仇恨，孔子是将贫富看作一种基本的社会存在。

我们可以说：理想的理想主义，就是到达均贫富的状态，为了此种均贫富，不惜以战争和斗争来改变现状，不惜以一种豪情来砥砺一个浩大的组织；现实的现实主义，就是屈服于现状，为此，贫者牺牲尊严，富者自满狂妄；现实的理想主义，是在均贫富的基本框架下，承认一点富人的价值，给予其部分人权；理想的现实主义，大约就是孔子这种态度，承认贫富之存在，同时界定“贫而乐道，富而好礼”的基本原则。我们开篇时提到潘汉典先生，潘先生于晚年思父思己，作为一名法学家，他大体上也认同了孔子的这种理想的现实主义之义。

（二）

“贫而无谄，富而无骄”，可以说是孔门贫富观的初级层次。向孔子提出了这条原则的子贡，名端木赐，又名子赣。当子贡还在孔子学堂读书时，鲁国在齐国的威胁下，陷入危机。“田常欲作乱于齐，惮高、国、鲍、晏，故移其兵欲以伐鲁。”有责任感的孔子不能坐视祖国遭此大难，乃命学生出马救国。孔子谓门弟子曰：“夫鲁，国危如此，二三子何为莫出？”子路请出，孔子止之。子张、子石请行，孔子弗许。子贡请行，孔子许之。孔子认同子贡在外交上的能力和活动能力。

按照《史记·仲尼弟子列传》中的说法，“故子贡一出，存鲁，乱齐，破吴，强晋而霸越。”子贡不辱使命地保全甚至壮大了他的“坟墓所处，父母之国”，读来令人感动。这位与霸主吴王夫差和越王勾践侃侃而谈的苏秦张仪式的人物，后来是孔门中最为富有的人。按照《史记·货殖列传》的记录：“子赣既学于仲尼，退而仕于卫，废著鬻财于曹、鲁之间，七十子之徒，赐最为饶益。”

司马迁在《货殖列传》当中把子贡与孔子的弟子原宪作了比较，将子贡视为能赚钱和能够“结驷连骑”于诸侯之间的“财务自由”的人，“原宪不厌糟，匿于穷巷。子贡结驷连骑，束帛之币以聘享诸侯，所至，国君无不分庭与之抗礼。夫使孔子名布扬于天下者，子贡先后之也。此所谓得势而益彰者乎”？

由子贡提出“贫而无谄，富而无骄”，就显得有了意味。贫而无谄，可解释为贫穷但尚有自己的尊严意识，至少有“有所不为”的不谄媚不羡慕的贫者之尊严。富而无骄，可解释为富足但要懂得尊重别人，不呈现富人常有的那种骄慢的姿态。由子贡提出的意味在于：第一，子贡本人作为一名后来的富人，这句话可能代表他在孔子学堂上的求教，也是他本人的一种践行，或许表达过不止一次。也就是说，这句话不仅是言论的，还是实践的，还有对富人的说服力。子贡告诫穷人不能失去尊严，富人不能不尊重他人，这是他作为富人的告诫，而不是来自相对方的告诫，这对一群骄慢的富人形成影响力。毕竟，富人比穷人拥有更多所谓“社会资源”，骄慢的富人往往更倾向于去倾听所谓成功人士的见解。第二，或许贫之谄、富之骄是学生时代的子贡的一大痛点，或许这种痛点让他走向了富人之路。一方面，砥砺自己成为一名不骄傲的富人；另一方面，也凝练出贫不谄富不骄的劝世良言。

想想，贫而谄、富而骄是多么令人不忍直视而人人皆得而见之的现象。这又分为三种类型：第一种类型是贫与富本来无甚关联的时候，穷人只是羡慕，富人只是骄慢。第二种类型是富人雇用了穷人，这时候，穷人为了“保饭碗”，需要陪多少笑脸，富人基于优越感，又得甩多少脸色？第三种类型是虽然并不雇佣，但是双方认识，这时候穷人少不了向富人请求帮助，富人则在施救时显得意气满满。应当说，基于优越感而显露出来，本身不是人的不足，让人彻底摆脱这些"老百姓"的常态，也太难为一个人。彻底摆脱的，是极少数修养极高的人。但是，仍要知道，当贫谄富骄严重时，会让人留下多么深刻的印象，甚至伤害。所以，子贡提出"贫而无谄，富而无骄"，我们视之为孔门提出的一条原则，而不仅是子贡本人的原则。

但"贫而无谄，富而无骄"，和我们所讲的贫穷但要有尊严意识、富足但要尊重他人毕竟有所不同。"谄"，这个词其实多少有点伤害穷人。尽管基于前面说到的原因，贫之谄，也算一种存在，但是，这依然是对穷人的伤害。正像有时候，人们会说"怜悯"也会伤及穷人。讲贫而谄，就是讲穷人有一种"劣根性"，讲"怜悯"，是讲俯视而不是平视。其实，贫本来是相对的，与此相应，富也是相对的。一个千万富翁到了千亿富翁那里，又将望洋兴叹——贫富的"鄙视链"或者"羡慕链"简直可以无休止地进行下去，那么，所谓"谄"就是人类的一个通病，为什么要单单指向穷人？反过来说，富而骄，虽然是批评富人，但好像已经将富人推到了优越的位置上去。当然，贫富不仅是相对的，还是可以转化的，穷人经过奋斗，当然可以成为富人，就像子贡，就成为驰名天下的富人。但成为富人的是少数，何况一个穷人的孩子有什么错，为什么就得接受一种相对负面的社会评价？也就是说，贫而无谄，富而无骄，这是一种很好的劝诫，是一种励志话语，但严格来说，这种表达对穷人仍然不够公平。

其实，我们说，可以以“贫穷但要有尊严意识、富足但要尊重他人”代替“贫谄富骄”，严格来说，这样说也不是没有问题。强调贫穷但要有尊严意识，富足但要尊重他人，严格来说也有界分贫富的意味，难道不是不分贫富都应该有尊严意识？都应该尊重他人？是的，都对，但是，这里的关键词是尊严。尊严不刻意谦卑，尊严没有那么多“高大上”和抽象，其实尊严对一个人来说，就是快乐从容。既然贫富没有被消灭也不可能被消灭，那么就应承认贫富，在此基础上强调一个人基于尊严快乐从容的生活。而这，是为“贫而无谄，富而无骄”的当代意义，这是理想的现实主义的表现。

（三）

实践家子贡提出了“贫而无谄，富而无骄”，思想家孔子答之以“贫而乐道，富而好礼”。孔子的境界自然更高。有版本曰“贫而乐，富而好礼”，朱熹在他与弟子的讨论中，用的就是“贫而乐”，他和弟子们讨论道：“无谄、无骄，尚有贫富之心；至乐、好礼，则忘之矣。”“也不消说得大概是贫则易谄，富则易骄。无谄无骄，是知得骄谄不好而不为之耳。乐，是他自乐了，不自知其为贫也；好礼，是他所好者礼而已，亦不自知其为富也。”在朱熹这里，贫但是很快乐，也就忘了贫富。我们用“贫而乐道，富而好礼”，当然有语言上对仗的考虑，更重要的当然是想表明，在孔子这里，可能更想把“道”引入到对贫富对比的讨论中。贫不仅是快乐的，而且是有志于道的。

朱熹强调是“他自乐了，不自知其为贫也”，即忘了贫富，有其道理。所谓忘了贫富，就是不在乎贫富，不以贫富为意。这里大约可分解出二层意思来。

第一层意思是“超越”。超越贫富，就是尽管贫富是一个事实，但是二三子所讨论的事情与贫富无关。例如，在一个学堂当中，尽管学生贫富各不相同，但是所讨论的事情与学生的经济状况无关，尽管富学生午餐极其丰富，但是穷学生吃个窝头也觉得极其开心，大体上不以午餐的丰盛与否为意。这个情况，实际上多次出现在孔子所举的例子当中。在一个学堂的小环境里，饮食上是特别见贫富的。吃肉、吃菜、吃面，大约就能分出三个“等级”来。但是有志向的穷学生的确不是特别在意，并不是他不喜欢美食，而是在他这里确实有更重要的更值得他追求的东西。而当他发现了更重要的东西，他也就暂时忘了眼前的处境。忘记贫富，超越贫富，首先表现在贫者忘记贫和超越贫，也就是超越物质而注重精神。其次是富者忘记富和忘记对方是贫，对对方怀着远远超越眼前那点贫富之别的深深的认同和敬意。于物质之外，学生所重视的，是辩论了真理，是学到了知识，是提升了境界，是收获了学友，孔子将此凝练为“道”。

第二层意思就是“不求”，孔子说：“君子食无求饱，居无求安，敏于事而慎于言，就有道而正焉”。“超越”和“不求”确实不同，不求就是放弃。放弃了物质，只求精神。放弃，当然有不在乎的重要成分。但是放弃是一种客观结果，比主观不在乎来得要彻底很多。

在孔子的学生当中，原宪和颜回大约就是“不求”的典型了。司马迁在《货殖列传》当中比较子贡和原宪，子贡富可敌国，是诸侯门前的贵客，是列国宴请中的主宾，原宪则只是小街里的穷书生，“原宪不厌糟，匿于穷巷。子贡结驷连骑，束帛之币以聘享诸侯，所至，国君无不分庭与之抗礼”。这个我们在谈子贡时已然谈过，而到了《仲尼弟子列传》当中，司马迁把这个故事讲得更细致些：“孔子卒，原宪遂亡在草泽中。子贡相卫，而结驷连骑，排藜藿入穷阎，过谢原宪。宪摄敝衣冠见子贡。子贡耻之，曰：‘夫子岂病乎？’原宪曰：‘吾闻之，无财者谓之贫，学道而不能行者谓之病。若宪，贫也，非病也。’子贡惭，不怿而去，终身耻其言之过也。”

在《庄子》这里，原宪和子贡的对比更见细节且更有剧场感了：

原宪居鲁，环堵之室，茨以生草，蓬户不完，桑以为枢，而瓮牖二室，褐以为塞，上漏下湿，匡坐而弦歌。子贡乘大马，中绀而表素，轩车不容巷，往见原宪。原宪华冠縰履，杖藜而应门。子贡曰："嘻！先生何病？"原宪应之曰："宪闻之，无财谓之贫，学而不能行谓之病。今宪贫也，非病也。"子贡逡巡而有愧色。原宪笑曰："夫希世而行，比周而友，学以为人，教以为己。仁义之慝，舆马之饰，宪不忍为也。"

此时的子贡，主政卫国，一国之财富可以支配，去探视原宪，不知是否有炫富之意，若是炫富，就不是他所倡导的"富而无骄"了，倒好像有"富贵而不还乡如衣锦夜行"那种意味。站在子贡对面的原宪，以桦树皮做了帽子，鞋无跟，衣服很"粗敝"很不讲究，子贡居然问衣裳普通的原宪："你是不是生病了？"原宪毫不客气，原宪说，没钱是贫穷，学道而不能行之谓之生病，我只是贫穷，我没有生病。原宪进而说，我不在乎车马，我只在乎学问和学友。

在庄子笔下，原宪不在乎车马，颜回无意于从政：

孔子谓颜回曰："回，来！家贫居卑，胡不仕乎？"颜回对曰："不愿仕。回有郭外之田五十亩，足以给飦粥；郭内之田十亩，足以为丝麻；鼓琴足以自娱；所学夫子之道者足以自乐也。回不愿仕。"孔子愀然变容，曰："善哉，回之意！丘闻之：‘知足者，不以利自累也；审自得者，失之而不惧；行修于内者，无位而不怍。’丘诵之久矣，今于回而后见之，是丘之得也。”

孔子问颜回，家里这么穷，住得这么糟糕，为什么不去当官呢？颜回答：我不想当官，我家里有点薄田，吃穿够用，学您的道就足以让我快乐了。在孔子看来，颜回倒是做了他的老师。孔子提出了“知足”一词。不求富贵，在于对物质知足，对物质知足，而对“道”不知足，就永远走在求道的路上，“知足者，不以利自累”，物质上的富足与否，没有成为原宪与颜回求道的障碍。

什么是孔子这里所讲的“道”？什么是贫而乐道的“道”？道就是超越知识的真理和饱含道德感的正义。我们可以设想，当老子通过五千言，玄妙地谈论他对“道”的理解的时候，道正是那时最流行和最激励知识分子的词汇之一。原宪和颜回在这里的“理想的理想主义”，虽然不足以成为全社会效法的对象，但却展示了一种美好的典范。孔子作为老师未必能做到，此二人作为学生却做到了。孔子能不欣然？

（四）

超越贫富，忘记贫穷，就有道而正焉，这是指对贫富不以为意的一面，而另一面，富依然存在，孔子的建议便是“富而好礼”。

正因为有一批志于道的学者，不以贫富为意，所以孔子的话当中，在“道”的高度上，不存在对贫者的“歧视”。同样，孔子的话当中也不存在对富者的“歧视”。事实上，当“理想的理想主义”流行时，富者同样会成为被歧视的对象。富者之所以被歧视，是基于贫者的集体仇恨甚至于报复，以及一种以贫的出身为光荣的心态。当贫者作为一个集体掌握了支配权和话语权时，富者作为天生的少数派，与其子女都难逃被讨伐的命运。当然，当富者的身份此时被剥夺时，事实上他已经成为了真正的家徒四壁的贫者，其身份已成真正的弱势者。

孔子未歧视贫或富，而将双方做了某种分工，“贫而乐道，富而好礼”。当然不是贫则不能好礼、富亦不能乐道。孔子当然可以说，贫者乐道而好礼，富者好礼而乐道，这种“全面”可能就失去了话语的锋利和直指人心的力量。孔子分述“贫而乐道、富而好礼”，大致想说：乐道，于贫者来说更是一种使命；好礼，于富者来说，是一种社会责任。我们常将使命与责任并列而使用，事实上，使命更像是天赋和自我赋予的，带有“志业”和“召唤”的色彩，类似“意图伦理”，而责任更像是事情本身和社会赋予的，是一个人理当去完成的基本任务，类似“责任伦理”。并不是富者不能去乐道，而是当贫者乐道时，贫者更能体现那种对道的热爱和投入感。而富者之于好礼，当然是基于富者的财富。

礼有多重和多种，例如，有国家与国家之间的礼，有邦国之邦君与周天子之间的礼，有军礼（对内的军礼和对外的军礼），有君主与大臣之间的礼，也有贵族内部主人与雇佣者之间的礼，同样也有日常生活和社会交往层面的礼，富者好礼之礼，大致与政治的关联度较少，而主要指的是日常生活和社会交往层面的礼。

日常生活和社会交往层面的礼，也可分为两个类型和四个层次。

两个类型，即“不需要花钱”和“需要花钱”的类型。人与人之间彬彬有礼，这只是表示尊重，并不需要支出物质成本。富人在这种“不需要花钱”类型当中的“好礼”，当然也有意义，因为这表示出“富而无骄”，标示出富人不仅不骄傲傲慢，而且遵守、维护和提升着社会彬彬有礼的程度。一个问题是，为什么“不需要花钱”，社会仍然不能彬彬有礼，而表现为蛮横无理？这当然与社会中普遍浮躁和自利的氛围有关，也和基层社会当中的引领者和示范者相关，当相对富裕和相对具有主导权的人们完全无视彬彬有礼时，整个社会只会更加失去对于礼貌和优雅的基本敬意。当社会彬彬有礼时，当然也不能完全消除蛮横、欺骗和伤害，这就会被批评为“伪善”。即便是这种假惺惺的“伪善”，也当然优于普遍的“粗鄙化”。其实，礼仪本身有尊敬的内涵，本身与“假惺惺”

和“伪”不在同一个话题上，真诚才与“假惺惺”和“伪”相对。当然，无疑最好的礼仍然是真诚的礼。

四个层次，即宗教层次、祭祖层次、节令层次、生命礼仪层次。这四个层次，总体上都“需要花钱”。人们常说礼起始于对神的祭献，在对神祭献的过程中，不仅必须有一套格式化的程序，更要形成实实在在的祭品祭献，所谓“牺牲”，所谓“贡献”，正是此意。除了政府层面进行宗教祭祀，当然民间社会生活层面也有大量的祭祀，富人就在此时有必要作出更大的“贡献”。富人在这里的“好礼”，有时是一种个人行为，只是为自己祈福，有时就是公共行为，为一个共同体祈福和谋利益。例如，富人参与修筑龙王庙和进行龙王庙祭祀，就是在宗教层面试图对水利问题祈福。在“无神论”和科技的视角看来，这是荒谬和不必要的，但是，整体上，社会因此获得心灵的安宁。祭祖和节令亦是如此，富人应当在这些礼仪方面承担更多的基于财富支撑的社会责任。祭祖、节令和生命礼仪中的礼仪，是绚丽多姿的社会礼仪的重要组成部分。祭祖表示慎终追远，节令是平凡生活中的繁华节点，让人对生活中的美好富于期待，生命礼仪更是人生极其重要的部分，婚丧嫁娶、生日、就学毕业、重要就职，都需要庆祝和纪念，而其中都需要花费。很难想象，当人们的礼仪全部都公共化时，社会将怎样失去个体的自我和个体的幸福感。一定要有巨大的民间礼仪的空间和丰富的礼仪类型，才更有鲜活的生活和日常美感，才更有生活美学。在这个意义上，才能有“礼失求诸野”，因为民间在丰富的社会生活中，自发地保存了礼。正是基于民间对礼的本能的需求，这些礼仪“需要花钱”，所以，“富而好礼”的社会责任的确是重大的。

“富而好礼”当然还在于对富人的约束，由此也形成对社会全体的自律要求。富足，以生命的状态来看，大约表明生命状态的激昂，就像在最早的人类当中，获得了食物，尤其是常常获得食物的人群一定是有相当满足感的。当他们由此成为强者时，面对其他相对弱势的群体就形成了几种模式，有掠夺模式，有交流模式，也有引领模式，掠夺可能是一种恶的本能，但是掠夺却一定会遭到反抗，礼仪和法律正是在此过程中形成。要约束这些看似的“强者”，才能维护安宁，礼和法的这种基本功能自然延续下来。所以，富而好礼，就是对富人形成约束并强调其自律，当然，富并不是一成不变的，贫者与富者本身在相互流动，由此，好礼，也就成了对全体社会的建议。

第八节　说“德”

子曰：“为政以德，譬如北辰，居其所而众星拱之。”

关于德字的含义，一直以来聚讼纷纭。《说文解字》解“德”为“升也”，段玉裁又解为“登也”，所谓登，最早的意思是上车，又引申为登台阶、登山、上升。段玉裁居然用登山来形容德，令人十分不解，我们通常说的“道德”到哪里去了？

吴大澂先生将“悳”字解为从相从心，曰“得于心而形于外”。这与罗振玉先生说德就是“得”可以形成对照。结合起来，似乎可以说德就是“在心里得到了”。

郭沫若认为“省心为德”，省的意思是“视”，也就是观看，从某些金文字形来看，心字上面的部分的确是很像一只眼睛。徐中舒先生认为“彳”从直，所谓直，是指目光向下看，成为一道直线，徐先生解德为“循行察视”之意。德的另一个字写为“悳”，被《说文解字》解读为是德的读音，但郭沫若发现德的古字“悳”在金文中反而少见，最早的还是“德”。但是结合徐中舒的看法，能看得出来，“悳”本身包含徐中舒所讲的直的意思。

文字学家们惜墨如金，原因或许在于言多必失，因为有关的有效证据确实不够充分，说得越多，反而错误可能越多。在有关“德”的观念与词汇诞生以来，真正通过甲骨文、金文与文字学留存下来的证据实际上不算太多，并不能真正拼成一个完整的知识拼图，可以说，有限的证据得不出真正有效的结论。事实上，甲骨文体现的文字已然相对成熟，可见此前经历了漫长的演变过程，我们对此一无所知。

孔子在娴熟使用“德”字时，或许在孔子时，什么是“德”字的本意，有一些有效的知识，但没有成型的记录，孔子已经不能了解其详；或许有广泛的语言与词义的共识，以及孔子本人对其的开拓与创造，以至于对“德”字的遥遥本意有了新解。在这两个意义上，追溯德字之本意的意义似乎都已不大。但是，我们必须看到，孔子的使用，实际上仍然在传统当中，而孔子所指向之词义，又未必与今天的理解尽同，由此，我们除了在今天的理解上理解孔子所指的“德”，在孔子的阐发中理解孔子所指的“德”，也有必要从知识与词义考古中把握孔子所指的“德”。

考虑到材料有限，我们就在现有给定的解释中试图把握“德”。

首先，如何理解德之“登”的意思。道，与道路有关；德，则有攀登之意，都指向了走路、攀登、向前、遵守的意思。行路，前方有方向，有道路，此即一种“道”，由此引申到了正当性、规律性和遵守意味的“道”的含义上。攀登，同样是在这样的行动中。所不同者一，“道”是向前的，而“德”是向上的。由此，德大约需要比道更强的耐力，需要付出更多气力。所不同者二，“道”是名词，“登”是动词，因此，道可能更强调“探索”，德可能更强调“遵守”。

其次，德之“得”的意思，可解为“掌握”和“收获”，尤其强调在心里掌握和收获，同时表现出来。我们可以想到，与道德相关、本身有几个需要密切关联的、需要厘清的两个问题：一是道德感和善良仁爱之心是不是天生的？应当说，这里有相当的“天生”的成分，这里的“天生”指的不是天然的觅食、繁殖等本能，而是说，在人类产生之时，相处之道已经伴随人类社会而产生，人不能生下来就毫无天良，由此，人类社会从一开始就无法建立，社会中的基本协作需要，促使人类社会产生了一些类似天生的内在天良与善心，除非一个人出生后并不在人类社会生活，否则，人的天良与善心是不可能毫不具备的。二是天良是为天良，但是归纳、概括天良本身，从而形成一种社会教育，是为外在的，是需要内心接受和外在传授的。人天生会爱别人，但是需要社会告诉他什么是爱和怎么爱。基于这两个问题，我们就可以理解“得”，得就是掌握了道德，同时与内心的天良形成了呼应并融合为一致。

再次，从“省心为德”即“视心为德”，到“悳”，到徐中舒先生所讲的“循行察视”，都是对甲骨文与金文之字形的解释。看见心，直线地看见心，以至于“循行察视”，大致是一个发现内心、激活内心、正视内心和遵守相关道德规范的过程。这表示人从内心来说，愿意接受道德规范和遵守道德规范。这里的发现、激活、正视的内心，并非恶念，而乃善念，当人心在善恶之间徘徊时，总能体察到善，这是一个发掘自我和珍视自我的过程。与此同时，当内心与社会发生了基于道德规范的联系时，他被要求遵守或自我选择遵守。

最后，从“彳”，这是古文字当中的一项重要的提炼。关于“彳”，《说文解字》解为“小步也”，段玉裁指出这是象形了一个人的腿部形状和大腿与小腿在运动时的形状。简言之，“彳”，就是小步走路，进而引申成了“遵守”。我们发现，大量的“彳”字偏旁的汉字，行、循、律、德，都有这样一个“遵守”的内涵，进而，遵守就成了“被遵守”，即被遵守的规范。有了“彳”，德字的规范含义进一步得到了明确和升华，德，就是需要遵守的道德规范。

结合以上四个含义，我们可以对“德”字的古义和本意做一个较为完整的概括了。德，就是外在的道德规范。道德实际上有两种，一种是内在的道德，即天良，另一种是外在的道德规范。一个人有没有道德，指的是内在天良如何；一个人懂不懂道德，指的是掌握了多少关于道德规范的知识；一个人讲不讲道德，指的是是否遵守道德规范。

仁，就是孔子所讲的内在的道德；德，就是外在的道德规范。前者是内心的，后者是需要掌握和遵循的。然而，后者之需要掌握和能否遵循，实际上在于内心能否与之共鸣，在于内心是否愿意与之真正连线。在“德”字的古文字中所包含的密码中，都包含这些与心、与遵守、与规范相关的含义，只不过侧重点有所不同。

第九节　诗教

子曰："《诗》三百，一言以蔽之，曰：'思无邪'。"

（一）

"美哉水，洋洋乎，我怀先生，送之子于城隅。洋洋乎，美哉水，我送之子，至于新渡。念彼嵩雒，眷焉西顾，之子于迈，至于白马。白马旧邦，其构维新。"这是苏轼仿照《诗经》写的一首赠别的诗《美哉一首，送韦城主簿欧阳君》，苏轼化用了《诗经》的不少语句，也使本诗古意盎然，同时也是妙趣横生。用当今的流行语来说就是"致敬"。"白马旧邦，其构维新"，直接改写了《诗经》最令人耳熟能详的名句之一"周虽旧邦，其命维新"。白马，是欧阳君任职的韦城县的古称，隋时由"白马县"改为"韦城县"。所以苏轼说白马像周代一样，虽然是一个旧县，却得以从韦城之设置中获得新生。有意思的是，本诗的开头却不是《诗经》里的话，而是出自司马迁《史记》的"孔子世家"，司马迁写到："孔子既不得用于卫，将西见赵简子。至于河而闻窦鸣犊、舜华之死也，临河而叹曰：'美哉水，洋洋乎！丘之不济此，命也夫！'"孔子接着讲了一个排比的诗般话语："刳胎杀夭则麒麟不至郊，竭泽涸渔则蛟龙不合阴阳，覆巢毁卵则凤皇不翔。"

从苏轼所引用的"美哉水，洋洋乎"，到孔子所讲的"刳胎杀夭则麒麟不至郊，竭泽涸渔则蛟龙不合阴阳，覆巢毁卵则凤皇不翔"，我们似乎可以想见孔子之所以整理《诗经》的原因之一，那就是因为喜欢，不仅喜欢《诗经》，也喜欢诗。

什么是诗？诗是凝练的内容与凝练美好的形式感的结合，是语言当中的金子。在孔子的时代，大约《尚书·尧典》当中的这句话正在流行："诗言志，歌咏言，声依咏，律和声"，孔子必然得到了共鸣。诗言志，就是说自己特别想说的话；歌咏言，就是把自己想说的话用歌声唱出来；声依咏，就是歌唱时与吟诵相协调；律和声，就是配乐的音律与声音相一致。无论此语是否尧本人所讲，我们可以看到此语在表达上已然相当具有概括性，同时其内容相当成熟，显示了《尚书》之传承者对于"诗学"的到位思考，大致上能够表明时人在诗歌上的见解——当时显然有一个读书人群体，孔子是其中之一。孔子正是在与这些读书人交流"诗学"的过程中，越发形成理性认知，同时或许尝试创作作品。司马迁所写下的孔子所讲的"刳胎杀夭则麒麟不至郊，竭泽涸渔则蛟龙不合阴阳，覆巢毁卵则凤皇不翔"这几句话，其实就是诗歌。所以，或许有一个我们所不太知道的诗歌孔子，这个孔子会陶醉在自己阅读的诗篇里，会用诗歌抒发情感。

诗歌的起源，大体上可分为两种，假如我们借用孟德斯鸠对法律的分类之一——政治法律和民事法律，可以将诗歌分为与天子、与邦国礼制相关的诗歌和完全出自民间的诗歌。前者对着神祇而歌，也装饰了典礼上的仪式感；后者是民间对生活和情感的歌唱，歌唱快乐或咏叹悲伤与“求之不得”。在《诗经》里，前者表现为颂，后者表现为风，直到20世纪，这两个系统仍然并行不悖，只不过经过采风遴选，后者可以进入前者，而经过传播，前者也可以进入后者，从而实现了双方的融合。

在孔子与孔子之前的时代，人们对诗歌形式的探索显然不像今天一样如此多元化，但显然也做了多种尝试，重要的是，当《诗经》的素材是来自各地的采风时，各地不同的声音和风貌本身就促成了诗歌的多元化。与此同时，当时代行进，礼制越显重要时，与礼制相配套的诗歌也就要求在形式上更加讲究，从而催化了诗歌的形式感在那时的形成。《诗经》中的风是“民歌”，我们可以想见，其实当时还有很多创作的诗歌，只不过由于记录的遗失，而未能流传，正如我们所言，就不能排除孔子是一位诗人的可能性。

诗歌在当时的发展还有一个原因当是雅言系统的发达。白话与文言、口头与书面，显然是中国文字自从书写系统兴起以来的一个平行体系，当书面化的雅言也就是文言兴起时，雅言对口传系统做了相当大的整理，并且在使用中越显精致讲究。民间的民歌到了官方的记录当中，就被“翻译”为官方雅言，“阳春白雪”是为雅言雅趣，“下里巴人”则是民间俚语，就需要转换。我总在想，“下里巴人”一词中的“里巴”是个口头语，直到今天还在用，“脏里巴唧”，这当中的“里巴”是肯定不能进入官方传播版本当中的，所以，官方就在雅言化民间诗歌的过程中，探索诗歌的语言艺术与形式感。对于知识分子来说，这些雅言的语言更加值得“如切如磋，如琢如磨”，孔子尤其喜欢并乐于分享。雅言化的诗歌更加使诗歌成为艺术，成为生活之感性一面的艺术抒发。

于是爱诗歌的孔子，不仅自己写诗，还参与到《诗经》的编订当中来，还成为诗教理所当然的倡导者与实践者。而《诗经》，也就成为诗教的天生的教材，最合适不过的教材。

诗教当然不止“教诗”，而是通过诗歌进行的教育，无论是官学还是私学，诗教都通过诗歌形成一种对于国民的塑造，使诗教成为国民教育的一部分。而这里所讲的国民教育，其实面对的是国民中的精英，是可能在社会生活中担当大任的人。《诗经》中的政治性诗歌，例如，礼制当中的典礼诗歌，和书写民间生活的诗歌，即颂和风，二者恰好就是国民教育的极好内容，因为国民教育无非是培养国家认同与社群相处之道。国民教育当然不是扮演一个面目可憎的老师，所以，那些有音乐做伴奏的典礼版诗歌足以让一个人感动，而那些描写日常生活的诗歌足以成为一个人的知己，例如，正在官学或私学就读的学生正当芳华，于是，描写热恋的诗歌就足以打动他，谁没有求之不得的焦虑和期待“静女其姝”的美好情感？

特别重要的是，通过诗歌进行的国民教育，也传播了诗歌本身。诗歌不仅是工具，诗歌本身就是价值；不仅在于内容，也在于形式。在一个邦国的语言发展过程中，诗人显然是语言的建筑师，焕发了语言的可能，实际上也让情感变得更加精致，让生活变成艺术品。这不仅是孔子作为教师的目标，也是孔子作为一名国民对生活的向往之所在，所以，孔子不仅在进行诗教，本身也是在陶冶自己。所以，孔子面对一条大河，也会发出一句诗般地感叹："美哉水，洋洋乎！"

（二）

对于《诗经》，孔子强调了"思无邪"。思无邪，当然也是诗教的重要组成部分。

首先，这是采风者和孔子采选和编订之后形成的思无邪。从我们今天对于真正的原生态的民歌的了解来看，许多民歌在语言上的确是"肆无忌惮"的。一些今天传唱的已经被改编过的"民歌"，原词可能相当放浪形骸。曲调优美苍凉而词句"俚俗"，但是俚俗中又是极其大胆直接、简单粗暴，可以说其中有别样的原始之美，亦可谓直指人心。

说起来，人类，无论是万年前的先民，还是每个时代的、直到今天的每一位个体，人类和个体的最早的声音就是歌曲，最早的语言，就是诗歌。那种咿咿呀呀，本身带着旋律；那些最初的表达，表达的都是炽热，都是有关生命的欢喜、哀伤和恐惧，中西概莫能外。随后，歌声流传。正如我们所说，诗与歌的发展一直有民间一系，与官方系统并列而存在，甚至官方系统的许多创作也有民间渊源。在最无人问津的民间，像花开花落一样繁衍不息的高原或者河谷，辛劳或者寂寞的劳动者在旷野中呼喊，就是要把自己最想说的喊出来，他本身并没有传播的目的，有时都不敢让心上人听到，他只是想唱就唱，唱其想唱，这一切亘古未变。

在旷野中的民间歌者，其歌诗的状态或许如一名醉酒的醉鬼，在唱歌唱诗过程中，内心有如舞蹈。在这种纯粹而未加节制的快乐中，语言的原生态实在是无法避免，个中充满了真正的未经雕琢的“俗语”。经过层层筛选，再经过孔子的编选，大量俚俗语言被除去，但仍有遗迹，例如，一般所认为的“狂徒之狂也且”，其“也且”二字就是原始俚语，只不过在流传过程中变成了语气词。原始粗糙浓烈的话语可能不被选入，被剔除了。选入的都是具有相当美感的作品，经过编辑加工后，进一步成为“思无邪”的佳作。

其次，这是一种审美趣味和精英国民塑造意义上的思无邪。不同的编者编选著作，选的内容当然不同，《诗经》的编选者——尤其是被认为做了做权威编订工作的孔子，无疑把自己对于诗歌和审美的理解渗入其间。应当说，孔子的个性化风格明显。我们可以说，中国的诗歌有南方和北方两个系统，南方的代表是《楚辞》，北方的代表是《诗经》，《楚辞》当中就有对于东皇太一等神祇、山鬼等精灵的叙述，《诗经》当中就阙如。尽管《楚辞》以屈原创作为主，但是一般认为楚地本身有一个渊源有自的古老巫术传统，其中的神祇与精灵远远多于《诗经》，屈原正继承了这个传统。如果我们阅读《山海经》，当然能看到一个瑰丽的神鸟、怪兽、天神并存的世界，这个状况多少能与《楚辞》呼应上，但在《诗经》当中却看不到《山海经》的痕迹。可以确信，正是传说中的以孔子为代表的《诗经》编订者确定了《诗经》的风格，这个风格是温润的、理性的、节制的、适度的。

《诗经》的温润风格，在相当程度上掺加了对中国读书人的温润传统的塑造。细腻、优雅、温柔敦厚，羞涩内敛而又真诚炽热，这种优质的“文人”形象，一部分正源于经过了编订之后的思无邪之教。至少从《诗经》内容看，“思无邪”并不是刻意强调道德纯洁，把人当作白纸和傻瓜，也不是刻意强调柔弱，把人当作逆来顺受的被役使者。《诗经》里的爱情，有愁肠百结和盟约致远；《诗经》里的战争，绝不屈服欺侮，而要与子同仇。也就是说，“无邪”并不是纯粹的生活中的“纯洁”，并不是强调培养一个不谙世事的“傻白甜”。进一步说，《诗经》也不是培养一个信仰方面的唯一论者，并不主张纯粹的一元和对神灵的屈服，并不认为不归顺于这种神灵就属于邪与不洁。《诗经》的无邪，更多强调不那么极端，不那么欲望耸动、躁动和暴力，实际上在强调一种温和的信念。

在这个意义上，温和不仅是审美的，还是国民教育的，当社会有这样一种温和氛围，也就抑止了暴力的产生。自然，这是极其理想主义的，因为现实远没有这么美好。当一个人有支配力而又多欲，想要让他温和和自我节制，当然是极难的，人类一般所说的欲望不满足，一般所说的基于财富、权力、权势所形成的欲望燃烧而不停止，即指此也。而这也正是诗教的原因和出发点，根治是不可能的，那就力争减少。事实上，当我们结合诗教的对象是精英国民来看，此条意义亦较明显，越是强势、精英的个体，越有支配权，也就越需要温和、节制和自律。

《论语》在后面讲述了孔子对《关雎》的评论："乐而不淫，哀而不伤。"亦是同样的道理。淫，在其字意上，并不是狭义的与男女有关的"淫荡"和"淫乱"，而是过度和奢靡。淫的本意是下了太多的雨，下雨本来是极好的，但是雨下多了就成了负担和带来了麻烦。欢乐和让自己快乐，或者说快感，当然也是如此。快感但不过度，伤感但不痛苦，这是孔子对《关雎》的评论，当然也是对《诗经》的总评论。

我们说，诗教的对象是精英国民而非全体大众，这是在当时的教育条件下而言，但这群精英国民本身是一个发光体，可以影响所处的周边。"岂无居人？不如叔也。洵美且仁。""岂无饮酒？不如叔也。洵美且好。""岂无服马？不如叔也。洵美且武。"一个饮酒的、骑马的住在巷里的"叔"，洵美且仁且好且武，这就是对一个优秀的精英国民的描述，其与窈窕淑女一样，都是诗歌当中的优秀主人公，成为全体国民向往的人物及其生活境界。这些诗歌里的人诚恳生活，带动共同体当中的人一起迈向此岸的理想生活。

（三）

温润的审美风格是《诗经》的灵魂，这是"思无邪"的美好之处。《诗经》既然是诗教的教材，则成长中的人接受一种纯净中和的人格教育，自属《诗经》的性质之本意。但是，这里涉及两个问题，一是诗教是在人的成长阶段的工作，那么诗教之后呢？人成长成熟之后呢？二是所谓无邪，也是主观判断，当诗教的主事者一再强调无邪，甚至以强制方式推行无邪、强化纯净时，该如何看？

关于第一个问题：教育过程中的人是"思无邪"的，那么，教育之后，人能否直面"有邪"与"无邪"？显然，无邪的高雅是一种氛围，是一种格调，这是有修养和教养的国民理应追求的素养，但是，高雅同时是一种选择。一个问题是，人是否可以选择不高雅？而去喜欢与高雅相对的所谓"低俗"？折中的情况是，一个人是否可以同时喜欢高雅和"低俗""有邪"？

显然，按照当代社会中的民法，一个人在十八周岁时，就已经是"完全民事行为能力人"，此时，作为家长的监护人自动不再履职。事实上，监护人只是民法概念，我们完全可以认定，人在成长中，实际上遭遇了许多的“监护人”，教师，甚至于教材作者，都算是帮助他成长，为他进行某种筛选的“监护人”。然而，当一个人已然成年时，他是不是可以自己进行选择？是不是就不再需要这样的“监护人”？显然，对于未成年人来说，监护人的职责是法定的，并且监护人要为被监护人的行为而承担责任，但是，对于成年人来说，他可以选择接受监护人的极其中肯的建议，当然也可自行决定。一个有趣的问题是，当一个人已经做了监护人时，他还需要像原来一样被监护吗？这让我们想起一句贾樟柯电影《山河故人》中的台词：每个人，都只能陪你走一段路。对于监护人来说，这是一种伤感的情绪，也是一种被劝诫的理念。显然，人应当向高雅致敬，但的确他可以决定自己的阅读、聆听范围。当然，自律、对秩序的尊重和社会对氛围的营造仍然是极其重要的，在赋予其选择权时，整个社会仍可因为多数人选择高雅而呈现良好面貌。

关于第二个问题，确实，在有些情况下，教育的内容是温润的，而手段却成了强势的强制，本身是反温润的激烈和极端。所以，这就出现了手段和目的的一致与相悖的问题。温润目的，温润手段，是为真温和；温润目的，刚性手段，是为半强制。极端目的，温润手段，或许还可以被温润的手段所感染；极端目的，刚性手段，当然是一种高度强制。所以，诗教的内容是美的，我们也要看诗教用了什么样的方式。假如我们把温润当作儒家和道家，而刚性的强制手段算是法家，那么，我们就会发现，常常有儒家和道家的目的，其实是以法家的刚性手段来推进。当然，这里的法家只是人们一般所认为的法家，其实也就是主张强制的意思。

《礼记·王制》写道："析言破律，乱名改作，执左道以乱政，杀。作淫声、异服、奇技、奇器以疑众，杀。行伪而坚，言伪而辩，学非而博，顺非而泽，以疑众，杀。假于鬼神、时日、卜、筮以疑众，杀。此四诛者，不以听。"其内容当然远远不止诗教的范围，但是毕竟有些内容也密切相关。《礼记》是汉初整理的儒家经典，这段话不知作者是谁，也不知其理念真正贯彻与否，但读来令人感到寒冷。"析言破律，乱名改作，执左道以乱政"是法律与政治的实践方面的，表示在春秋战国时期的某个邦国里，若有人想要轻易辨析法律，发表对法律罪名等的看法，以"左道"而干预邦国之大政，则杀之。"作淫声、异服、奇技、奇器以疑众"是日常生活方面的，表示若有谁在生活中敢于发出低俗之音、身着奇装异服、展示怪异的技能和器具，则杀之。"行伪而坚，言伪而辩，学非而博，顺非而泽，以疑众"是学术思想的理论方面的，表示若有谁善于诡辩、善于矫饰、无意义地渊博和追随错误，则杀之。"假于鬼神、时日、卜筮以疑众"是鬼神与信仰方面的，表示谁在朝廷既已确立的信仰系统之外，用鬼神、良辰吉日、占卜等方式扰乱民众的定见，则杀之。

《礼记·王制》这段话最令人震撼的就是这个“杀”字，真是杀气腾腾，让我们看到了儒家经典，尤其是与《大学》和《中庸》同在其列的《礼记》的强势一面，简直让人不敢相信。若依这段话，则若做不到“思无邪”时，一个读书人还真的是很危险了。这是诗教的另一面吗？也不是，也是。

说不是，是在于《礼记·王制》当中的这段话，很大程度上只是表达了一种深度刚性的强制、压制的理念，算是“政策”，而并没有真正成为法律，而且，恐怕也并非社会常态中的治理之道，算是一种在非常时期的临时处置方式，大约只是相当于所谓“宽以济猛，猛以济宽”的“猛”的方面。设想一下，这些话怎么能成为法律，譬如，一个人讲一段话，虽然犯禁，但总有层次之分，怎么可以直接杀死？总要有处罚层次上的差别。甚至我们可以说，这是一种“气话”和非理性的话，恰证了“绝对主义”之“绝对”。

说是，就在于这是一种理念，这种理念固然不能以完整的方式落地，但完全可以“打折”的方式实现，同时，当其造成一种氛围时，民众，包括知识精英在内，自然感到压力。

所以，诗教是美好的，温润的目的和内容是美好的，但仍需以温润的方式来实现，这样，才不致走到以《礼记·王制》里的这四杀作为护卫的约束上面去。那样，先秦时期的诗教也就大大打了折扣，人心是恐慌而非放松的，也就“不敢高声语”了。这当然不是《诗经》的整理者孔子所乐见的情形。

第三章

帝国转折中的王安石

第一节　从《大宋宣和遗事》说起

《水浒传》成书演变的过程，因资料所限，难以确切叙出，但无论如何，可以确信的是：《大宋宣和遗事》是《水浒传》的前身或原型之一。

我在阅读《水浒传》时，渐渐有了一个感觉，感到这个故事虽然应是成书于明代中期之后，离北宋的背景越来越远，但是其原型却始终不离对几个权势人物的谴责：宋徽宗、蔡京、高俅。进一步，我想到这是对家国之痛的一场剧情化反思，当北宋亡于金人之手，这个责任该由谁来承担？这是个北部的亡国遗民和南部的流亡人士都不能不痛思痛虑的问题。

《水浒传》也晚，其间隐藏的对于宋徽宗与蔡京的反思已然模糊，更多看到的是几个小丑式官员——高俅、蔡九知府、梁中书之类。但是，只要深看，能在字里行间察觉到其对于亡国责任的追问，我感到，《水浒传》的原始作者，是想把责任追究到宋徽宗和王安石身上的，责任在于两方面，一是政治，二是思想。

带着这些问题，再来阅读《大宋宣和遗事》，就感到非常明朗了。《大宋宣和遗事》里使用了“中书省”这样的词汇，足见即使最后成书是在元代，但是，作者对宋代的故事又有深切关怀。尽管元代成书，其对北宋政治的褒贬却远远多于《水浒传》。其贬，主要集中在宋徽宗、王安石和王安石的政治同道蔡京。

《大宋宣和遗事》首先以民间推崇的神秘主义名人邵康节用神秘主义的内容来预言北宋将要迎来的灾难——朝廷要任用南方人做宰相，天下自此将多事起来。对于宗教信徒与民众来说，宗教哲学自然过于玄远晦涩，神秘主义倒是通俗易懂且深不可测。民间小说既然是围绕市场而展开的表演话本，自需把神秘主义当做招徕顾客的物料。作者要贬低王安石，自可从邵康节这位名人的语言当中说出来。何况除却民间赋予的神秘主义身份之外，邵康节本人是与周敦颐、张载、程颢、程颐并列的理学家之一，这个学派本身与王安石的新学之间就存在学术竞争关系。这样一来，邵康节的身份更加复合，自然被抵制王安石的群体所认同。

且说英宗皇帝治平年间，洛阳邵康节先生因与客在天津桥上纵步闲行，忽听得杜鹃声，先生惨然不乐。客问其故。

先生道："洛阳从来无杜鹃，今忽来至，必有所主。"客曰："何也？"先生曰："不过二年，朝廷任用南人为相，必有更变。天下自此多事矣！"[1]

安石将任宰相，受到极为严厉的弹劾。这里的弹劾包含人品、政治理念、政治素质三方面。从人品来说，安石见利忘义，贪图名位，奸诈机巧；从政治理念来说，泥古迂腐，以此图变；从政治素质来说，不识君臣上下之分，一派师尊般骄傲姿态。

神宗是个聪明的官家，朝廷上大纲小纪，一一要从新整理一番。恰有那曾参政名做公亮的，荐那王安石为丞相。神宗准奏，召王安石拜相。正宣麻时分，有唐介做著谏官，上疏论奏："王安石泥古迂儒，若用为相，必多更变，重扰天下。"那时有吕诲亦上疏弹劾安石，有弹文，其略云："……好名嗜进，见利忘义。凡在经筵，力请坐而讲说，将屈万乘之重，自处师氏之尊，不识君臣上下之分。……奏对强辩，陵轹同列。大奸似忠，大诈似信；外示朴野，中藏巧诈；骄蹇慢上，阴贼害物。……"奏上，神宗不报。安石居相信，专务变更。

---

〔1〕（宋）佚名：《大宋宣和遗事》，商务印书馆1934年版，第1页。以下所引《大宋宣和遗事》皆见此版本。

作者讲述了安石的弟弟安国对其兄长的劝告、对新法的恶评和对家庭命运的忧虑，同样谴责了安石的公子、与安石享受过尊崇待遇的王雱。同样以为人险恶来指责王雱。

安石弟安国，每憎他兄所为误国。……安国又尝力谏安石，言："天下不乐新法，皆归咎于兄，恐为家祸，宜速罢之。"安石不听。安国泣于影堂前道："是吾家灭门矣！"安石的孩儿王雱，为人性险恶，喜杀，因病疽而死。

徽宗登场，在《大宋宣和遗事》作者笔下，这是个风流才子，当然更是浪荡公子和政治庸才。像史上被描述为昏君的那些皇帝一样，昏君徽宗被描述与奸臣为伍。治国无方与灾荒饥馑叠加，民变骤起。当此君臣在位时，发生了宋江三十六人和方腊十三人的举事，宋江由此开始登场，宋史故事与宋江故事从这里接壤。

哲宗崩，徽宗即位。……朝欢暮乐，依稀似剑阁孟蜀王；论爱色贪杯，仿佛如金陵陈后主。遇花朝月夜，宣童贯、蔡京；值好景良辰，命高俅、杨戬。向九里十三步皇城，无日不歌欢作乐。……人民劳苦，相枕而亡。加以岁岁灾蝗，年年饥馑，黄金一斤，易粟一斗；或削树皮而食者，或易子而飧者。宋江三十六人，哄州劫县；方腊一十三寇，放火杀人。……用丞相章惇言，举蔡京为翰林学士。满朝上下，皆喜谀佞，阿附权势，无人敢言其非。

徽宗用王安石系的改革者蔡京为“右丞相”（这又是个元代词汇，或许表明《大宋宣和遗事》作者为了迎合市场而使用当时的词汇，或许表明其对宋代具体职官并不熟悉），重启神宗改革。

崇宁元年七月，徽宗除蔡京做右丞相。制下，中外大骇。又赐京坐延和殿。徽宗向蔡京道：“昔神宗创法立制，未尽施行；先帝继之，两遭帘帷变更，国是未定。朕欲上述父兄之志，历观在朝，无可与为治者。今朕相卿，其将何以教我？”蔡京顿首谢：“愿尽死以报陛下！”

《大宋宣和遗事》作者终于归纳：宋朝败亡的原因，就在于王安石及其女婿蔡卞，以及蔡卞的兄长蔡京之改革的先后推进，王、蔡之改革，被作者解读为“陷害忠良，奸佞变诈，欺君虐民”。

话说宋朝失政，国丧家亡，祸根起于王安石引用壻蔡卞及姻党蔡京在朝，陷害忠良，奸佞变诈，欺君虐民，以致坏了宋朝天下。

到《水浒传》时，正如众所周知，依然将徽宗描绘为一个风流倜傥的昏庸人物，而蔡京、李师师等《大宋宣和遗事》当中的人物，大体上都予保留。更将“朕欲要抬举你，但要有边功方可升迁，先教枢密院与你入名”这样的昏聩台词放到徽宗这里，像个小丑一样地安排官员职务。“后来没半年之间，直抬举高俅做到殿帅府太尉职事。”金圣叹这样文字敏感的人，当然感到了水浒作者对宋徽宗的不满，金圣叹点出：“一向无事者，无所事于天下也。忽一日与高俅道者，天下从此有事也。作者于道君皇帝每多微辞焉，如此类是也。”但是金圣叹只是慨叹“乱自上作”，只是发现了《水浒传》作者对宋徽宗的微词，却没有深挖出《水浒传》之早期版本中对徽宗—王安石—蔡京一脉的批判。

正如前述，以我之见，《水浒传》大致成书于明代中期。当《水浒传》成书时，作者能否看到《大宋宣和遗事》，是不是在《大宋宣和遗事》的基础上做增删修改，我们当然不得而知。或许作者已不知《大宋宣和遗事》之谴责徽宗—王安石—蔡京的苦衷与明线（而非暗线），但从《大宋宣和遗事》到《水浒传》，徽宗与蔡京的昏聩如故。虽然金圣叹式的点评及其反思更加指向皇帝及其体制了，看上去不再关心变法、思想史上的新旧之争，虽然《水浒传》的痛点聚焦于“官逼民反”这样一个普世话题，而不像《大宋宣和遗事》一样附以宋亡之痛的追问和派别之争，但我们仍然能够从故事深处发现隐微，发现原型当中的鞭挞与痛思。

宋亡，诚大事也，宋徽宗宋钦宗作为亡国之君，只能被宋代遗民置于历史的审判台上。而反对王安石改革派主张及其实践的守成派别，进一步将安石—蔡京一系之先后变法视为宋亡的制度原因——变法折腾使然。所以，亡国之痛引发亡国之思，反思的结果，就是要让徽宗—王安石—蔡京这三个当事人承担历史责任。在这个意义上，尽管成书于明代中期的《水浒传》故事精彩绝伦，仍然是一部隐含着宋亡之归因与批判的义理之书。

第二节　王安石变法中的“祖宗”与“法”

假如我们回顾北方游牧和渔猎民族对中原地区的征服史，会发现这些民族的兴起与衰亡大体上与中原地区关联不大，并不因为中原地区强大，对方就不敢窥伺，也不因为中原相对疲敝，就能大举胜利。总体来说，草原、大漠、雪山、冰江与中原之间，是个双核，甚至是多核的区域（我们常常用到类似“中西”“中外”这样的词，好像除了中原地带，别的人都是齐心协力，其实并非如此，对方之间也极可能有浓浓陌生感和敌视感）。汉武帝举兵北上，这是中原地区少有的一次耗费资财的大进军。但是，静的中原兵和动的草原骑兵，打起仗来不在一个频道上，生活方式更加不在一个频道上，中原不容易一举击溃北方，何况北方有自己的生老病死，势力此消彼长，只不过在中原看来他们是同一个力量。总体而言，北方的崛起，对于中原政权来说，是个难以预测的“黑天鹅”事件，这与南方的治国成绩关系虽然大，却不是特别大，也很难说构成一种比例关系。但假如中原因北方的侵略而亡国时，遗民的反思就不会这样想。

宋徽宗这个文艺青年和改革青年，总体上就是撞上了北方游牧集团的强悍的如日中天的黑天鹅，其文艺被视为不善治国，其改革被视为昏招治国。既然宋徽宗想接着宋神宗的改革事业将改革进行到底，则无论是改革执行官蔡京还是改革之父王安石，都尽数被列入被告席。亡国昏君和祸国罪臣，这就是给他们下的罪名。

何况，新旧党争如此惨烈，双方彼此迫害，各怀仇恨，当生命、饭碗和学术信仰都因对方的迫害而消亡时，亡国反思加上绝地反击，就会愈演愈烈。进一步说，南宋政权还在赓续蔡京的改革措施，还在赓续王安石的新学教材，这就更加激起反对。或许我们可以这样说，要到元代结束，这场针对徽宗—王安石—蔡京的反思和围攻才算结束，所以在元明两朝逐渐成书的名著里留下遗迹。

《宋史》在《王安石传》里引用了朱熹对安石的评论：“以

文章节行高一世，而尤以道德经济为己任。被遇神宗，致位宰相，世方仰其有为，庶几复见二帝三王之盛。而安石乃汲汲以财利兵革为先务，引用凶邪，排摈忠直，躁迫强戾，使天下之人，嚣然丧其乐生之心。卒之群奸嗣虐，流毒四海，至于崇宁、宣和之际，而祸乱极矣。"《宋史》以为："此天下之公言也。"这就记录了到元初时，官方修史机构对王安石是怎样的定评——是个书生。朱熹认为王安石动机是好的，初心还不错，但是用了一批奸邪之徒，以致形成祸乱。《宋史》说："昔神宗欲命相，问韩琦曰：'安石何如？'对曰：'安石为翰林学士则有余，处辅弼之地则不可。'神宗不听，遂相安石。呜呼！此虽宋氏之不幸，亦安石之不幸也。"在这个意义上，假使说《大宋宣和遗事》给王安石在百分制满分情况下打了个十来分的分数，则《宋史》和朱熹算是打了个四十来分。也就是说，宋史一方面照顾了《大宋宣和遗事》之类的民间版情绪，本身对安石没什么更高的评价，另一方面也力争给王安石来个持平之论。

人们都说时光老人最公平，历史的审判最公平，这指的是个长时段的评价。实际上在几百年的时间里，甚至更长的时间里，人们基于不同的立场，仍然会就历史事件和历史人物做出迥然不同的结论。"翻案"和"平反"在长时段里就像所谓的翻烧饼，处在不同的颠覆结论当中。

一百年来，人们大抵抛开了北方游牧民族入侵中原致北宋亡国的“黑天鹅”事件，抛开了从南宋到元到《大宋宣和遗事》给出的亡国责任追究报告，而重新认识安石变法。但总体而言，不少判断是对改革姿态的点赞，没有结合思想史的变革来综合讨论。大体来说，安石改革包括朱熹所讲的“财利兵革”和思想（或者说“经术”）两方面，而人们一般讨论的是前者。

朱熹说“安石乃汲汲以财利兵革为先务”，实际上这启发了我们。什么是“变法”？我们看《宋史》当中对安石的叙述，共出现三次“法度”二字。第一处，变法万言书，安石说：“今天下之财力日以困穷，风俗日以衰坏，患在不知法度，不法先王之政故也。法先王之政者，法其意而已。法其意，则吾所改易更革，不至乎倾骇天下之耳目，嚣天下之口，而固已合先王之政矣。因天下之力以生天下之财，取天下之财以供天下之费，自古治世，未尝以财不足为公患也，患在治财无其道尔。”第二处，君臣对话，上谓曰：“人皆不能知卿，以为卿但知经术，不晓世务。”安石对曰：“经术正所以经世务，但后世所谓儒者，大抵皆庸人，故世俗皆以为经术不可施于世务尔。”上问：“然则卿所施设以何先？”安石曰：“变风俗，立法，最方今之所急之。”第三处，皇帝对改革产生犹豫时，“七年春，天下久旱，饥民流离，帝忧形于色，对朝嗟叹，欲尽罢法度之不善者”。我们看到，在这三处叙述当中，“风俗”与“法度”是相悖的。风俗，就是常规的现状，就是世人与官员的一般性做法，法度，是政府对事情之做法的规定。所以说，“变法”有两种，一种是从根子上变更法度，另一种是安石这里所讲的“变风俗，立法”，也就是用法度矫正常规做法。所以《宋史》说“安石议论高奇，能以辩博济其说，果于自用，慨然有矫世变俗之志”。我们常常不能理解什么是变法，一般说，变法不就是改革吗？可是为什么叫“变法”，要用这个“法”字呢？这与我们常说的法律有什么关系？实际上，结合朱熹所归纳的“财利兵革”，我们能够想到，变法指的是宪法或行政法层面的改革。从根子上做起的是宪法变革型的变法，例如，商鞅和王莽，从变风俗层面做起的是行政法变革型的变法，例如，王安石。“财利兵革”就是财政军事等方面的行政法变革。

在安石这里，政府把改革措施规定下来，就确定为新的法度，这就是新的行政法，是政府对社会施行管理和干预的法。这虽然与今天的行政法之意不尽相同，却有其相通之处。有了“法”，就有了我们今天所理解的可预期性，就可以据此讨论政府、官员与民众之某个行为的对与不对。

有意思的是，中国的变法故事里边经常说到“祖宗”二字。安石这里也有名言：“祖宗不足恤。”我们可以引入三段南宋名臣评论安石与蔡京变法的话来做讨论。第一段，南宋名臣杨时说：“然则致今日之祸者，实安石有以启之也。谨按安石挟管商之术，饰六艺以文奸言，变乱祖宗法度。”第二段，李光说："恭惟太祖太宗创业之艰难，真宗仁宗守成之不易，规模宏远矣。安石欲尽废祖宗法度。"第三段，还是杨时说，"熙宁之初，大臣文六艺之言以行其私，祖宗之法纷更殆尽。元祐继之，尽复祖宗之旧，熙宁之法一切废革。至绍圣、崇宁抑又甚焉，凡元祐之政事著在令甲，皆焚之以灭其迹。自是分为二党，缙绅之祸至今未殄。臣愿明诏有司，条具祖宗之法，著为纲目，有宜于今者举而行之，当损益者损益之"。

李光的话，解释了什么是宋代所认为的祖宗法度，就宋代而言，太祖太宗、真宗仁宗的规定就是祖宗法度。在杨时看来，安石是要用管仲商鞅的方式来变更祖宗法度，期间经过蔡京的再次变法，他所期待的是将祖宗之法列举清楚，根据当时的情况进行增删。根据李光和杨时对祖宗法度的解释，我们理解了安石所讲的祖宗不足恤，指的不是更远的祖宗，而就是宋代开国以来的诸位皇帝。

没有指向更远的祖宗，这当然是务实的做法。这表明法度不是思想的变革，不需要追溯更遥远的致敬对象，不需要从思想谱系的道统和制度体系的法统的极其遥远的源流处谈起，表明治国与谈论经术思想确乎不同。指向的是宋代开国以来的皇帝们，这比较有趣，这表明前代皇帝们给当世领导人提供了一种正当性。在安石等人的反对者看来，当代统治的正当性就来自于前代的开创，吃水不忘挖井人，不能动辄违反前代已有的规定和习惯性做法。而在安石看来，风俗已坏，先王法度已不适应当前，又或者说，风俗颓坏之时，先王法度已然难以有效发挥作用，所以好的做法，不是尊重现有风俗或沿用旧的祖宗法度，而是去体会先王之政的立法本意和“法的精神”，所以安石说主张“法其意”：“今天下之……患在不知法度，不法先王之政故也。法先王之政者，法其意而已。法其意，则吾所改易更革。”

应当说，尊重祖宗之法本身是值得尊重的行为，但是，祖宗之法确立之时，的确有其当时的条件。最值得注意的是，祖宗之法往往确立于战争结束不久，往往有战时的考虑，无论是对民间的管理，还是对财政的汲取，确实与和平发展百年之后的形势大为不同。王安石之挑战祖宗之法，其勇气和睿智之处当然在这里。安石当然不是改革的总发动机，总发动机还是神宗，神宗放着安稳日子不过，一定要冒险推进改革，当然是因为其当下处于困境之中。假如现实是病，而祖宗法度是药，则对症亦须知药换，自然是理性者的理性考虑。历史学家王桐龄先生对安石变法给予极高的评价，他在《中国历代党争史》当中说：“除手实法为吕惠卿所创，与市易法及保马法稍有流弊外，其余皆良法美意，与现今欧美各国文明法划相似。使当时朝野诸君子，体量君相之苦心，极力援助安石，或者北宋可以一时成为法制国，恢复汉唐全盛时代状况，则轫丹、党项当然臣服，金元之祸当然消灭，岂非中国之盛事？无如当时士大夫蹈常习故，惮于变更，群起非难安

石。”〔1〕

但是安石或许误在三处：

其一，过于相信政府干预的效果。我们说安石变法变的是行政法，这里的行政法当然不是现代意义上的法律和行政法。现代意义上的法律，乃是提供一个框架，政府行为与行政法仍然不同。行政法可以规定粗一些，程序规定清楚一些，政府行为据此而行。安石时代的行政法当然不完全如此，而是杂糅了我们所说的政策、决定、法规等在内。这样一来，行政法作为约束政府行为的法，就变成了强势支持政府干预的法，安石理想中的政府无疑是个善于干预的强政府，是个“强爸爸”和“富爸爸”，管得多、收钱多、力量大。但是，相信干预和能否做到有效干预，就是安石的理想和现实的冲突。

其二，在政府干预的同时，过于强调改变风俗。应当说，风俗有三种：第一种是限制自由发展的小环境；第二种是涣散的局面；第三种是自由与秩序均衡，所以，有些风俗令人感怀，有些风俗令人厌憎。但是，无论哪种风俗，想要移风易俗并不容易，恐怕需要考察风俗的正当与否、合理与否，最好还要汲取风俗当中的精华，这也就是“记录习惯法”的重要性。安石的想法确实对抗了这些既定的现实。即使安石所讲的风俗与我们这旦讲的有所不同，其基本的意蕴仍是相仿的。

〔1〕 王桐龄：《中国历代党争史》，上海书店出版社2012年版，第70页。

其三，过于抱有整体改变的急切意愿。安石是个自信满满的读书种子和执拗的狂狷天才，当他相信自己是对的，就一定要追着他自己的风筝奔跑。显然，不是这样的改革家，改革根本推进不下去。但是，当环境不那么接受现有的改革时，整体推进的改革就不免萝卜快了不洗泥，更何况安石有的改革是合理的，有的不尽合理。

安石想要整体改过来，反对者们又整体改了过去，蔡京在徽宗的支持下再整体改过来，北方"黑天鹅"事件导致北宋亡国。再到南宋，纷争再起，这些纷争恰似"皮之不存，毛将焉附"，直到元代，相应的讨论才慢慢宣告终结，而仍有《大宋宣和遗事》的牢骚满腹。

显然，徽宗和蔡京之重启安石改革，不完全取决于徽宗和蔡京对于神宗和安石的个人感情，而仍然取决于形势所迫。安石改革想解决的问题，随着安石改革的失败而依然存在，有责任心的改革家就得重新捡起来。在这个意义上，徽宗和蔡京的改革并不能因游牧民族"黑天鹅"事件而承担历史责任。但是，过于相信政府干预的效果、过于强调改变风俗、过于抱有整体改变的急切意愿，这三个安石的不足，徽宗和蔡京似乎没有吸取教训。说到底，这里有个意识问题。

反过来说，安石改革确实给我们以启示。从宋代所讲祖宗之法来看，中国的制度建设，开初非常重要，但是开初也不一定对或不一定合适，这样，就有了如何改变开初制度的难题。改得少就改不了，改得多就改不动。安石倒是给了我们一个示例，但是又是个变法失败的示例。这样来看，怎么认识法和怎么认识社会，真的是变法者需要考虑的枢纽问题。

第三节 思想改革家王安石

杨时说安石“饰六艺以文奸言”“文六艺之言以行其私”，这就把论争引流到了思想之争上，而且杨时点题很准——王安石就是要通过“饰六艺”（以儒家六经系统为其表象）和“文六艺”（修改六经之内涵或重新解释六经）来重建一个思想系统。《宋史》对此的记录是：“安石训释诗、书、周礼，既成，颁之学官，天下号曰‘新义’。晚居金陵，又作字说，多穿凿傅会。其流入于佛、老。一时学者，无敢不传习，主司纯用以取士，士莫得自名一说，先儒传注，一切废不用。黜春秋之书，不使列于学官，至戏目为‘断烂朝报’。”既曰“新义”，核心意蕴就是“新”。章太炎曾释“新”之字意：“衣之始裁为之‘初’，木之始伐谓之‘新’”，初和新互相解释，而在原初意义上各有侧重，新做了衣服是开始，新砍完木头是结束和开始，而又综合为新的字意。新的意思，就落在结束过去、开辟将来上，这样来看，王安石提出“新义”，其志实在够大。看起来，他是要彻底改造一番传统思想与思想系统了。

这里涉及三个问题：第一，中国传统思想及其传承模式是不是到了非变不可的时候或者说是不是有强烈的变革需求？第二，变法实践与思想改革是不是应当一起推进？第三，在神宗皇帝支持下，王安石集财经与政法改革家和思想改革家于一身，这到底是有利于他们的改革还是不利于他们的改革？

大体上，中国传统思想分散在经史子集当中，而以经学以及经学所阐释和概括的儒学为核心，古文经学和今文经学又构成了经学的两大分支。当经学阐述儒家精要时，其思想就分散在对儒家经典的章句解读中。儒家经典要么是文字古雅而微言大义的，要么是文字易读而教诲清晰的，其作者都是已被圣化的古人，先是由孔子编订几部经典，后来又逐步形成了尧舜以来的道统谱系。

经典作者都是圣化的古人，这样来看，无论是古文经学，还是今文经学，虽然内容有差异（在当时的知识精英看来，文字上是否严肃和权威的靠谱程度也不同），但是模式的呈现都相仿。第一部分是古之圣人的话，包括经典的原作者和后来的权威编订者孔子的话，第二部分是对经典的阐释，尤其是汉代以来知名经学家的阐释和集释。在这第二部分当中，又包括忠于原文的解释和对原文意思的阐发。尤其是经过了汉代以来的权威认定之后，经学越来越固化。假如说法家自汉以来存在越来越“儒家化”的趋势，那么儒家经典就是越来越深化，同时也逐渐格式化和官方化。儒家经典是极其重要的，其史学价值和思想价值无疑是轴心文明当中的瑰宝，而汉以来的解释类和阐释类的经学研究无疑也是重要的，皓首穷经的书生们把毕生精力交给了解经，但是，我们的问题是，在经学或儒家经典研究上，汉唐以来的思想自由度如何，能不能越雷池？能越雷池多少步？我前面说：

董仲舒强调法天法古，创立与宇宙相关的历史、政治、社会哲学，这都是给孔门儒家做了一个整理和包装，其内核，仍然是被整理出来的孔门理念系统、孔门“绝活儿”：儒家秩序与伦理。但是董仲舒的整理、包装，尤其是他对儒家生命力的助推，的确是极其要害的，正如我们说的，不仅在于儒学，还在于中央帝国。正是在这个意义上，我们才把中央帝国的开创时期称之为“立教时刻”，从政体来说，此体系创于秦，从内核来说，创于董。人们说中国古典体制“外儒内法”，在我看来，恰好是反过来的，“外秦内儒”，崇尚法家的秦制是外在的，崇尚董开创的儒家教化体制是内在的，所以也可以说是“外法内儒”。只不过，由于儒家教化力量的强大，一切都顺应“儒家化”的制度趋势慢慢展开，导致人们觉得外在也是“儒”了。

帝国时代亦为儒家时代，所以我说“立教时刻”之汉以来的体制是儒家式中央帝国模式，在这个高度儒家化的王朝里，恰是儒家最不易自由研究，因为儒家作为官方意识形态和官方经典教化体系来说，都太重要了，重要到不能乱说。这样来看，或许道家以至于非中华传统的佛家在中国能够流布极广，大体上与儒家系统当中的思想自由度相对狭窄有关——此处不能自由，就往别处生长开花。所以我们可以说，儒生在帝国时代，大约具有半创造性，其中的另一半被官方所严管，不能自由发声，不能随便质疑。这种情况，自命不凡的少数儒生如何接受？——如何接受千年以来的知识接受和思想传承的模式？如何接受当时的现有的知识与思想系统（或非系统）？如何让自己的思想能够不飞出现有的空间？

为何不能做较大的突破、改变和融合？这是立教时刻在秦汉以来的最核心问题之一，且越到后面越凸显，不是越来越适应，而是越来越感到受束缚——只要一个人极有自己的想法。韩愈就是这样一个有想法的人，陈寅恪在《论韩愈》一文中把韩愈放到了以唐代中期为中间部位的承前启后的位置上来：“综括言之，唐代之史可分前后两期，前期结束南北朝相承之旧局面，后期开启赵宋以降之新局面。关于政治、社会、经济者如此，关于文化学术者亦莫不如此。退之者，唐代文化学术史上承前启后、转旧为新转折点之人物也。”什么是陈寅恪这里所讲的文化学术史？不是诗词曲赋，而是以儒家思想为核心的思想系统。韩愈作为一个有着思想改革的觉醒意识的人，有着某种思想构建之雄心与使命感的人，不能不想突破。陈寅恪这里的转折，指的就是模式意义上的。陈寅恪把韩愈放到了唐代中间的转折点上，就是认定韩愈是宋代式思想改革的一位先驱者。而王安石更是这样一个典型的新儒生。一方面是对已有的不太满意，想要有自己的贡献，另一方面，想参与到旧模式的修改当中，甚至想在这方面干一番大事业。

在这个意义上，王安石是儒家帝国与帝国儒家的一个自命枢纽的人，他想告别旧模式，开启新阶段，他想形成自己的解释系统，这就是“新”。“训释诗、书、周礼，既成，颁之学官，天下号曰‘新义’。”这就是他用自己的语言去阐发了儒家经典的意蕴，并不失时机地加入自己的见解。也就是杨时所讲的“饰六艺以文奸言”“文六艺之言以行其私”。“晚居金陵，又作字说，多穿凿傅会。其流入于佛、老。”《宋史》这里所讲的流入于佛老，当然就是对读书人思想疆域的拓展。事实上，佛老本身是读书人之一大爱好，安石亦不例外。例外的是安石在提出新训解的同时，也将其纳入天下读书人的考核范围中。

熙宁四年，安石欲变科举，兴学校，诏两制、三馆议。安石废除了使赋和明经之科考类型，为读书人减负，改革也强调“以文解释，不必全记注疏”。这十足表明了安石变革儒家的基本出发点，在他看来，经世致用最重要。在中央权力的助推下，旧的颇显学究的科举模式终结，安石的著作成为读书人的圭臬。“一时学者，无敢不传习，主司纯用以取士，士莫得自名一说，先儒传注，一切废不用。黜春秋之书，不使列于学官……”就像他的变法改革大业一样，安石在经学领域的改革力度是真大，“先儒传注，一切废不用”一下子切断了儒生们与旧的思想传承体系的联系。可以说，在短暂的那段思想改革的时间里，王安石式的切断简直有点像秦始皇时期对百家学说的切断，又有点像近代以来科举与读经活动的废止，简直都要改天换地。这当然既有不得不然的改革壮志，又有武断仓促的改革骤举。王安石改过来的天地，后来又被改了回去。安石的问题之一，在于“士莫得自名一说”，当他获得了思想自由的同时，他再一次像以往一样终结了读书人的自由。

与此同时，按照顾炎武《日知录》的记述，神宗元丰七年，以孟子为配享，并“始进荀况、杨雄、韩愈三人”。[1]到了徽宗崇宁年间，更以王安石配享，以王雱从祀。在顾炎武看来，荀况、杨雄、韩愈“此三人之书虽有合于圣人，而无传注之功，不当祀也”。这恰好点明了王安石的态度，他不需要有“传注之功”的经学大师，他要按自己的欣赏标准来划定新的

〔1〕 顾炎武：《日知录集释》，黄汝成集释，上海古籍出版社2014年版，第335页。

从祀贤人。而当安石的新义横绝四海时，他做配享，似乎也不奇怪，但就是显得过于突兀了。

从陈寅恪谈韩愈的话语能够看得出，唐代前期结束南北朝相承之旧局面，后期开启赵宋以降之新局面，这既是政治、社会、经济的转折时刻，也是文化学术的转折时刻，韩愈于后者担起大任。这表明三个意思，一是唐代中期作为转折点，不仅是文化学术的，也是政经社的（也就是安石变法所统摄的），这显然拓宽了安石前后的那几位宋代人的讨论视野，宋人们还在说着祖宗之法，陈寅恪却指向了唐朝及唐朝之前。也就是说，安石面对的，是一个几百年以来甚至千年以来积累下来的局面，这增加了改革的难度和改革的积极意义。二是政经社与文化学术具有一种同一性，这不仅意味着政经社需要一套表面上和内涵上的话语体系，还意味着原有的话语体系可能在制约着人们的行为。与此同时，改革的推进在于一种锐气，面临的问题就是要一并处理。改革的参与者，要么是有新锐思想的历经风雨的老成之士，要么就是一代新人，很大程度上，他们作为读书人，本来就有改变思想系统的需求和野心。事实上，我们回到秦汉之中央帝国建立的时刻和立教时刻，同样看到政经社与思想系统是密不可分的。这样来看，安石之统筹推进变法实践与思想改革，不仅在历史上并非孤例，同时也是审时度势之后的理性之举。陈寅恪表明的第三点是政经社改革的操刀手和文化学术的操刀手不一定是一个人，而且往往不是一个人，韩愈就仅是文化学术的操刀手，但是，在神宗皇帝支持下，王安石却集财经与政法改革家和思想改革家于一身了。

安石之集于一身，也是时运使然。就像康有为，大约有过同类的机会，但只是充当了政经社的设计者和思想改革的提出者（之一），康有为显然远远缺乏安石的机会。正因为大权在握、性格刚猛固执，所以安石的两方面改革也都力度极大，直到他后来在徽宗和蔡京的决策下达到孔子配享的历史超级高度。后世读史者当会说安石“过了”。应该说，像孔子这样的先师，其历史地位确实是逐步形成的，事实上，后来权势不知比孔子大多少的帝王，其后世的骂名，也都是历史形成的，作为历史当事人，硬把自己抬上去，恐怕也只能掉下来。

应当说，安石在思想改革方面有相当的合理性和理性思考，在很大程度上，从改革必要性来说，即使不是绕不过去，也是基于使命感的不得不然。应当说，这是立教时刻以来，儒家中央帝国之思想系统本身需要的一次已然滞后的调整。变法与思想改革同步推进，也是符合历史先例、历史逻辑、现实逻辑和现实策略的重要方法。变法实践和思想改革的操刀手合为一人，同样是在难得的历史条件下形成的。安石用自己的书做教材，某种程度上也有合理性，而蔡京以至于南宋采用安石新学，既表明了安石著作本身的品质之可靠，也表明了安石自己推荐自己的合理性。

但是，安石之误，还是在于过于急切和自我了，安石的理性中夹杂了极大的非理性，而这种非理性的背后是读书人对自由思想的渴望。如果说，政经社的改革，也就是变法，我们说他在政府干预等三方面存在误判，那么，他的思想改革，到了“主司纯用以取士，士莫得自名一说，先儒传注，一切废不用”（这种叙述当然有夸张的成分）的时候，就是以思想的独断代替思想的解放了。这种模式，不是用安石的问题，而是无论用谁恐怕都会有一定反弹，都不尽合理。这就是把广域的思想之海缩放到精致宏大但毕竟有限的思想家之瓶中。在这个意义上，安石的变法忽略了广域自由，思想改革同样忽视了广域自由。

第四节　王安石之后的儒家转向

安石身后故事多。他已成为一面旗帜和一个靶子，拥之者奉为旗帜，责之者视为靶子。

奉他为旗帜，仍在于两方面，一是他的变法思路和措施值得继续推进，同时他变法试图解决的问题并未消失，想找个合适方法时，就回到了安石的思路上去。假使安石的变法是因为骤停而未见效，那么，通过继续推进来观察，也不失为一种做法。二是他的理论体系在回应儒家原有模式上的确有了一种觉醒意识，何况他的理论对于推进改革也有价值，是改革理论的一种意识形态符号。于是，从徽宗到秦桧，都以安石为旗帜。

《宋元学案》录辑了刘挚和吕陶作为安石之赞成者讲述的故事："国子司业黄隐，学不足以教人，行不足以服众。故相王安石经训，视诸儒义说，得圣贤之意为多，故先帝立之于学，程序多士。而安石晚年《字说》，溺于释典，是以近制禁学者无习而已。至其经义，盖与先儒之说并存，未尝禁也。隐猥见安石政事多已更改，妄意迎合，欲废其学，每见生员试卷引用，辄加排斥，何以劝率学校！"[1]这个故事爱憎分明，看来是安石拥趸的表达。讲述者选择了国子监司业黄隐这个意识形态管理者但不是大僚的角色，从嘲讽和描述黄隐来讲述安石对立面之"低端"。讲述者肯定安石得圣贤之意，故堪当士人之师。在讲述者看来，安石的改革与思想传播是两条线，而黄隐则以改革失败而迎合某种力量，试图废弃安石学说在体制内科考中的影响，故蠢蠢欲动，终于奏效。这个故事虽然主人公层级不像安石与司马光这样位高权重，视角同样非常初级，却属于一种宣传和解释，其实颇似后来《大宋宣

〔1〕 黄宗羲：《宋元学案》(《黄宗羲全集》第6卷)，浙江古籍出版社2005年版，第811页。

和遗事》的传播方式。这里的苦衷或许在于，选择大僚来进行评论，可能“犯忌”，所以找了一位相对普通的人士，但是其立场和视角无疑是清晰的。作者的见解当然可以放在表达自由和学术自由的平台上来讨论。我们说，安石的敏锐和责任感让他意识到儒家旧模式的不足，并且承继了韩愈以来试图改革儒家的士子理想，其经世致用和杂糅佛老的做法，当然有助于改革儒家，让儒家更能入世，也更能适应政经社的需要。只是各种因素导致官方只是奉安石为唯一“真理”，才妨害了广域自由的拓展。安石的敏锐和切入点本身无疑问。

另一位同情安石的读书人吕陶更加讥笑了黄隐的人品，强调黄隐本来也是安石学术的一名拥趸，只是显示了墙头草的特质，当安石之不受朝廷重视时，便决然反水：“经义之说，盖无古今新旧，惟贵其当。先儒之传注未必尽是，王氏之解未必尽非。隐之诵记王氏《新义》，推尊久矣，一旦闻朝廷议科举，则语太学诸生，不可复从王氏。或引用者，类多黜降。诸生有闻安石之死，而欲设斋致奠，以伸师资之报者，隐辄忿怒欲绳以法，尤可鄙也。”作者强调，先哲注解儒家未必是对的，安石未必错了，何必将安石扫地出门？这当然都是就事论事的说法，但的确也有其朴素道理，代表了安石和后安石时代的拥趸的基本心声。

视他为靶子的声音当然不绝如缕，反对他的改革，也反对他的理论，或者为了反对他的改革而反对他的理论。

熙宁四年，安石欲变科举，兴学校，诏两制、三馆议。苏轼上书神宗表示反对："今所欲变改不过数端：或曰乡举德行而略文词，或曰专取策论而罢诗赋，或欲兼采誉望而罢封弥，或欲经生不帖墨而考大义，此皆知其一，不知其二者也。愿陛下留意于远者、大者，区区之法何预焉。臣又切有私忧过计者。夫性命之说，自子贡不得闻，而今之学者，耻不言性命，读其文，浩然无当而不可穷；观其貌，超然无着而不可挹，此岂真能然哉！盖中人之性，安于放而乐于诞耳。陛下亦安用之？"从这些讨论来看，苏轼于安石显然"不够知己"，安石所指向的是考试之不够经世致用和显得过于"学术化"甚至考据化，这里并不存在什么"知其一不知其二"的问题。以苏轼之聪慧，反对确实无力，可见安石之改革实有相当力量，而反对的人有时有反对的姿态却无反对的深度。

安石的反对者刘静春说："介甫不凭注疏，欲修圣人之经；不凭今之法令，欲新天下之法，可谓知务，第出于己者，反不逮旧，故上误裕陵以至于今。后之君子，必不安于注疏之学，必不局于法令之文，此二者既正，则人材自出，治道自举。""不凭注疏，欲修圣人之经"这句与前面的两位拥趸和反对者苏轼比起来，都显得更有见地。事实上，"注疏"和"圣人之经"的确也是安石最想将学术改天换地的地方。安石反对的就是通过注疏去理解圣人之经，在他看来，这不过是学究之举，难道真的能够治国平天下？但是，反对者显然是文化守成主义者，在这类人看来，当然，旧的注疏可以理解圣人之经，这就是治国平天下的不二路径。以至于清代道光年间的诗评家潘德舆在讨论诗歌时仍然不忘把安石大骂一通："安石有六大罪，而崇信释氏犹不与焉。欺君，一也；蠹国，二也；病民，三也；用小人，四也；逐君子，五也；侮圣经，六也。……此舜、孔之所必诛，而宋人以之配享孔子，不独欺当时，并能欺后世，信乎小人之杰魁，百代所罕见也。"我们当可注意到，潘德舆去世之时，是 1839 年，这正是人们常说的近代开篇的"鸦片战争"来临的前一年，潘德舆的评价，差不多可以证明，直到近代来临的前夜，相当一部分士大夫仍然将王安石看作"小人之杰魁"，而王安石得到"改革家"的美称，的确是 20 世纪以来的事。安石背负骂名，实际长达千年。

有意思的是，尽管在反对安石时，强调了维护旧模式的文化守成主义，而真正要替代安石时，反对派们总体都适应了改革的需求。无论是单纯反对他的理论，还是为了反对改革而反对他的理论，反对者都并不主张回到儒家理论的旧路上去。这就是说，无论安石如何受到打压，他都是那个说出国王未穿衣服的孩童，无论孩童命运如何，无论国王打算穿哪件衣服，国王总需穿上衣服。总之，反对安石的人仍然倡导和寻找新思想，由此，伊洛之学和后来的南宋理学应势兴起。

在程颢、程颐二兄弟当中，程颢尚有与王安石直接对立的成分。按照《宋史》,王安石执政,议更法令,中外皆不以为便,言者攻之甚力。颢被旨赴中堂议事,安石方怒言者,厉色待之。颢徐曰:“天下事非一家私议,愿平气以听。”安石为之愧屈。自安石用事,颢未尝一语及于功利。

《宋史》的这些说法,当然都是高度肯定了程颢的人品,这和其兄弟程颐有异曲同工之处。众所周知,程颐受到宋政府重视,来自司马光的举荐。《宋史》说:“哲宗初,司马光、吕公著共疏其行义曰:‘伏见河南府处士程颐,力学好古,安贫守节,言必忠信,动遵礼法。年逾五十,不求仕进,真儒者之高蹈,圣世之逸民。望擢以不次,使士类有所矜式。’诏以为西京国子监教授,力辞。”与安石作为政治家亲自兼任思想家不同的是,安石的反对者们是政治家举荐思想家。这位思想家有两个特点:言必忠信,也就是人品甚佳;动遵礼法,也就是标准儒生和理想国民。这是思想家在做人方面的可靠优点。强调了二程人品的可靠,当然给反击安石提供了一个可靠的前提。

然而程颐最重要的当然是其思想与学术:“颐于书无所不读,其学本于诚,以《大学》《论语》《孟子》《中庸》为标指,而达于《六经》。动止语默,一以圣人为师,其不至乎圣人不止也。张载称其兄弟从十四五时,便脱然欲学圣人,故卒得孔、孟不传之学,以为诸儒倡。其言之旨,若布帛菽粟然,知德者尤尊崇之。平生诲人不倦,故学者出其门最多,渊源所渐,皆为名士。”[1]我们可以看到这里的第一个关键词是“圣人”。也就是说，批评安石是说他背离了圣人之学（甚至离经叛道地与圣人同列，或者试图改造接近圣人之学的方式和拓宽圣人之学的范围），而肯定二程就是肯定二程之接续圣人。圣人是一种有用的谱系，同时是必须传承的谱系。我们看到的第二个关键词是“诚”，这是向内的关键词。当安石强调经世致用时，安石的反对者们强调向内心做诚敬的修炼。

《类编皇朝中兴大事记讲义》将对于程颐的评论放到了秦桧的讨论中。高宗朝臣们一度讨论程颐的学术是一种曲学：大臣郑振熊说“曲学出于程颐”，秦桧之孙秦埙说“言正心，而心未尝正；言诚意，而意未尝诚；言治国平天下，而于天下国家曾不经意”，大臣曹冠说，程颐伊川之学“盖其初有得于释氏”。

评论者吕中写到：“二程教人，以中庸为宗，以诚敬为本。自有乾坤，即具此理。而谓之曲学乎？（秦）桧未用事之前，则尚程氏之学，多引胡安国之流，及主和议之后，则尚王氏之学。虽以萧振稍附赵鼎，则以道学名斥之矣。盖桧亦自知平时所行，与王氏合而不与程氏合也。”[2]

我们可以说，《皇朝中兴大事记讲义》的确讲了政治与学

---

〔1〕《宋史·程颐传》。
〔2〕（宋）吕中：《类编皇朝大事记讲义·类编皇朝中兴大事记讲义》，上海人民出版社2014年版，第640页。

术的纠葛，也讲了安石与二程的“大分流”。

在政治方面，秦桧弃程颐而回归安石，而后来高宗又开始贬斥安石。安石就处于这样的历史评价“翻烧饼”当中。“绍兴五年（1135年）三月，高宗答杨时弟子王居正‘臣闻陛下深恶安石之学久矣，不识圣心灼见其弊安在’之问时，似颇有见地道：‘安石之学，杂以伯道，取商鞅富国强兵。今日之祸，人徒知蔡京王黼之罪，而不知天下之乱，生于安石。’[1]高宗在这里已将安石视为奸臣，恰与后来的《大宋宣和遗事》暗合。”事实上，正如我们所言，无论高宗与秦桧如何看待安石之政治方面（哪怕因为政治而捎带了学术），都在于安石改革所试图解决的问题没有消失。但是，为什么不撇开王安石而另起炉灶？显然是因为王安石的支持者甚众，用安石之名，仍能做到士人之民气可用。反之，不用安石亦然，可悲的是，不用则不用可也，不用就贬低，这实在是犯了与安石同样的错误。

在学术方面，说倡导诚而不一定能做到诚，又强调程颐学术有佛教影响的因素，实际上点到了反程颐者的朴素看法和时代命题。就朴素看法来说，确实，天天说诚，未必真的能诚，不能诚或许就算是一种伪善，反而不似安石经世致用的倡导更加管用。就时代命题来说，程颐算是以另一种答案来

[1]《宋史·王居正传》。

回答了从韩愈到安石想要回答的填空题。旧的学术模式已然难以为继且受到挑战，总归要在回应佛道等挑战的同时，壮大儒家的力量，在这个意义上，二程不仅继承了“圣人”，当然也是改革了“圣人”。

所以我们说，尽管《大宋宣和遗事》是那样一味攻击安石（或许这也是为了防止安石力量的死灰复燃），尽管程颐取代了安石的新学，但儒家总归在安石这个时代发生了巨大转折。这个转折始于安石，而真正奉二程为宗。

但是，不能不说，我们说安石在政治和思想两方面的不足，都在于忽视了自由，而二程在思想方面之流行，当然也有忽视自由、过于强调内心和忽略了经世致用与兼采而不是化用其他学说的不足。

其实最好是安石与程颐并列成为思想宗师，这或许是儒家转折时刻的最佳答案。但历史总归不是这样的一位理想主义者。

第四章

近世中国四题

“赚得英雄头似雪，落叶西风别换声。”

这句诗，来自明代杨慎先生的《历代史略十段锦词话》一书。《三国演义》开场词“滚滚长江东逝水，浪花淘尽英雄”，同样出自杨慎的这本书。是的，三国是“自董卓以来，豪杰并起，跨州连郡者不可胜数”，近代中国也是“自道光以来，豪杰并起，博弈与战争不可胜数”，从故事的可读性来看，从各派势力合纵连横来说，近代中国堪比三国。无疑，近代关于事件发生、制度形成、人物成长变化的故事，极为动人。

但是，我并不是拿近代中国与三国作对比。那样的对比，很可能比的是谋略，比的是武将的武力值。把这个时代的故事与三国时代相比，看得出来，人们对三国的关注，更多表现在纯粹的故事性上，三国故事中“好玩好看”、斗武争权的成分居多。而在近代中国的故事中，固然有很深的军事痕迹，其中的制度变革意义则更大。可以这么说，除了政治家的野心成分在起作用之外，当时的人们都在问同一个重大的问题，那就是：中国向何处去？人们对此的思考，不仅表现在理论上，还表现在行动上，表现在各派势力的博弈上。

在笔者看来，从戊戌变法以来，中国又进入新的历史时代，在制度变革的意义上，戊戌变法开启了与古代中国完全不同的模式。人们常说鸦片战争是中国近代史的起点，但是，鸦片战争，只是代表中国开始遭遇了来自新兴工业文明的入侵。其要点只是在于，以往中国所遭受的入侵，所谓的华夏族和其他族群之间的战争，所谓的华夷之间的冲突，都是落后文明对先进文明的入侵，就好像西方古罗马文明遭遇了蛮族入侵一样，而鸦片战争这一次，是西方先进工业文明对相对落后的农业文明的入侵。但在笔者看来，遭受入侵，不算大的起点。具有制度意义的起点，才是大的起点，这就是我们这里要讲的戊戌变法。

“赚得英雄头似雪，落叶西风别换声。”英雄为什么白头？西风吹落了什么秋叶？换成了什么样的别的声音？在杨慎等人看来，多指的是朝代兴亡、江山易主、争城夺地、拜将封侯。杨慎在这首词里也写了“虎啸龙吟几战争，谁弱谁强都罢手，打入渔樵话里听”这样的话。事实上，就我们这一代人来说，从小听的评书，读的古今小说，看的影视作品，大体也是如此，渔樵同话旧繁华，或者是我见他宴宾客，我见他楼塌了。是的，这些兴亡，是上一个大时代的事情。

上一个大时代是哪个时代？是秦皇汉武以来的时代，而再上一个时代，是尧舜禹以来的时代。秦汉时期先是开创了中央集权的国家体制，进而又把儒家当成拱卫这个体制的意识形态。从那以后，在制度意义上，中国变化无几，一次次改朝换代，一代代英才辈出，但大的制度框架没有变。直到这一次，我们迎来了戊戌变法的时刻和戊戌变法所引来的时代，这一次，是立宪时刻。戊戌之后，又有随之而来的清末政治改革、辛亥革命、北洋政治建设，以及之后的五四运动。

那么，戊戌变法是怎么来的呢？让我们从两方面谈起：在戊戌变法的前夜，中国什么没变？中国变了什么？

第一节 中国的未变与已变

中国的未变

讲戊戌变法前，中国什么没变？让我们从李鸿章前后相隔三十年的两个时刻说起。这两个时刻，都与日本相关，而戊戌变法的最直接的动因就是中日甲午战争。

三十年前，是1864年，这年李鸿章41岁，是为平定太平天国立下大功的淮军首领、江苏巡抚。年轻时候，大概 20 来岁的时候，李鸿章曾经许愿："丈夫只手把吴钩，意气高于百尺楼。一万年来谁著史？三千里外欲封侯。"从这首诗看得出来，李鸿章有三方面的愿望，第一个是立军功，第二个是封侯，这两个愿望，他算是实现了，军功不用说，关于封侯，恰好在这一年他受封伯爵，离封侯越来越近了。第三个，一万年来谁著史？这是要成为一个一万年级别的历史人物，这个不容易做到。但这种野心和使命感在催动着我们的李先生。他看到中国正在面临着几千年以来的大变局，志得意满而又心忧天下的正当壮年的李鸿章给恭亲王奕䜣上书，谈了他对时局的认识和就中国和日本所做的对比。

请注意，李鸿章这段话很重要，1864 年，日本的明治维新还没开始呢——四年以后才开始呢，但李鸿章先生已经敏锐意识到日本的存在感。

李鸿章说，中国士大夫阶层的毛病是，沉浸于舞文弄墨；中国的武夫将士的毛病是粗心蠢笨，而不够细致，两种势力都是学非所用，根本用不上。有的说啊，外国的热兵器是奇技淫巧，所以没必要学，有的说呢，外国武器太神奇啦，根本学不来。但我们根本不知道，人家西方人已经把兵器当成身家性命，学了几百年了，人家现在已经豁然开朗了。

李鸿章说，日本，请注意，日本和我们不一样，日本君臣发愤图强，日本已经在维新，以西方为师，要么把宗室大臣的子弟派到西方兵器厂学习，要么把兵器买回国，在本国参考研发。日本离我们近，我们强大，他们就依附于我们，我们弱小，人家就将向西方学习。请注意，李鸿章这时候说日本学习西方，但他还没想到，日本二三十年后会学习西方侵略我们。

总之，李鸿章对恭亲王上书说：日本作为海外区区小国，尚且改弦易辙，懂得取法于西方，我们呢？我们一直懂得穷则思变的道理，怎么能不变？我们也要学习外国的兵器！

李鸿章的这封信，被历史学家蒋廷黻先生称为19世纪最伟大的政治家的最有历史价值的文章！

好了，这是1864年的事，让我们再去到1895年，也就是三十年后。这一年，李鸿章已经72岁了。

三十功名尘与土。这三十年里，李鸿章讨论过的中国和日本，发生了李先生又料想、又不太敢料想、又料想不到的情况。李鸿章辛苦经营的嫡系，我们都熟知的北洋水师，于1894年在黄海海面被日本海军一朝干败。2014年有个新闻，在辽宁丹东，一艘被发现的沉船，被确认为就是当年的“致远舰”。2015年秋天，在致远舰上，又发现了印着篆体的“致远舰”字样和英文“中华帝国海军”字样的瓷盘。我们都知道，中国的英文就是陶瓷，陶瓷沉船了，这简直就像是一个关于“中华帝国沉没”的隐喻一样。折戟沉沙瓷未销，自当磨洗思清朝。

1895 年，70 来岁的李鸿章和 50 来岁的伊藤博文坐到了谈判桌前。[1]

两个人看起来很熟的样子，但是杀机暗伏。伊藤博文杀气腾腾，李中堂，这个曾经豪迈地"丈夫只手把吴钩，意气高于百尺楼"的英姿勃发的青衫少年，今天的白发老人，此时面对比自己年轻 20 岁的人的进攻，近于哀求。伊藤博文，这个李鸿章眼里的年轻人，他曾说过的区区小国的领导人，此刻比他强势十倍。

例如，说到我国台湾问题，李鸿章说："台湾不能相让！"

可是，伊藤博文说什么呢？伊藤博文说："如此，当即遣兵至台湾！"

李鸿章只好说："我说话甚直，台湾不易取，法国前次攻打尚未得手，海浪涌大，台民强悍。""台地瘴气甚大，前日兵在台伤亡甚多；所以台民大概吸食鸦片烟，以避瘴气。"他好像在劝伊藤博文，台民又彪悍又吸食鸦片，台湾有瘟疫瘴气，拿下台湾也是个麻烦，算啦。

伊藤博文回答：我们日本的水师，无论何苦皆愿承受。去年北方奇冷，人们都觉得日兵不能吃苦。可是整个冬天，我兵未见吃亏，处处得手。而关于鸦片，你等着瞧，但看我日后据台，必禁鸦片！

---

〔1〕 王芸生编：《六十年来中国与日本》（第二卷），三联书店 1980 年版，第 282 页，以下所引伊李问答皆见本书。

苦哈哈的李中堂啊，他的愁苦，都在于这30年里中日各自走过的道路。

关于中日，伊藤博文语带傲慢而又真诚地说：10年前我在津时，已与中堂谈及中国进步的事情。可是，贵国为何至今一无变更？我真是深为抱歉！伊藤博文的意思是，假如中国崛起了，何至于今天受我的气？

好了，接下来李鸿章说的，是重点。

李鸿章说：当时听你谈论关于中国崛起的话题，我还是很敬佩的。而且，你力主变革风俗，让日本强大了起来。中国的事情，是陈规旧俗太多，官民做事，往往囿于习俗，故未能如愿以偿。

当时你还劝我呢，说中国地方广大，人口众多，变革各项政治事务，应当循序渐进。突然十年便过去，中国依然如故。可以说，我比你更加抱歉！我只是惭愧我心有余、力不足而已！日本兵将都按照西方方法训练，甚精；各项政治，日新日盛。这次，我进京和一帮士大夫讨论，士大夫里边，也有人知道，中国必须改变，才能自立于世界！

现在，我们把1864年和1895年李鸿章关于日本的两段话做一下对比：

1864年，李鸿章敏锐意识到“海外区区小国”日本即将崛起，但是，他只是注意到了，或者说，只是谈到了兵器和军事层面。当然，日本当时也还没有开启真正的政治改革。

1895 年，李鸿章忧伤地发现，其实是日本在移风易俗和政治改革两方面的日新月异，带来了日本的崛起。

这就是我刚才所问的，中国什么没变？李鸿章的回答很清楚：体制没变。

1864 年，日本已经在学习洋枪洋炮，中国跟上来了，于是出现了“同治中兴”。同治中兴，就是开启了经济层面的开放，但在治理层面，未能涉及。事实上，中国有一批像大学士倭仁那样的高官，他们对西方的技术也还是满嘴不屑。他们觉得只要心到了，技艺是小事，政治和法律制度的设计更是小事。但清政府正是靠这群人做事情，只能走底线策略，似乎能把经济、技术层面做起来也就不错了。再有，政治的问题，涉及国本，似乎这是一个需要太大勇气和太大历史机遇才能提起的话题。

就在十年前李鸿章和伊藤博文在天津见面时，伊藤博文也向李鸿章建议，裁撤都察院，因为在伊藤博文看来，都察院不明时务的人太多，他们在位，必然掣肘改革。伊藤博文强烈建议，中国一定要把熟悉西学、年富力强的人用起来，委以重任，而拘泥于老一套的人必须裁撤，中国才有转机啊！

可是当时李鸿章的回答是：都察院之制起于汉代，由来已久，不好一下裁掉吧？

我们看到，伊藤博文 1885 年在天津，向李鸿章提出关于机构改革的较大建议，李鸿章表示办不到。当然，李鸿章答应也没有用，他做不了主。

到了 1895 年，包括年老的、曾经青春勃发的李鸿章在内的人们看到：日本明治维新了，中国没有维新，中国在体制上没变，在思维上也跟不上。甲午战争后，日本著名的法学家有贺长雄写了《日清战役之国际法论》，那时的中国有这样的学者和这样的著作吗？有这样考虑过问题吗？没有，彼时中国大约连有贺长雄的理想的读者都很少。

如李鸿章所言，中国的保守势力和既得利益集团过于强大，思维也过于保守。所以，同治中兴二十年，经济振兴二十年，洋务运动二十年，中国还是败给了日本。这就是当时压在中国上空的乌云，让年老和年轻的有使命感的人们共同思考。甲午战争，以一场巨大的、令人羞耻的失败，成了提起变革的历史机遇。

中国的变

刚才我们讲中国什么没变。没变的东西，大约是中国在甲午战争中输给日本的原因。那么，中国变了什么？这种变化，或许不是影响甲午战争的动因，但将影响清廷的走向。从大的方面，我们分析两条。

第一，中央和地方关系变了。本来，中央和地方关系，是任何一个政权和朝代的老话题，是最核心的权力关系。影响一个国家政治走向的，大约除了经济发展和基本政治法律框架，接下来就是它了。在各种影响因素的作用下，任何政权和朝代的中央和地方关系都会发生变化，一直在变，这不足为奇。在我看来，侯孝贤导演的电影《刺客聂隐娘》，实际上就是一部分析藩镇割据的情势下中央与地方关系的电影，其次是展现“政治中的人性”的电影。就以唐代来说，早期的安史之乱和后来的藩镇割据，都是中央和地方关系处理失当的案例。

本来，如果没有国际因素的影响，清末中央和地方关系再变化，也不过是千年模式的某种复制，无非是地方坐大，进而促使中央发生巨变，甚至政权垮台。但是，有了欧洲和美国的经验，尤其是有了英国、德国、日本这三个国家的经验，尤其是有了日本这个后发国家的后发优势经验，央地关系的变化就成为影响中国发生政治变革的一大原因，在立宪时刻发挥了作用。

我们看中央和地方发生了什么变化。这要从清代银库说起。

清代从康熙开始累计银库存银，又经过雍正的积累，到乾隆的时候达到了顶峰。但是，乾隆这位十全老人，多方征战，就在他的统治时期，中央银库收入达到峰值之后，又开始下滑，在乾隆卸任前那几年，每年财政状况都是亏损状况。要命的是，嘉庆年间，平定白莲教的战争，直接导致中央财政支出了一亿两白银，又到道光皇帝的鸦片战争，中国大约总计支出了四千多万两白银，再到咸丰年间应付太平天国战争时，中央政府已经筋疲力尽了。在政权岌岌可危，南方已被普遍占领之时，中央政府也迎来了空前的财政危机。没钱，怎么办？家中有粮，心中不慌；国库没钱，中央犯难。

在应付太平天国战争时，中央做了一项重大变革，户部，也就是现在的财政部兼税收总局，不再充当全国财政总调度机构的角色，这意思就是地方在满足中央财政收入的同时，可以按照自己的需要自筹财税收入。一度完全采用的是定额上缴的办法，意思就是，你交够了我的就行，剩下的都归你，交够国家的，留够国库的，剩下的都是地方的。这么一来，地方上钱也多了，实力也足了。虽然说经过同治年间的中兴，中央财政状况又略有好转，但是，中央政府仍然在不停地向地方催要欠款。更重要的是，以前不那么给力的海关关税收入大幅增加，大大缓解了财政危机。但是，甲午战争一来，中央的财政实在是撑不住了，地方的财政自主权反而一再逆袭，地方势力不断坐大。

史志宏先生也讲到，参与征讨太平军的王闿运曾说，当时的中国，根本就是走向五代十国的趋势，梁启超曾对这段时间的地方和中央关系做了分析，认为当时的 18 个省，根本就是 18 个国家。

中央和地方关系变化了，地方坐大，看起来，这和戊戌变法本身关系不算很大，但是，戊戌变法之后，尤其是 1900 年八国联军入侵中国之后，地方坐大对中国政治走向的影响实在太大，这种因素，和政治上的变革与制度成长相结合，深刻地影响了中国的政局，起着或正面或负面的作用。今天，我们只说变化，影响以后再说。

第二，满汉格局变了。尽管满清政权是满人统治，而且设置了许多对于满族的优待，使当时的满族成为一个特权阶层，但是，随着刚才我们所讲的地方势力的崛起，汉人的地位逐渐提升，对社会的控制力也日益加强。1878 年，18 位地方巡抚中，有 15 位汉族人，18 个省的布政使，有 14 位汉族人，在道台以下的地方官中，汉族占 90%，满族人只占了 7%。这种满汉格局的变化，一方面使汉学家认为的满汉共治的情况出现，满族和汉族结为共同体，共同维护儒家体制；另一方面，实际上也动摇了满族国家的国本，使清政府的既得利益集团失去了控制力，进而失去了有力量的看护人。

自然，变化还很多，例如“大门口的陌生人”——也就是携欧洲工业文明而来的国际势力在中国影响日增，例如思想意识的欧风东渐，再如国际贸易兴起，又如领事裁判权给中国提出了司法主权和改进司法制度的挑战，还如太平天国提出了对儒家秩序的挑战。但是，从大的权力格局来说，中央和地方关系中，地方崛起；满汉关系中，汉人崛起。这是最大的变化，给清末的变革提供了最强大的动力来源，也为清末的变数留足了空间。

读近代中国史，适合的是砖瓦式和魔术师式风格的结合。

砖瓦式，就是单纯关注微观，关注很细，入戏很深，但有时候是为细节而细节，不知结论是什么。魔术师式，就是大开大合关注宏观，有结构有思想，但有时候六经注我，把历史当作他本人思想的注脚，当作他手中的魔术。

我想，我们这里，砖瓦和魔术师都是有的。

理想一点说，也可以说是拿着砖瓦的魔术师。

我们会谈论藏在细节里的魔鬼，也会谈论大格局中的上帝，微观和宏观都有，为的是大家共同深入历史情境当中，思考历史当事人的命运，思考制度变迁的成败得失，思考当下国情和未来中国的愿景。

第二节　有为的康有为

“眼中战国成争鹿，海内人才孰卧龙？抚剑长号归去也，千山风雨啸青锋！”

梁启超说，中国的 18 个省，真是成了 18 个“国家”了。成了 18 个“国家”，就像是战国时代、三国时代一样群雄逐鹿。[1]前述这首诗，也是这个意思。这首诗的作者，心忧天

〔1〕 康有为：《出都留别诸公》，载《康有为诗文选》，广东人民出版社 1983 年版，第 84 页。

下，看到战国现状。他这里讲的战国，既有国内，也有国际；他自我期许很高，要做当世卧龙；他又觉得难以被当世所用，想要抚剑长啸，归隐山林，就像他的知识分子前辈们那样，得意就像儒家那样积极入世，失意就像道家一样静静隐居。但是，他隐居得又不那么自在，所以，他听到了千山风雨，他还想出山，他要拯救苍生！

那么，这首诗的作者是谁呢？不是别人，就是——康有为。

康有为这个人的名字起得好。我们还记得庐山会议批彭德怀元帅的时候，有人说，彭德怀的原名叫彭德华，彭德怀从小就想得中华。这当然是笑谈了。但是，对康有为，我们是可以从他的名字谈起的。因为，康有为这个人，确实有为。

他有为的地方，不仅表现在戊戌变法之前，他在广东一隅，面朝大海，春暖花开，独上高楼，自学成才，成为一代思想大咖，书写了“萍踪侠影录”；不仅表现在以一介书生在戊戌之前的 1888 年就上书光绪皇帝，并锲而不舍，戊戌期间一举崛起为光绪皇帝的首席智囊，和光绪皇帝共同书写了“绝代双骄”；不仅表现在戊戌失败后，他扯起“保皇”的大旗，张罗一帮华侨和支持者，书写了“大旗英雄传”和“书剑恩仇录”，更表现在民国开国之后，他一样表现出积极的入世精神和对于政治秩序的具有穿透力的智慧，书写了“笑傲江湖”。他从不书写“平凡的世界”，而他的学生梁启超等人，也都是“同学少年都不贱”，都是不世出的一代英才。

史学家蒋廷黻先生把李鸿章称为19世纪最伟大的政治家,有意思的是,哲学家李泽厚也把康有为称为20世纪排名第一的思想家。但是我们知道,政治思想也好,哲学思想也好,其实只是康有为生命里的一部分,而不是全部。在所有的历史教材里边,康有为都是一个政治家。

作为书生和政治家的康有为,也启发我们思考这样一件事情,我们看《三国》的时候,常常忘了那些有思想的、贡献智慧的所谓文人的存在,除非这个人是宰相、相当于宰相,或者是某个省级单位的最高行政长官。什么郭嘉、荀彧,什么沮授、田丰,在《三国》里,只有一个词,就是"谋士",一般人读史书或者历史小说,总是忽略他们,甚至于有点瞧不上,觉得只有军队、战役、地盘、掌控某个地方的权力才是应当关注的重心,这还真是所谓"帝王将相史观"。人们甚至会很关注这个过程中的一些美女,就像大乔小乔、孙尚香,但到此,他们都不会把关注的目光投射到所谓的"谋士"身上。在这种"帝王将相"捎带"才子佳人"的历史观里,是看不到思想和设计制度的智慧的存在的。事实上,在戊戌期间,康有为就是个"谋士"。如果我们简单套用,把戊戌的故事套到《三国》,那么,康有为不过就是向汉献帝献计改革而改革还不成功的那个最受重用的谋士罢了,可算得了什么呢?拍成了电视剧,可能他也就是个"群众演员"。可是,错了,这不是《三国》,这是近代。就像法国思想家帕斯卡尔说的,"人是一根会思想的芦苇”，人本质是脆弱的，但思想高贵。康有为就高贵在思想这里。

康有为思想上最高贵的地方，首先，在于他敏锐地抓住了对当时的中国而言的“中国向何处去”的核心命题。其次，他提出了两大套东西，第一套是关于改革的意识形态，也就是提出一整套思想，这套思想既迎合了当时主流的观念，更能论证出改革的重要性，第二套是改革的具体方略和步骤。

当然，康有为也有很多缺点。茅海建先生对康有为的自传《我史》做了长篇梳理，指出其与史实的不合之处，也就是造假之处，康有为在戊戌期间也有处事不妥之处。但是，这都是小节，一个历史人物，最大的大节是因应了历史大势的要求，应时而动，让自己与时代融为一体，这是一个两千年以来的新的中国史时代。〔1〕

中国向何处去

关于“中国向何处去”，李鸿章在赴马关谈判之前，已经听到北京士大夫们在议论。其实，何止北京士大夫们议论，大约看到新闻的精英阶层全部都在关注。这里说的“向何处去”，实际包含两个话题。第一个话题是中国如何再崛起？关于中国崛起，政治学家、社会学家丁学良先生称为中国的

〔1〕 参见茅海建：《从甲午到戊戌：康有为〈我史〉鉴注》，三联书店 2009 年版。

再崛起。这是针对汉唐宋雄风而言。在当时来说，崛起的问题可以说是忽高忽低。保守而坐井观天的人，根本就认为中国还是世界的中心，也就谈不上崛不崛起的问题——我们本来就很高；而忧心忡忡的人，担心的是第二个话题，这就是：中国如何保住自己？

中国如何保住自己？这就是所谓救亡图存的问题。李泽厚先生后来提出了“救亡与启蒙的双重变奏”的著名命题，意思就是救亡压倒了启蒙，使国人的公民意识和自由精神始终不能张扬起来。李泽厚讲的是 20 世纪上半叶的事情，可见，救亡主题不仅在戊戌时期凸显，后来几十年也一直延续。而康有为这时的救亡，也由日本而起。李鸿章先生 1864 年开始重视而又不够重视的“海外区区小国”日本，因为是中国的近邻，又因为自强，两种因素共同构成了中国大声疾呼“救亡”的动因。

康有为对于救亡，提出了三个命题：保国、保种、保教。

所谓保国，应该是两个含义，一个是保住作为国家的中国，另一个是保住掌握政权的清政府。国家和政府是两回事，人们常常混淆。就作为国家的中国来说，拥有一块相对确定的国土，由这群人按照固有的文化、语言生活，仍然自称中国，这就是中国未亡，但被瓜分、切割，尤其是若被切割为不同文化语言的国家的一部分，那就是彻底的亡国；就作为政权的中国来说，统治者及其统治集团、统治秩序整体被替代，这就是政权覆亡。对当时的士大夫阶层和清政府中的清醒者来说，在甲午战争的巨大震撼面前，不能不说他们感受到了亡国亡政权的危机。当时强敌环伺，说实话，甲午战争之所以刺激了中国人，其实是因为日本根本不算强国里最强大的，勉强算是强国中的新贵。大家都知道有一张以动物表示列强的瓜分中国的地图，这给人们心里蒙上了厚厚的阴影。

说起来真是有点好笑。大部分士大夫还不知道老外到底有多厉害时，老外已经把中国逼到濒临亡国的田地了。但是，很多保守的士大夫还是“春梦婆”，是做着好梦的年事已高的人们。我们知道，在天气寒冷的时候，醒着的人还懂得御寒，做梦的人是最容易冻僵的。康有为提出保国，就是要唤醒人们，在表面烈火烹油鲜花着锦而实则严寒的环境里，中国不能冻僵，不能失守。就亡政权来说，这种风险也当然存在。天平天国，以至于后来的小范围民间武装举事，实际上都剑指满清政权。尽管大范围的对这个政权的否定还在后面，但是对于康有为等人来说，就此的危机感与亡国也一样严重。

所谓保种，就是保住作为大民族意义上的华夏族。尽管“中华民族”这个概念是进入 20 世纪之后，梁启超才提出来的，但是事实上，之所以人们能普遍接受这个概念，还是在于各自心里已经有了这种意识。生活在中华大地的，固然有被语言和传统区隔开的不同族群，尤其是有后来被称为五族，并被称为“五族共和”、作为五种颜色进入当时的中国国旗的满汉蒙回藏这五大族群，但是，人们已经意识到，大家是一个大的共同体，是一个大的种族。所以后来，到了抗日期间，顾颉刚先生提出了“中华民族是一个”这样的朴素的口号。而在甲午之后，保种，保的也是这样一个中华共同体，保的是歌于斯哭于斯聚国族于斯的这片国土和这四万万人。

所谓保教，保的或许是宗教意义上的儒家文明，或者是教化、教育意义上的可以被继承的传统文化。我们知道，太平天国对儒家文明的抵制，那绝对是力度极大的，很难说清太平天国到底是在哪个意义上如此抵制儒家？是因为拜上帝会的宗教观念与儒家格格不入吗？是因为反清的需要吗？是因为民众中的反智倾向吗？是因为基于平等观念，对儒家等级观念的反感吗？但是，一场大革命如此席卷而来，不能不深深撼动士大夫们。曾国藩当时讲，士大夫们是痛哭于九原啊。田野之间，到处都是被太平军革命所镇压的儒家失落者的痛哭声。进一步说，随着国际交往增多，西方观念逐步被引入中国，尤其是西方教育制度兵临城下，也让人们知道了儒家教育之外的世界，其实非常广阔。那么，如果有一天，儒家所依附的政治体系和教育体系垮了，儒家还有多大的空间呢？会不会突然就消失或仅是作为博物馆展品而存在呢？康有为一方面改革儒家，想对儒家进行一种现代化的带有创造性的解释和改革；另一方面，又觉得中国传统，附着于此，还是必须用力保住。

改革的意识形态

康有为针对中国向何处去的问题，提出了改革意识形态和改革举措两套东西，前者更为哲学，后者更为政治经济学，以至于法学。

改革需要意识形态吗？需要。尤其是在大改革的面前，意识形态不仅造势，不仅起到鼓动风潮造成时势的作用，还形成一种论证改革、固化改革思维的思想体系。中国人常常引用“周虽旧邦，其命维新”这句古语，但是，为什么说周虽旧邦其命维新呢？这就是周代的创立者为周朝改革进行的与意识形态有关的论证。

周代变革的第一个意识形态化的论证，应该是周易，所谓文王拘而演周易，并不是说周易是文王发明的，而是说文王在被囚禁期间，对旧的《易经》的体系进行了新的思考，使其为我所用，这和革命家在被囚禁期间思考与革命有关的哲学问题大概相仿。所以，周易不同于原来商朝的《易经》体系，把乾卦放在第一位，演绎出天行健君子以自强不息的积极有为的一整套思想。随后，所谓的周公制礼，就是在设计一种在大意识形态下适合本国的政治制度。到了春秋战国时期，各个学派，尤其是主要的学派，例如，孔子的儒家、齐国的道家，以及墨家，都是在意识形态上形成争锋之势，争取成为国王信赖的对象。最后，荀子和荀子的学生韩非子胜出。

在汉朝初年，关于选择儒家还是黄老，也有一番斗争。大家都知道贾谊在《过秦论》里的名句“仁义不施而攻守之势异也”，这是贾谊对上一个覆亡的大帝国的结论，也再清楚不过地表明了他对于儒家仁义观念的认同。韩非子是法家，但又是接受了荀子礼治教育的制度之儒、外在之儒教育的传人，而贾谊无疑崇尚内在的仁义，属于正义之儒、内在之儒。这就是贾谊对意识形态的建言。但是，汉初的皇家哲学却是黄老。假如我们把窦太后与汉武帝的关系和慈禧太后与光绪皇帝的关系做个比较，会看到两个时代都有帝党和后党，正好形成历史的呼应。我们看到，窦太后选择黄老学说，所以道家的理论巨著《淮南子》应运而生，是响应窦太后的需求。

到了北宋南宋，王安石一派为了变法，创立了新学。王安石的著作成为当时学生科举的主流教材。那么，守旧派为了反对改革，就不仅要反对变法本身，也要反对王安石的一套理论，于是程颐程颢兄弟的儒学学问进入旧党人士的视野，进而进头脑进课堂。蔡京和秦桧，我们耳熟能详的这两位北宋末年和南宋初年的宰相，就是支持王安石新学理论体系的代表，蔡京是一贯支持，秦桧是经过曲折以后转向王安石学派。我们知道，王安石从奸臣名单里被除名，其实是近代以来的事情，而蔡京和秦桧这两位，还在奸臣的榜单上。当然，我不是说，蔡京秦桧仅因为支持王安石学派就成了奸臣，但是，这种人们不太熟悉的历史中的曲折，我们是必须知道的。在大变局的时刻，意识形态的选择，是大事。

由此，我们知道了为什么康有为能够进入光绪皇帝的视线，为什么康有为作为一个普通公民、普通读书人、四亿中国人之一，一下子被推到清末改革设计师的高度上。康有为提出了一整套论证改革的意识形态，这是他类似于董仲舒的地方。光绪帝作为事实存在的帝党首领，不仅要确立政治体系，还要确立思想体系。康有为曾经向光绪皇帝介绍了俄国的彼得大帝，谁又能说，这位年仅23岁年轻的皇帝心里，没有一个彼得大帝的梦呢？有一种说法，光绪的父亲醇亲王为了哄慈禧开心，力主修建颐和园，让60岁的慈禧去颐和园修身养性、安度晚年。至少，从一般心理来看，这没什么逻辑上不通的地方，所以慈禧的退出，至少在很多人看来也属于势在必然，尽管慈禧周围有些人可能不希望她退。而光绪主政，也不是什么悬念。慈禧的政绩很明显，她上台以来，与奕䜣等人一起，一举推出了同治中兴的各项经济改革举措。当然，这些举措还不够到位，所以中国仍然面临危局。那么，此时23岁的光绪，就要因应时势，做一个大改革家。用康有为的话来说，他要用彼得大帝的变法之心作为“心法”，明治天皇的变革之政作为“政法”。他有一个积极有为的梦，这就需要从搭建思想体系做起。

康有为关于改革的意识形态，是社会达尔文主义和儒家改革主义的综合。基本上，我们可以说，康有为和我们刚才讲的周文王演周易为周代变革奠定思想基础、董仲舒整合各家思想于一炉形成汉儒的思想体系、王安石通过本人的哲学观为改革开路一样，也可以说是一种综合。事实上，前述几种改革意识形态，也都有社会进化论的色彩，只不过没有近代思想的理论资源罢了。我们可以说，康有为就是戊戌中的董仲舒和王安石，以及一部分的周文王。

康有为这里的社会达尔文主义，也就是社会进化论，其在中国的使者，当然首推严复。对西方相当熟悉的严复翻译了一本《天演论》，立刻成为万人迷。“天演论”和“物竞天择，适者生存”等语即成时尚。

如果说严复是社会达尔文主义的西方表达，而且是面向青年群体的表达，那么康有为的进化论，是中国式表达，而且是面向士大夫阶层的表达。我们刚才说了，光绪皇帝怀着彼得大帝的梦，当然也怀着汉武大帝的梦，那么这个时候，光绪皇帝需要的是一个帝师、一个顶级理论家，而不是宣传家，所以此时进入光绪视线的也就是康有为而不是严复。

《笑傲江湖》里边，任我行曾经说自己有最不佩服的人。王国维就不那么佩服康有为。

王国维最看不上康有为的地方，大约也就是康有为在思想上最成功的地方。其在于两条。第一条，王国维说康有为是受了西方学术的影响，改造中国古代的学问，形成了一股思想界的强悍势力，例如，康有为的《孔子改制考》和《春秋董氏学》。的确，在当时的情况下，康有为的中西结合式的做法，最能打动士大夫。关键是康有为也下了功夫。第二条，王国维说："然康氏之于学术，非有固有之兴味，不过以之为政治上之手段。"王国维对康有为的"学术为政治服务"十分不屑。可是，这恰好是康有为的意图所在，他对孔子学说的改造，对孔学学术体系的质疑，对董仲舒的推崇，说来说去，只有一个目的，那就是论证一个道理：改革才是硬道理。

说一千道一万，康有为研究孔子，研究董仲舒，落实到现实，就是要说下面的话：

第一，政策久了一定会累积弊端，弊端还会越来越多，没有什么百年不变之法。

第二，新朝必变前朝之法。进入新的阶段，一定要有新的阶段回应现状的制度表述，不改革就没有出路。

康有为说："法者天下之公器也，变者天下之公理也。"

青春就是刀锋和真理

康有为对戊戌改革的顶层设计，那自然是全方位的。我们下一期会讲到，这些全方位的变革，也埋下了改革失败的伏笔，因为太多、太张扬，也太不顾及老同志们了。年轻的光绪皇帝和资历较浅的康有为，都掌控不了全局。

刚才说了，康有为希望光绪帝做俄国彼得大帝和日本明治天皇的结合体，笔者认为，这是所有顶层设计里最重要的设计。这就是给皇帝的定位。或许我们会觉得光绪才 20 出头，太年轻了吧，但是看看彼得——康有为称为大彼得——和明治在他们改革时候的年纪是多大呢？还不到 20 岁，所以，光绪皇帝比起人家的少年得志来说，已经算是蹉跎到青年了。所以大彼得和明治的类比，势必深得光绪之心。

也有人说，康有为推动皇帝维新，没有明确提出“君主立宪”这几个字啊。这就不对了。首先，学习日本，这意思就是要学习实权式的君主立宪。康有为已经说了应当制定宪法，这意思就是要学习日本搞日式君主立宪。何况，对于皇帝权力会因为立宪而缩小的问题，光绪皇帝已有表态，这位年轻的皇帝说：我只要救中国！如果能有益于国民，那么我没权又怎么样？我愿意！所以，康有为搞的就是君主立宪。

与君主立宪对应的当然是共和制了。其实关于共和制，当时的精英也不陌生，也不是不敢想。徐继畬，一位思路非常开阔的知识分子，也就是《瀛寰志略》——全球地图地理志——的作者（慈禧太后的身边还放了一本《瀛寰志略》，通过徐继畬了解世界），徐继畬对华盛顿和后来总统的轮替也非常赞赏，这意思就是其实中国也没什么做不到。说实话，帝制不一定就万岁。这也是后来共和制席卷而来的原因。

康有为当然也知道这一点，康有为说，当今地球，富乐莫如美（富裕和快乐莫过于美国），但是美国民主制的国情毕竟与中国不同。我在这里说一句，事实也是如此，无论是康有为真诚地认为共和制不适用于中国，还是他只是功利地想推动皇帝搞改革，都很难在戊戌时刻让皇帝放弃帝制。

康有为又说，强盛莫如英、德，而君民共主之制，和中国还是有差异。所以说，强调皇帝权力，彼得大帝的改革是范本呢。此外当然还有日本。

有了这种参照，加上时不我待的急迫感，改革设计也就来了。

首先说时间表。大抵欧美以三百年而造成他们的新体制，日本效法欧美，以三十年而模仿出日本的政治体制。若以中国众多的精英和民众来说，近采日本，三年而宏规成，五年而条理备，八年而成效举，十年而霸图定矣。

那么，接下来，请即定立宪为国体，预定国会之期，明诏告天下。但是制定宪法，召开国会，要参考各国经验，目前的权宜之计就是“采用国会之意”。日本就是这么干的，先征集国内的人才，先把国家大事讨论起来。这就是要成立一个制度局，成为光绪和康有为所能依赖的带有议会性质又吸纳了各界精英的改革中枢机构。在此之下，还要给足地方领导人各自改革的空间，允许地方大胆地试大胆地改。只要给地方三年时间，绝对大变样，百废俱兴，万象更新。

在此之下，康有为推动的当然是全方位的改革。从中央政府来说，中央设十二局，也就是十二个大部，首要的还是法律局，也就是法律部。康有为注意到领事裁判权带来的国耻和先进司法文明的纠结，主张采用罗马、英、美、德、法、日本的法律，重新立法，建立新的法律体系。康有为大概不是很清楚法学上所说的英美法系和大陆法系的划分，不知道判例法和成文法的异同，可是这有什么关系呢？只要是好的，或者是国际通行的，都可以拿来参考。这不是问题。从社会来说，举如设立学堂、制定报刊法、兴办共商企业，以至于要求满汉高度融合，要求解除妇女缠足的禁令，都在其中。而在早先的改革建议里，康有为也建议迁都以定天下之本，舍弃北京，迁到西安并逐渐在西安建都，使中央政府有中原作为缓冲地带。从后来八国联军攻入北京来看，康有为的建议是有远见的。当然，在这些改革中，最紧要的还是设立制度局，事在四方，要在中央，从中央强势推行改革。

我们看得出来，康有为从意识形态的论证，立志于做孔子和董仲舒的新传人，到顶层设计，都有一个关键词——“大”，康有为就是要办大事，成大业。以至于他的弟弟康广仁也批评他规模太广、志气太锐、包揽太多、同志太孤、举行太大。我们在下两讲将会讲讲康有为求大带来的麻烦。但是，没办法，光绪皇帝所求也大，他要做大彼得和明治，就要有康有为这样大气魄的设计师。

除了求大，康有为还有一个关键词，就是“热”，热血，火热的力量。在一次演讲中，他说：“凡能办大事，复大仇，成大业者”，都有火热的力量。

康有为说，那些在古代被称为烈士、志士、义士的，都是有热血的人，所以，我们要像太阳一样，无所不照，无所不烧！

诗人海子在《太阳》这首诗里说，“天地突然获得青春，这秘密传遍世界，获得世界”，“青春就是真理，青春就是刀锋”。

年轻的光绪和康有为推动的戊戌变法，就是新的中国史开启时燃烧着太阳热情的青春史诗。

第三节　清末的“中右”与“中左”

正如人们通常的做法，我把“中间偏左”和“中间偏右”简称“中左”和“中右”。在以往，清末的“中左”被称为改良派、立宪派，“中右”被称为同盟会中的稳健派。

笔者这里所说的清末的“左”派，不是西方原本意义上的左派，并不以崇尚平等和公正作为诉求。要说这个原生意义上的“左”派概念，可能太平天国和义和团更接近。当然，太平天国与义和团相比，义和团更不系统，更缺乏真正意义上的政治理念。太平天国与义和团这类型的极左派和中左派，不是本书在这里讨论的对象。我这里所说的清末左派，是满族贵族集团和官僚集团。前者以血统为号召，认为他们天生具有统治中国的唯一资格，也享有攫取巨额利益的自然而然的浩大权力。对所有侵犯其特殊利益的改革举动，他们都视为挑衅。后者以权力为追求，又对皇权之下的几千年的旧秩序和儒家义理有强烈的文化认同。这两种力量中的不容置疑的强势者，就是极左。他们对戊戌变法的激烈主张怀有敌意，对清末新政颇为不满。对中左和中右，他们都嘲讽为书呆子、盲目崇拜新学的反叛者、没有实力和资源的理想主义者。对极右，那当然是格杀勿论。

笔者这里所说的右，也不是西方原本意义上的“右”，并不是在自由和权利语境中的右。就混沌的方面看，这场革命的民生部分，平均地权部分，是通常意义上的左还是右？中华革命党和北伐，其中的左右也不好界定。事实上，就当时的右的力量来说，以暴力推翻清廷，发扬民权，并没有多少基于公民教育的民间基础。那么，这其实就成了一场胜利以后才能推进真正意义上的“右”的革命。但是，无论如何，强烈要求改变满族特权和官僚集团的权力现状，还民权于民众，这的确也是一种“右”。而以暴动方式求之，绝对与满清政权不共戴天的，自然是这个意义上的极右。

显然，就三个根本分歧，即清政权是否应当继续存在、满族贵族集团是否应当维持旧的特殊利益、旧的帝制模式是否应当维持来说，清末的“左派”和“右派”的分歧判若水火。

而双方各自走上极端，也有互动成分。左侧的势力如果不是过于强悍，则右侧未必会兴起并大行其道。右侧如果转向中右与极左虚与委蛇，则极左未必就不肯在适度压力下让渡部分特权。可是，这里出现的博弈是事实上不妥协的博弈。对于极右来说，即使清末新政在事实上展开，各地地方议会开始筹划，他们也不会停下革命的步伐。

我们在左和右之间看到了中间派。中左属于左，在大的方向上，中左在清末的基本设计就是又承认帝制，又推进新政治。中右属于右。中右虽然在根子上不认同清帝和帝制本身，但强调缓推翻、勤建设，与中左的公约数可以说比与极右的公约数还要大。

在这里我们看到，“中左”和“中右”大有共同渊源、共同见解和共同诉求。“中左”和“中右”既分别属于“左派”和“右派”，事实上又是“中间派”的两个分支。事实上，在清末，这个中间派，就是新政治派。

清末的“左派”和“右派”之分，其实并没有泛化到当时四亿中国人中的每一个，而只是在政、商、学、军、绅等精英阶层中做了分化。民众更多在被鼓动、跟随的意义上形成左右分化。必须承认，在右和左的问题上，越是极右的人，尽管越情绪化，但也越需要勇气，从而具有可敬的成分。毕竟，现在看来是已经胜利的、必胜的血气方刚的革命，在当时却是前途未卜的生死莫测的造反。而维护既得利益的左侧一方，更近于“屁股决定脑袋”，越到达高位，越能分享资源，越有控制权。相对而言，极左就更简单，只要强势镇压，强势维护旧秩序，就可以。中国之外发生的世界变局，他们可以不注意、不重视。当然，他们对旧秩序的维护，自然有不失保守主义意义上的合理成分。至少，在如何改变这种体制的问题上，用外科手术的做法直接把此类人除掉，也不一定就能迎来权利和平等的艳阳天。当此时也，在关于“中国向何处去”尤其是中国的政治体制向何处去的问题上，留日法政人在精英阶层中的观点、立场和发声都显得极为重要。

为什么我要选择留日法政人来阐述“中左”和“中右”呢？

首先，在于留日法政人的“留日”因素。事实上，这的确是一个庞大的精英青年群体。清末新式教育展开不久，国内大学的师资、教材和视野都大成问题，要取真经，只能远赴东洋或者西洋。在日本和欧美之间，官方和民间都倾向于日本。从历史进程看，为什么直到 1919 年，中国才爆发了历史性的“五四运动”？很显然，因为在此之前，新式大学才逐步形成了气候。“五四运动”是青年精英的聚合性发声。而同样的中国青年精英群体，在“五四”前的二十年里，恰好有相当一部分在日本求学。在东瀛之国，留学生们相互沟通、联络、讨论并形成交锋或共识，形成了气候，储备了人才。

其次，在于留日法政人的“法政人”因素。在 1902 年兴起的清末修律运动中，日本法律家和中国法律家完成了一次合唱，在这个意义上，日本显然成为字正腔圆的中国法律的原发地。留日法政人来此取经，回国后施展，确属于名门正派，科班出身。更何况，修律之后，迎来的必将是执行法律和适用法律，留日学生一旦归国，将能在法律实践上踏上用武之地。到了 1906 年的预备立宪运动，法律之上，更添宪法，立法和司法之外，更添民主政治建设。一个留日法政人，既可以成为某个地方的新政治火种，指导某县，还可以聚而论道，安排国家的新型权力格局。留日法政人就是这样一群系统接受法律和政治专业知识的群体。在法学之外，留日修读政治学科者，其专业也相当于是今天意义上的"公法"。正因为系统接受了法律政治专业知识，所以留日法政人更倾向于从制度变革、制度建设的角度解决问题、处理纠纷，而对暴力有所警惕。假如我们把这群留日法政人放在当时的全球视野内，再结合他们在国家变革中发挥和将要发挥的作用，我们能发现，这是当时世界上最杰出的一群对新政治怀有信心和信念的青年法政人。

所以，基于现代法政的理性色彩，基于其在当时相对意义上的领先的法政素养，尽管留日学生中有"左"和"右"的分化，但更多表现为"中左"和"中右"。至于为何具体选择了"中左"或"中右"，当然有自然选择的原因。一个人接受了知识，思考了时代，会作出自己对于时局的判断，也会给出自己对于公民与国家关系的想象，做出他的选择。而在实际中，可能的前途、受到的约束，都会影响“中左”或“中右”的路向认识。如果就读日本名校，回国后能被体制内改革派青睐，则可能成为一个“中左”；如果读的是公费，由清廷长期为其留学行为买单，则也可能是一位“中左”；如果读的是速成，发现适度打破旧世界才能为中层知识分子提供机会，则可能是一位“中右”；如果虽然回国后必有发展，但是对于清廷的特权与腐败充满厌恶，无意于分一杯羹，对于共和、新政治、自由主义有坚定的信念，则更可能是“中右”。

但总体而言，留日法政人中的“中左”和“中右”与极左和极右比起来，其家国情怀和理性精神都值得敬佩。毕竟他们面临一定的压力和阻力，而他们都不是或不完全是利益集团的代言人。他们是一群有新政治理想主义的稳健的小清新。

“中左”主张君主立宪，“中右”主张共和与革命立宪，这是两派在“顶层设计”上的最大的不同，但是，或许一个在新政治格局内暂且可以被接受和安排的清代立宪皇帝，不会成为“中左”和“中右”最大的争点和立足点。留日法政人中的“中左”为体制内设计未来，留日法政人中的“中右”则主张缓革命、勤推进。事实上两派对议会建设、地方自治等大技术问题的设计，往往类似。总体而言，“中左”更接近于清廷立宪派的宣传者、研究者，但个人也认同此种主张，“中右”则更近于独立，但同样又接受同盟会的组织领导，而在大的政治倾向上不可能不服从组织的基本纲领。

在表1中，笔者来对比一下三份当时的留日人的杂志，分别是受驻日公使资助创办的中左杂志《新译界》、同盟会云南支部创办的中右杂志《云南》和同盟会机关刊极右杂志《民报》。

表1　《新译界》《云南》《民报》对比

杂志	杂志性质	是否谈及满汉民族问题	主张君宪还是共和	受谁资助	作者用真名还是笔名
《新译界》	研究型杂志，有大量包括法学研究在内的学术文章	避谈满汉民族问题	主张君主立宪	受驻日公使资助	署作者真实姓名
《云南》	政论型宣传杂志，有部分研究类文章	避谈满汉民族问题	较少谈及君宪还是共和的选择问题，但强烈批评地方政府，讨论英法侵略，讨论云南如何开启民智，展开社会建设	民间筹资。由杂志社致函国内同乡贤达与缅甸华侨筹集，缅甸华侨捐五千余元，编辑周钟岳的老师、著名学者、四川按察使赵藩、提督夏毓秀与其他人士捐五六千元	以署笔名为主
《民报》	政论型宣传杂志，有部分研究类文章	激烈排满	主张共和	筹资，但相当于同盟会出资	以署笔名为主

清末留日法政人中的“中左”和“中右”，其影响力当然延续到民国初年的政治中，而且有了更深度的参与，从学生、“业余兼职者”变成了职业政治家。

即便没有辛亥革命，留日法政人也一定会走向政治前台。如果清末立宪能够继续下去，则“中左”的舞台就会更大。随着立宪计划的推进，“中左”虽不一定成为一言九鼎的实力派，但也算是专业素养充分的法政旗手。而“中右”，如果对倾覆清廷统治没有短时间内的时间表，也会成为“中左”的呼应者，双方联合为新政治意义上的“同盟会”。

但是辛亥革命遽然爆发，原来的左派发生了极大变化，强势的极端左派，失去了皇帝和旧的基于暴力机器、血统或官僚体制保护的特殊利益，也只能投往新的方向。原来的右派也发生了分化。旧的革命，至少最大的一个目标实现了，这就是皇帝没有了。那么，皇帝没了以后怎么办？极右当然也要继续斗争。

辛亥后的新的左派，实际上是认同袁世凯实力集团的。这个力量中的一部分曾在清末推动过变革，但是辛亥之后，运用军警工具，崇拜权力、实力。这个力量中的另一部分，思维老化，并不把现代法政看在眼里。辛亥之后的新的右派，则是具有一种不断革命的劲头。

清末的留日法政人，进入民国之后，又再次发生“中左”“中右”的变化或演进。

总体而言，亲袁的进步党的班底以“中左”为主，同盟会一国民党稳健派的班底以“中右”为主。这或许是一个短暂而美好的新政治的春天，又或者是一场新政治的春梦。至少在这个短暂的春天，中左和中右是真诚的。但是中右领袖宋教仁忽然遇刺，几乎所有的好的可能性毁于一旦。

袁世凯对“天坛宪草”的放弃，终于使“天坛宪草”成为“中左”和“中右”的一次不错的大合唱。起草者中的中左和中右终于完成了一部比“钦定宪法大纲”“临时约法”更好的宪法草案，但其所画上的也仅是逗号，而无法画上句号。“天坛宪草”的起草人，马上成了袁政府的政治犯。研究自由的人，自己差点失去自由。我曾经深度关注过的张耀曾恰好是因为这期间避袁，才得以回炉赴日。从“护法战争”到北伐胜利，“中左”和“中右”在此过程中趋于式微。

从清末过渡到民国初年的“中左”和“中右”，虽然都是职业政治家，但是与拥有军队的实力派比起来，他们都只是政治建言者、建设者。他们是民主社会或迈向民主社会的精英，但在革命和战争面前，他们只能承受被边缘化的宿命。

第四节　关于华夏再崛起的古德诺与贾谊夜访

贾谊与古德诺跨时空而来

我刚起床，手机就响了，以为是闹钟，一看是长沙的长途。“你好我是长沙博物馆工作人员，汉代的贾谊老师已到你那里门口了，请迎候一下。”幸好清晨的我比较清醒，识别出这位要来的贾谊，就是那位长沙太傅。我正琢磨是否该按《仪礼·士相见礼》说一句“某子命某见，吾子有辱”时，峨冠博带的贾，与一位燕尾服虬髯西洋男士，早飘然而来。

“我们就不拘礼节了。这次来，不为别的，跟你聊聊丁学良著作《中国经济再崛起》。我是汉代贾谊，这位是20世纪初的美国宪法学家古德诺。我是汉文帝的政治和经济顾问，他是民国初年宪法顾问，我们共同的特点，是作为知识分子和所谓‘帝王师’，非常关心中国的成长。丁这本书，没出之前我们就瞄上了，说实话，很合我们胃口。幸好今天你醒了，如没醒，肯定要将你从清梦中叫起来，也要聊。”贾谊快人快语，看来两千多年前那个哀怨作赋的他，早已淡忘忧伤了。

“我的普通话可能没有我的澳大利亚好朋友莫理循和陆克文好，不过，毕竟是在中国生活过的人，让你听懂没问题。”古德诺道，“你该知道，当年介入中国事务，实际上让我吃了苦头，本来可能的参选总统的机会，给整没了。但即便如此，作为曾经的哥伦比亚大学校长和曾经的中国总统袁世凯宪法顾问，我对丁这位哈佛毕业生撰写的中国研究作品，那还是兴味十足。”古德诺继续说，“另外，我和丁学良在一个地方，有些缘分，我一百年前是通过卡内基国际和平基金会的居间介绍，来到中国，而丁现在是这个基金会的高级研究员。”

“中国经济再崛起”

“两位好，后生得见前辈，何幸如之。那我也开门见山。我先对这本书作一下解题：第一，本书虽名为‘中国经济再崛起’，但其范围却不限于中国，而有一种比较视野，从环太平洋地区的国家，到俄罗斯和拉丁美洲，都在其比较之列。比较是有力量的，在比较之后，会发现某种被归结为地域或文化原因的东西，其实在于制度本身。”我喝了一杯绿茶，接着说，“第二，本书虽名为‘中国经济再崛起’，但其内容包括但不限于经济，作者是以政治学—社会学学者的视角，烛探秩序。于是，本书之涉及经济，便非经济学上之模型曲线，而是考察经济的国际背景、制度环境、发展，考察经济学家与企业家，考察与经济关联的政治—社会问题。更进一步说，借用丁学良自己的话，‘假若只能选用一个最基本的主题来贯串它们的话，那就是对中国经济发展长过程——我把它称为“中国在经济上的再崛起”——之中的非经济问题（包括非经济性质的环境和后果）的观察和分析，而对这些非经济问题的评论大部分又都聚焦在“公平和正义”，简言之即“社会公正”的价值观之上’”。

“至于第三”，我说，“可以引用本书封底的话：‘本书提示国人要清醒看到，目前中国的再崛起还只是经济上的，而不是全面的。因为中国在历史上最强盛的时代，不仅给人类提供最多的产品，而且同时为世界提供行政体系、法律制度、科学、艺术、生活方式和语言。从这个角度看，从近代到如今，中国无论在经济上取得了多么大的成就，都还远未达到历史上中华文明所达到的全球相对高度，不具有那个时代的整体文明投射力。本书以此为背景，以全球化为框架，讨论中国历史性再崛起面临的机遇与挑战'"。

中国的往事与近事

"我最遗憾的事情，不是在我个人的沉浮生死，而是在我没有看到神州鼎盛的年代，"贾谊说，"当然，话说回来，对于何时为中华民族的最盛时期，大家看法并不一致。我那个时代，中国在休养生息，不久，就有汉武之兴，有人说，那就是中国极盛期。更多的人支持唐代，陈寅恪教授以为'华夏文明历数千载演进，盛极于赵宋之世，其后势衰，终必复振'，中国疆域和《马可波罗游记》支持元代，王国维教授则主清代"。贾谊说，"参考丁学良教授的看法，从向世界提供制度与文明的辐射意义来看，我以为是唐。记得汤因比教授在回答他最想生活的年代与地点时，他的回答也是唐代的长安"。他接着说，"自然，讨论中华极盛时，标准不一，结论也就不一，但无论如何，我说过的一句话还有现实意义：'是以君子为国，观之上古，验之当世，参之人事。察盛衰之理，审权势之宜，去就有序，变化因时，故旷日长久，而社稷安矣'"。

古德诺接了话茬，“在此，我不从我的核心观点政治与行政或君宪与共和入手讨论，我也不太了解古典中国的历史，我只说我观察到的近代中国的一些人和事。我说三个人：赫德、伍廷芳和顾维钧。赫德今天基本快摘下了帝国主义者的帽子，伍廷芳在中国也在被越发擦亮，顾维钧也不再那么低调。我看了《赫德日记》《纽约时报》对伍廷芳的专访和我的学生顾维钧的回忆录，深切的感受有两条。一条是与世界制度文明接轨越近，中国发展越健康，制度建设对于近代中国的意义，非比寻常；另一条是开放、开放社会与开放精神是中国强盛的命脉。赫德、伍廷芳和顾维钧在近代中国成功的经验与失败的教训，深切告诉我这一点”。古德诺也噙了一口茶，“丁学良这本书的时代有其近代史背景。据我看，近代中国史的经验与当代中国的发展，也是吻合的”。

关注历史，关切今日

“两位分析得很有道理。两位的发言像是描述了本书长时段和短时段的历史背景。现在让我们回到这本书本身。丁说：本书‘中心论点，可以归结为两句话：中国在过去二十多年里的最大成就，是基本上摆脱了“短缺经济”的重轭，这是一个历史性的进步；中国在自此以后的时期里，必须把更多的精力和资源用于体现社会公正的有效制度和基础设施的建立，这是一个更加艰难和富有挑战性的事业。因为20世纪国际发展的比较经验反复地向我们昭示，对于一个社会和它的根本——人民来说，经济的短缺是困苦重重的，而社会公正的短缺则是风险重重的。中国在经济上的历史性的“再崛起”——这里“历史性的”是指一个跨越数世纪的曲线走势——理所当然地意味着我们必须致力于驱除这两种形态的短缺。’”我一边说，一边打开窗户，看看外面，北京冬天的早晨，阳光灿烂，行人如织，高峻耸立的烟囱吐着白气。“对于这样一个当代论题来说，仅纵向谈历史，像贾谊老师一样‘观之上古，验之当世’，强调一种历史的本土经验，或者像古德诺老师刚才说的近代启示，强调全球化的制度引进，强调一种移橘观念，那都是不够的。”

贾谊点头：“那是自然。对中国历史的研究不能回避现实关注，无论出于文化本位主义（如钱穆），或是出于反思历史（如顾准），或是出于重建历史（如顾颉刚），或是出于认识当下（如李守常），或是貌似专意考证（王国维），都在对历史的深研细品中，藏着对中国现实、未来的关切和热爱。‘一切历史都是当代史’，其意固指历史嵌在当代人的意识中，但也指历史无法远离现实，历史的关怀在于现实。”贾谊又话锋一转，“另一方面，现实当然也离不开历史。‘读史早知今日事’（陈寅恪语），不从历史中汲取智慧，到头来大约会落得比历史上的误区更加“误区”。并且，现实能汲取到的历史智慧，还不止本国，比较各国历史，更使人能参透现实迷雾的真相。

在这里，对历史的观察不仅具有通常的人文学科的内在色彩，还具有强烈的外在性、入世性。对历史的观察成为当代发展的立基点和起点。通过历史，走向经世致用，这是从顾炎武到孟德斯鸠，从马克思到马克斯·韦伯的共同点。我也注意到，历史社会学也是丁学良教授的研究范围之一呢。我在这里强调历史，是为了将我们对本书的讨论，引进到一个宽阔视野。”

今日，当发展与公正并举

“我是作政治和法律交叉研究的，虽说有时候也顾及文化，但更有将问题归结于制度的嗜好。”古德诺说，“我注意到，发展与公正是当代中国经世致用的主题。发展当然不仅是经济发展，不仅是 GDP，发展是政治、法制、经济、社会、文化的协力发展，核心是公正的制度。中国离不开经济发展，经济发展是中国再崛起的首要推力。但并非经济发展就必定带来其他领域的发展，背离公正与良治的发展，还可能引致经济发展的倒退。从而，在超越经济发展的单线意义讨论发展，也许才会有和才能有更高远的发展境界和更实在的发展结论。那么，中国怎样获得良治呢？张开眼睛，看大地，看世界，看星空，是你们中国人必须要做的啊。”

古德诺的中文像是好了起来：“发展与公正并非一蹴而就，是一个联动、复合、众力交错的过程。这个过程不一定或不可能理想化。但即便如此或正因如此，当代发展的主题便应当是以法治和新政治为主导、为目标。在此之下，政府、组织和个人各自发挥主动性。个人、个案、个性化的推动，自由的蓬勃和活力的增强，必然焕发出中华民族新的可能。”他恳切地说：“我阅读这本《中国经济再崛起》，感受如上。”

“中国的文艺复兴”

我说：“丁学良老师的概念‘中国经济再崛起’，让我想起胡适曾经讲过的‘中国的文艺复兴’。1919 年北京大学学生傅斯年、顾颉刚等编辑《新潮》杂志，其英文名称便是 Renaissance（直译为再生、复兴）。胡适说，这是受了他的影响——他把‘新文化运动’称为‘中国的文艺复兴’，并为这一概念反复宣讲。”

“我同意胡适使用的‘中国的文艺复兴’一词，但并不同意他对时段的划分（自 1916 年开始）。事实上，正如丁所曾言，自 19 世纪末 20 世纪初，中国早已开始一场维新运动，其意义已足同 Renaissance 相当。从维新时代到其后的新文化运动时代，可以说，这不过是这段‘文艺复兴’的两个时段。从维新运动到新文化运动，意味着中国从制度变革走向观念变革——虽然很多影响尚仅及于知识界。由于这段‘文艺复兴’，历史学家发现了分析历史的秘密——以传统和现代区分历史。这也就是说，20 世纪初前后的‘文艺复兴’，开创了现代中国的范式。”

“不过，从西方文艺复兴历史来看，这场运动时长跨越了 14 世纪至 16 世纪。这就启发我，是否可将从 19 世纪末到现代的中国历史，都纳入‘中国的文艺复兴’之中。我承认，事实未必能成立，但我宁愿将此视为一种分析方法。在这个分析方法里边，20 世纪初前后的‘文艺复兴’，可以视为文艺复兴的第一阶段。30 年代，可视为第二阶段；改革开放三十年，可视为第三阶段。作为分析方法的‘中国的文艺复兴’，或许更接近 Renaissance 的本意‘复兴’而不是仅‘文艺复兴’，所以此中有政治现代化、经济再崛起和思想创造。”

“胡适曾经为他自己界定的‘中国的文艺复兴’归纳四重意义：研究实际问题，输入学理，整理国故，再造文明。以长时段文艺复兴来看，这就不够。长时段的‘中国的文艺复兴’，是要承继胡适等先贤开创的思想范式，凭借改革开放三十年‘对社会的全方位影响’（丁学良语），从而期待十数年后或数十年后，中国能迎来一次美丽的‘全面开花’。那不仅是国家的胜利，更是每个公民、每个创造者的胜利。”

知识分子和祖国

“我是汉代知识分子，我为当时的中国政府建言，九死不悔。今天的中国知识分子，同样可爱。我从这本书——以及当代中国知识分子们的同类著作里，看到了知识分子和祖国的关系。”贾谊目光锐利，“知识分子和祖国的关系，是什么关系？是生死与之的关系。我讲一个我们汉代的故事：范式字巨卿，少游太学，为诸生，与汝南张劭为友。劭字元伯。后元伯寝疾笃，寻而卒。式忽梦见元伯呼曰：‘巨卿，吾以某日死，当以尔时葬。子岂能相及？’式悲叹泣下，驰往赴之。式未及到，而丧已发引，既至圹，而柩不肯进。其母抚之曰：‘元伯，岂有望邪？’遂停柩移时，乃见有素车白马，号哭而来。其母望之曰：‘是必范巨卿也。’巨卿既至，叩丧言曰：‘行矣元伯！死生路异，永从此辞。’会葬者千人，咸为挥涕。式因执绋而引，柩于是乃前”。贾谊说：“知识分子之热爱中国，不若此乎？古人厚道，今犹有！”我们三个不同时代、不同地域的人有些激动起来，正好又听到早晨 8 点钟的钟声。

因为窗口开着，油条豆浆的香味飘了进来。贾谊、古德诺去掉正装，和我一起去吃早餐。我们路过一个地方，名叫“复兴门”。

第五章

清末温和者的成长记：张耀曾事例
（1885—1911）

父执梁济殉清，而张耀曾却走向共和。

张耀曾接受一系列新式教育——从家庭的开明教育，到东文学社，到京师大学堂。在科举制尚未终结之时，张耀曾的新式教育背景，不能不令其认同共和。但作为一名接受日本最好的法学教育长达八年的留学生精英，张耀曾又并不推崇激进革命。尽管他是同盟会会员，并为同盟会《云南》杂志负责人，其办刊风格却不似排满的《民报》，而倡导公民教育和地方自治，吁求通往共和的温和之路。张耀曾的求学经历中名师荟萃，东京帝大尤其有众多法学名家。受此熏陶，张耀曾的法政素养优于众多的留日速成班学员。

作为京师大学堂的首批官派留学生，从留学之初就被设定为留学八年的张耀曾及其同学，与大量的速成班留学生相比，显然更深地浸淫于日本高等教育环境中，也对日本的社会和政治法律状况有了较为深刻的体察。与此同时，既然学费来自清政府，受清政府驻日官员管束更多，这使他们较少成为激进革命派，而具有稳健气质。张耀曾参加了同盟会，赞成共和，以倾覆清廷为目标。但在政见并不完全统一的同盟会中，他属于稳健和温和派。东京一高和东京帝国大学这样层次甚高的大学教育经历，使他在同盟会的稳健和温和派中，成为颇受瞩目的宪法和法律专才。

辛亥鼎革之后，张耀曾的法政实践，深受东京阶段影响。体现为：(1)张耀曾参加同盟会云南支部、主编《云南》杂志之经历，令他与一批云南辛亥精英聚拢在一起。从而，辛亥鼎革成功，年仅27岁的他即成为代表云南的三位中央参议院参议员之一。求学过程中，张耀曾和京师大学堂及云南杂志众多同学同仁结为同道，与谷钟秀、李根源交谊尤深，这成为他们1912年后政治合作的前奏。(2)作为同盟会中的稳健派，张耀曾与同样曾留学东京的宋教仁等一批稳健派志同道合，成为较为激进的孙中山和威权主义的袁世凯之间的中间力量。在民初宪争而不是战争阶段，张耀曾得以被提名为参议院议长的要职人选。(3)由于身出东京帝大法科，张耀曾在参议院和后来的国会众议院，始终担任法律制定和审查方面的负责工作，并作为主要起草人，起草了“天坛宪草”。又基于以上经历与人事关系，他在护国战争结束后，又出任司法总长一职，成为颇有影响的内阁成员。

张耀曾一生追求新政治，推动司法建设。而他从19岁到27岁的东京阶段，无疑型塑了他的专业素养和政治气质。从张耀曾个案这里，我们能够看到，民初法律人和法政人物群体，一般具有颇为充实的成长过程。我们观察这些人物，不仅要看中间路段，也要看起始路段。

第一节　儒学少年，由旧而新

儒学少年

张耀曾，字镕西，[1]1885年7月21日生于北京。其父张士鑣与其祖父张其仁，一为光绪进士，[2]一为道光进士。[3]张士鑣是云南大理人，亦生于大理，其家族乃是大理望族。以是，张耀曾虽然生于北京（1885年），按籍贯却是云南大理人，这就为他后来参加东京的云南同乡会、出任辛亥革命后云南所派中央参议员奠定了基础，牵出一系列他与云南的渊源。

---

〔1〕　亦字蓉溪、蓉西、庸希。

〔2〕　张士鑣的同科进士中有曾在刑部工作18年的沈曾植。沈作为张耀曾的父执辈，与张同为法律人而其学所本不同，盖一旧一新，这旧新之交替，恰好是本书关注对比之处。

〔3〕　张耀曾：《先祖事略》，载《张耀曾先生文存》，法律出版社2004年版，第81页。

张其仁曾先后在四川、安徽、湖南、云南[1]等地任职，张士鑣则主要是做京官，“在阁二十三年，由中书特典籍委署侍读，兼任国史馆校对、文渊阁校理”，[2]这使张耀曾少时的成长与受教育经历，一直在北京完成，故能较便捷地掌握资讯，与亲友中才俊之士交往也较多。张耀曾少时之受教育，分为两个阶段：前一阶段是在自己家中，由父亲授课；后一阶段，就读于北京东文学社，这是日本人办的一所学校。

张家是儒学世家，张其仁著有《静山先生集》，[3]“有醇粹乎儒家正传”，[4]张士鑣则在国史馆兼任职务，“同光诸名臣传多出手订”，[5]家中自然是一派儒学氛围。张耀曾从五岁开始，接受父亲的家庭教育，直到十六岁。但其间，张耀曾觉得读经甚苦，张士鑣便表现出了较大宽容：“耀曾五岁，府君教之读，督课甚勤，然惟顺性诱导，决不拘一格。初课经书，耀曾以为苦而好杂览群籍，府君乃令半日读经，别购历史、方舆、历算、诗文集等书，令以余晷恣览之。”[6]到张耀曾十二岁

---

〔1〕 张耀曾：《先祖事略》，载《张耀曾先生文存》，法律出版社2004年版，第82页。

〔2〕 张耀曾：《先考励吾府君先妣陆太夫人行状》，载《张耀曾先生文存》，法律出版社2004年版，第33页。

〔3〕 姚佐绶等编：《中国近代史文献必备书目（1840-1919）》，中华书局1996年版，第406页。

〔4〕 张耀曾：《静山先生集跋》，载《张耀曾先生文存》，法律出版社2004年版，第84页。

〔5〕 张耀曾：《先考励吾府君先妣陆太夫人行状》，载《张耀曾先生文存》，法律出版社2004年版，第33页。

〔6〕 同上注。

时，乃是1896年、1897年，此时《马关条约》已签，京师为之震动，维新呼声迭起，少年耀曾虽未接触到时务资讯，其父亲作为内阁文书官员，当然了悉。此时，耀曾益发为传统儒学教育所苦，其父更加宽容："十二岁时，府君课以制艺，并令试作，耀曾又以为苦，即令弃之，不复课。"[1]逐渐地，当时务资讯从天津辗转传布到少年这里并引起其极大兴趣时，他的父亲进一步放松了传统教育，而放容耀曾购买新潮报纸。可以说，在家庭教育的后期，张士鑢已经完全放手了。"戊戌前一年，都下谈时务者犹少，亲友某自天津归，携某日报数纸，耀曾读之，爱不释手，府君即令购数年无间。自是读书，悉令自择，府君惟数月一课策论而已。"[2]这种完全放手，使张耀曾思想不受限制于传统儒学教育，而视野开阔，吸纳西学。但是，在科举考试选拔人才的历史情境里，张士鑢能尊重其子选择，又确有勇气。我们还应看到，张士鑢在教育上的放手，既是时务使然，也与其亲友环境有关。来往极为密切的亲戚梁济，后来对其子梁漱溟的教育，尤为放松放手，梁漱溟说："我没有读过中国的'四书五经'；四书五经没有在我小时经老师教过，只是到后来自己选择着看过而已。这在与我同样年纪又且同样家世的人所绝无仅有。不读经何以这样早？那

〔1〕　张耀曾：《先考励吾府君先妣陆太夫人行状》，载《张耀曾先生文存》，法律出版社2004年版，第33页。

〔2〕　同上注。

自然是出于父亲的主张。”[1]像张士鑣与梁济这样的内阁文官，作为旧人与新人的承启一代，他们思想中有恋旧的一面，却亦宽容地放任子女吸纳西学、新学。

由旧而新：就读北京第一所新式学校

1901 年年初[2]，京师东文学社张榜开学，张耀曾告别家庭教育，开始在外接受西式学校教育。东文学社是北京的第一所新式学校，后来也被称为“日本人在中国所设立最出色的学校”。[3]学校创立者中岛裁之 1891 年来到中国，足迹遍布十四省，曾参加东亚同文会。[4]他热爱中国，[5]试图推进中日文化交流。1898 年，中岛裁之任教于保定莲池书院，以流利的中文，为学生讲授日文与英文课程，并拜书院山长、曾国藩的门人、李鸿章极为欣赏的学者、严复的好友、前冀州知州吴汝纶为师。张耀曾后来在京师大学堂的同学，以及更后来的政治合作者谷钟秀，曾经是莲池书院的学生，而吴汝纶，在张耀曾进入京师大学堂那一年，亦曾任京师大学堂总教习

〔1〕 梁漱溟：《回顾家世与生平并试作检讨》，载《忆往谈旧录》，陕西师范大学出版社 2009 年版，第 4 页。

〔2〕 张耀曾称“庚子年冬”，是阴历与阳历的差别。参见张耀曾：《先考励吾府君先妣陆太夫人行状》，载《张耀曾先生文存》，法律出版社 2004 年版，第 33 页。

〔3〕 [日]实藤惠秀：《中国人留学日本史》，谭汝谦、林启彦译，三联书店 1983 年版，第 66 页。

〔4〕 [美]任达：《新政革命与日本》，李仲贤译，江苏人民出版社 1998 年版，第 84 页。

〔5〕 其墓志铭即为：“一个热爱中国，志大才疏的人”，见上注，任达书，第 87 页。

（详见后文）。谷钟秀回忆1898年的吴汝纶说，“戊戌八月，政变于廷……余以梗识，不理于群，先生一言，如丝解棼”〔1〕，这正是中岛裁之任教之时；谷钟秀又称赞吴汝纶主管的莲池书院“盛矣时髦”，“聘师方外，以傅以咻”，〔2〕这也都包含了对中岛裁之的夸奖。后来中岛裁之回国，于1901年年初来到北京，拜访吴汝纶，一拍即合，决定在北京开设一所新式学校：东文学社。他们起草的《创立东文学社章程》写道：“欲求振刷中国，非整顿教育不可，今同志之士，议定设东文学社。”这些“同志之士”，包括户部郎中廉泉、刘鹗、王仪郑等。〔3〕学校资助者为学校提供了创始经费。除一些日本人资助外，尚有刘鹗资助1000元，袁世凯资助3000元，盐运使杨宗濂受李鸿章之命每月捐助100两。〔4〕1901年3月，即行开学。学校招生条件，极为宽泛，只有两条：一是基本上能读能写；二是身体健康，不食鸦片。第一所新式学校，加上这种宽松的招生条件，又加上李鸿章、袁世凯等人的支持，自然报名者众，第一批预定招收30名学生，一周报名的就达到180人。且学

〔1〕 谷钟秀：《祭桐城先生文》，载《吴汝纶全集》第4卷，黄山书社2002年版，第1164页。

〔2〕 同上注。

〔3〕 董守义、袁闾琨编译：《日本与中国近代教育》，辽宁教育出版社1993年版，第13页。

〔4〕 ［日］实藤惠秀：《中国人留学日本史》，谭汝谦、林启彦译，三联书店1983年版，第66页。

生来源不拘一格，既有翰林，也有布衣和小学生。[1]

既是新式学校，课程自是不同。学校按照学生年龄与经历的不同，分为面向成人的专门班（主要培养日语翻译能力）和面向少年的普通班。少年张耀曾上的必是普通班，其课程有日语，也有历史、地理等。先后有 56 名日本人在学校任教。[2]虽然后来由于经费不济以及中岛裁之健康的原因，在中岛于 1906 年请袁世凯批准后，东学文社被划归直隶学务处，由留日归来的张绪英接管，改名直隶官立中学校，并仍于不久后关闭，[3]但毕竟它开了北京新式学校的风气之先，在开办之初受到欢迎和关注，自属正常。张士鑣能够“亟令”[4]张耀曾入学，既给了张耀曾接受日人新式教育的机会，也再一次显现了他作为一名晚清京官的开放度。

就在张耀曾就读东文学社的第二年，1902 年 6 月[5]，张士鑣离开人世，将全家托付给“过从甚密，遇事相谋”[6]、当时在皇史宬就职的梁漱溟父亲梁济。张士鑣去世，四壁萧

〔1〕［美］任达：《新政革命与日本》，李仲贤译，江苏人民出版社 1998 年版，第 84 页。

〔2〕［日］实藤惠秀：《中国人留学日本史》，谭汝谦、林启彦译，三联书店 1983 年版，第 67 页。

〔3〕同上注。

〔4〕张耀曾：《先考励吾府君先妣陆太夫人行状》，载《张耀曾先生文存》，法律出版社 2004 年版，第 33 页。

〔5〕梁漱溟：《桂林梁先生遗书》之年谱，载《梁漱溟全集》第 1 卷，山东人民出版社 1989 年版，第 575 页。

〔6〕张耀曾：《先考励吾府君先妣陆太夫人行状》，载《张耀曾先生文存》，法律出版社 2004 年版，第 34 页。

然，身后无以为殓，[1]梁济颇为辛苦，寻访函问其同事同乡同年，[2]方办得葬礼。梁济亦将张士鑣夫人陆嘉年及众子女接到其在北京宣南的扁担胡同宅中。距扁担胡同不远处为南海会馆，康有为几年前曾居于此，谭嗣同旧居亦在不远处。而稍远处，则为金井胡同，刚刚在上月获得修订法律大臣任命的刑部左侍郎沈家本两年前搬来此处。

第二节　"修律元年"，在京师大学堂

修律元年的京师大学堂

从家庭来说，父亲去世，家道中落，生活不易，这不能不促使 17 岁的张耀曾在磨砺中成熟。与此同时，自少关心时务的他也不会忽视朝廷的积极变化：1902 年是清末的"修律元年"，直隶总督袁世凯、两江总督刘坤一、湖广总督张之洞"会保刑部左侍郎沈家本、出使美国大臣伍廷芳[3]修订法律，

〔1〕 梁漱溟：《桂林梁先生遗书》之年谱，载《梁漱溟全集》第 1 卷，山东人民出版社 1989 年版，第 575 页。

〔2〕 张耀曾：《先考励吾府君先妣陆太夫人行状》，载《张耀曾先生文存》，法律出版社 2004 年版，第 34 页。梁济记录说："张励吾夫妇先后殁，向其己卯、庚辰乡会两榜同年寄讣将及百函，募集赙款。"见梁漱溟：《桂林梁先生遗书》之年谱，载《梁漱溟全集》第 1 卷，山东人民出版社 1989 年版，第 575 页。

〔3〕 对于沈伍排名，苏亦工指出："在光绪二十八年（1902）年四月六日的任命上谕中，沈氏排名在伍氏之前，而在以后两人主持修律的期间，沈氏的排名却更多地落在伍氏之后。"参见苏亦工：《重评清末法律改革与沈家本之关系》，载《法律史论集》第 1 卷，法律出版社 1998 年版。

兼取中西。旨如所请，并谕将一切现行律例，按照通商交涉情形，参酌各国法律，妥为拟议，务期中外通行，有裨治理。自此而议律者，乃群措意于领事裁判权。是年刑部亦奏请开馆修例。”[1]有意思的是，不出数年，亦即五年之后，新一代法律家们——张耀曾后来的法学同侪王宠惠、江庸等“法学精研或才识优裕之人”就加入了这一机构。[2]1902 年 6 月，中英《上海会审公廨合同》亦签署，二十年后，张耀曾出任法权讨论委员会委员长，专为解决此类治外法权问题。在人生成熟的这一年，法律氛围的浓厚一定影响了张耀曾与他同侪们后来的求学与职业选择。也就在这一年的秋天，京师大学堂复开了招生之门。

1902 年年初，清廷恢复了京师大学堂，规格很高，由工部尚书张百熙担任管学大臣，出掌该校。张百熙为建立京师大学堂声誉和影响力，极为专注，并选聘原莲池书院山长吴汝纶为总教习[3]。（某种程度上这也进一步延续了吴汝纶和张耀曾的联系，所以后来张元济称张耀曾是吴汝纶的学生[4]，吴汝纶在莲池书院和东文学社的办学也一定增进了谷钟秀

---

〔1〕《清史稿·刑法志》。

〔2〕尚小明：《留日学生与清末新政》，江西教育出版社 2003 年版，第 116 页。

〔3〕张百熙长跪不起，礼聘学者吴汝纶为总教习，可见其对事业的专注与虔诚。参见《清史稿·张百熙传》及邹树文（京师大学堂师范馆第一届学生）：《北京大学最早期的回忆》，载《北京大学五十周年纪念特刊》，北京大学出版社 1948 年版，第 4 页。

〔4〕张耀曾四名女儿张宁珠等撰，张元济执笔：《先考镕西府君行述》，载《张耀曾先生文存》，法律出版社 2004 年版，第 509 页。

与张耀曾的亲近感。）张百熙称赞吴汝纶在莲池书院的业绩，“北方学者以其门称盛，允为海内大师”〔1〕。但是，在科举制依然存续的当时，是否选择京师大学堂，对读书人来说实有抉择之难。毕竟，京师大学堂的毕业证，在当时不及科举功名来得名正言顺。事实上，就在京师大学堂开学之后，录取的学生中仍然有不少人请假参加科举考试，出现了“至四月乡试渐进，乞假去者盖十之八九焉，暑假后人数寥落如晨星”〔2〕的状况，学生们“科举思想尚未忘怀”。〔3〕可以说，科举和京师大学堂，在当时代表现实与理想、从旧与从新的选择，而张耀曾作为新式学校的学生，自然选择的是新式中学与新式大学，以至于一年后加入远渡东瀛的“新”字序列。当丧父的张耀曾表示愿意投考该校时，他得到了母亲的支持。〔4〕当支持张耀曾趋新的父亲去世之后，母亲继续鼓励他趋新。对于开放趋新的人来说，其共识恰如吴汝纶后来在日所言：“庚子以后，举国知新学之不可不讲，旧学知不足以图存。”〔5〕

在“修律元年”，法律问题不仅在法律界引发关注，连京

---

〔1〕《张百熙奏举吴汝纶为京师大学堂总教习折》，载《北京大学史料（1898—1911）》（第1卷），北京大学出版社1993年版，第305页。

〔2〕王仪通：《京师大学堂同学录序》，载《中国近代教育史资料汇编·高等教育》，上海教育出版社2007年版，第14页。

〔3〕王道元（京师大学堂师范馆第一届学生）：《早期的北京师范大学——京师大学堂师范馆》，载《文化史料》第4辑，文史资料出版社1983年版，第132页。

〔4〕张耀曾：《先考励吾府君先妣陆太夫人行状》，载《张耀曾先生文存》，法律出版社2004年版，第35页。

〔5〕檀赵金：《吴汝纶考察日本学制史料》，载《历史档案》1993年第1期。

师大学堂的仕学馆入学考试题都有两科涉及法律。政治题为："不成文法与成文法有何异同点？"交涉题为："拿破仑法典中三大原则若何？试条举之。"[1]张耀曾正是在这样的法律氛围中，于 1902 年 12 月 17 日走入了京师大学堂师范馆，成为师范馆总录取的 146 名学生之一。这一年的京师大学堂考试，学生分为两馆，仕学馆和师范馆，仕学馆学生皆为"五品以下，八品以上，以及外官候选，暨因事留京者"[2]的官员，张耀曾作为 17 岁的京师东文学社毕业生，只能入师范馆。师范馆的录取比例，是大省 7 人，中省 5 人，小省 3 人。[3]

在京师大学堂

经过开学典礼极为庄重的祭孔子与拜师大礼，[4]张耀曾入读京师大学堂。当时的学校管理层构成是：管学大臣张百熙、会同管学大臣荣庆，总教习吴汝纶、副总教习张鹤龄、蒋式瑆。"管学大臣乃全堂之师表"，"中、东、西各教习为同人受学之师"。[5]荣庆是满族官员，任命的理由是"言官奏称本

---

〔1〕 萧超然等：《北京大学校史》，北京大学出版社 1988 年版，第 21 页。

〔2〕《张百熙奏筹办京师大学堂情形疏》，载《北京大学史料第 1 卷（1898—1911）》，北京大学出版社 1993 年版，第 53 页。

〔3〕 萧超然等：《北京大学校史》，北京大学出版社 1988 年版，第 21 页。

〔4〕《大学堂告示底册》，载《北京大学史料（第 1 卷）（1898—1911）》，北京大学出版社 1993 年版，第 56 页。11 年后，张耀曾作为宪法起草委员会委员讨论关于孔教入宪的问题，他的态度是尊重儒学，但反对孔教入宪。

〔5〕《京师大学堂同学录》，载《中国近代教育史资料汇编·高等教育》，上海教育出版社 2007 年版，第 14 页。

朝定制，部官大率满、汉相维，请更设满大臣主教事，乃增命荣庆为管学大臣”。[1]实是清廷派来掣肘张百熙的人。[2]这种情况，自然使张百熙和荣庆在工作中颇有不契合处，大抵张百熙从学生角度和教学角度考虑，而荣庆更多考虑的是清廷中央的意志和利益。[3]吴汝纶实际未曾到任，他接受任命不久就赴日考察，以为既然上任，“天下之大，匹夫有责，辞焉不获，遂渡海至此，且欲求访学制归国，考其他良法美意”。[4]充满豪气，但旋即遭遇挫折。吴汝纶因在日本成城学校入学事件里留学生吴敬恒与驻日本公使蔡钧的对峙中，[5]对留学生们表示了同情，遭到蔡钧的报复。[6]这种报复，又与清廷中央对张百熙办学维新的批评形成交响，终于使充满抱负的吴汝纶忧愤而死，张百熙失去一大事业支柱。“汝纶请赴日本察视学务。大学教职员皆自聘，又薪金优厚，忌嫉者众，蜚语浸闻。汝纶返国，未至京，卒。”[7]但张耀曾后来编辑的《京师大学堂同学录》依然将吴汝纶列入，由此可见吴汝纶在学生中影响力犹在，旧学醇厚、维新志坚的吴汝纶成了大学堂学生

〔1〕《清史稿·张百熙传》。

〔2〕戴逸：《荣庆其人与荣庆日记》，载戴逸：《步入近代的历程》，辽宁大学出版社1992年版，第194页。

〔3〕［美］魏定熙：《北京大学与中国政治文化》，金安平等译，北京大学出版社1998年版，第22页。

〔4〕檀赵金：《吴汝纶考察日本学制史料》，载《历史档案》1993年第1期。

〔5〕［日］实藤惠秀：《中国人留学日本史》，谭汝谦、林启彦译，三联书店1983年版，第354页。

〔6〕萧超然等：《北京大学校史》，北京大学出版社1988年版，第20页。

〔7〕《清史稿·张百熙传》。

中间不在场的精神领袖。张百熙和吴汝纶受到的批评之一，是“以学堂为无父无君之地”，荣庆则坚持认为要做到“以中国政教之固有，而亟发明以拒异说”。由此可见，在京师大学堂管理层，怀着维新大志的张百熙和吴汝纶，与固守往旧观念的清廷代言人荣庆之争，实际是中国发展方向的争论在教育领域的体现。正因为张百熙的坚持，张耀曾等人才得以接受新式教育，并能在一年后远渡重洋。

大学堂的正教习服部宇之吉、岩谷孙藏、副教习杉荣三郎、太田达人均为日本人。各分教习则主要是中国人和欧洲人。日文分教习，是一些留学归国的中国人，如陆宗舆、章宗祥、范源濂、吕烈辉和胡宗瀛。陆宗舆、章宗祥和范源濂，十年后都与张耀曾发生了不少政治上的联系。章宗祥与张耀曾曾先后担任司法总长；范源濂则曾与张耀曾同为内阁成员。“民五同壬阁员，颇相契洽”。〔1〕从调用范源濂的情形来看，其过程甚为紧急，1902 年 12 月 11 日范源濂刚刚从日本回到湖南，就收到京师大学堂的调令。〔2〕大学堂的国学教师，“都是海内外名士”〔3〕，但对于国学课程，“学生多不感兴趣”。〔4〕由

〔1〕《求不得斋日记》(1927 年 12 月 24 日)，载《张耀曾先生文存》，法律出版社 2004 年版，第 219 页。

〔2〕《湖南巡抚回覆京师大学堂调范源濂充助教文》，载《北京大学史料(1898—1911)》(第 1 卷)，北京大学出版社 1993 年版，第 306 页。

〔3〕俞同奎：《四十六年前我考进母校的经验》，载《北京大学五十周年纪念特刊》，北京大学出版部 1948 年版，第 11 页。

〔4〕王画初(王道元，京师大学堂师范馆第一届学生)：《记优级师范馆》，载《北京大学五十周年纪念特刊》，北京大学出版部 1948 年版，第 8 页。

此可见学生之求新心理。

服部宇之吉与岩谷孙藏是授课教师中的核心人物。[1]服部宇之吉是东京帝国大学博士，研究中国哲学，亦是东京帝大的助教授，北京话流利。岩谷孙藏是德国博士，[2]京都帝国大学法学教授。[3]服部宇之吉是师范馆正教习，也就是实际上的师范馆负责人，他于1902年来到中国，与清廷签约，任职四年。范源濂担任服部宇之吉的助教。[4]这些日本教师在京师大学堂的表现收到了当时日本书部大臣的高度肯定：在京师大学堂任教的诸位同仁，资性笃实，学识赅博，所见稳妥，对清帝国教育贡献之处甚多，对中日两国关系亦有间接裨益。[5]1924年，时任北京师范大学校长的范源濂指出，中国的师范教育，是由服部博士翻开了第一页。[6]

张耀曾所读的京师大学堂师范馆，课程设定是四年。按照学校当时的章程（1903年1月颁布，该章程在第一批开

〔1〕　刘勋（京师大学堂师范馆第一届学生）：《我所知道的京师大学堂》，载《文史资料存稿选编》第24册，全国政协、文史资料委员会编，中国文史出版社2002年版，第747页。

〔2〕　[美]魏定熙：《北京大学与中国政治文化（1898—1920）》，金安平等译，北京大学出版社1998年版，第20页。

〔3〕　[日]荫山雅博：《清末教育的近代化过程与日本教习》，载《国外中国近代史研究》第10辑，田正平译，中国社会科学出版社1988年版，第106页。

〔4〕　北京师范大学校史编写组编：《北京师范大学校史（1902-1982）》，北京师范大学出版社1982年版，第9页。

〔5〕　[日]荫山雅博：《清末教育的近代化过程与日本教习》，载《国外中国近代史研究》第10辑，田正平译，中国社会科学出版社1988年版，第106页。

〔6〕　[美]任达著：《新政革命与日本》，李仲贤译，江苏人民出版社1998年版，第84页。

学时尚未颁布[1]），师范馆第一年的课程包括："伦理，考中国名人言行。经学，考经学家家法。教育，学教育宗旨。习字，楷书。作文，作记事文。算学，加减乘除、分、比例、开方。中外史学，本国史典章制度。中外舆地，全球大势、本国各境、兼仿绘地图。博物，动植物之形状及构造。物理，力学、声学、热学。化学，考质。外国文，音义。图画，就实物模型授毛笔画。体操，器具操。"[2]这的确符合师范馆培养师资人才的设定目标，旨在将来充实师资，让学生们能推进未来的教育改革。"先造就一班师范人才，以储师资。"[3]这些课程对于已经在新式学校学习过的张耀曾来说，应不属难事。张耀曾的同学邹树文后来回忆："有一天有人问我那时候读的是什么课程，即有人插嘴说大概多部分是经典。我们所读的书，并不如此，现代科学是占最大成分的。"[4]师范馆又按专业分四类，相当于后来的四个系：第一类以中外语言为主，第二类以中外史地为主，第三类以数学物理化学为主，第四类以动植物博物为主。[5]教学过程中，学校当时没

---

〔1〕 邹树文：《北京大学最早期的回忆》，载《北京大学五十周年纪念特刊》，北京大学出版部1948年版，第3页。

〔2〕《钦定京师大学堂总章程》，载《北京大学史料（1898—1911）》，北京大学出版社1993年版，第92页。

〔3〕 俞同奎：《四十六年前我考进母校的经验》，载《北京大学五十周年纪念特刊》，北京大学出版部1948年版，第11页。

〔4〕 邹树文：《北京大学最早期的回忆》，载《北京大学五十周年纪念特刊》，北京大学出版部1948年版，第3页。

〔5〕 刘勋：《我所知道的京师大学堂》，载《文史资料存稿选编》全国政协，文中资料文员会编，中国文史出版社2002年版，第749页。

有教科书，由各教习将讲义编好交学堂印刷处。不擅中文的外国教习的讲义则用本国语言编好，由翻译人员译成中文。讲课亦然，由外国教习以本国语言讲授，复由翻译人员译成中文。[1]

张耀曾在他的仕学馆和师范馆同学里，年纪显然偏小。这些学生大多是二三十岁。他们中间，有张耀曾后来的重要政治合作者谷钟秀（25岁，师范馆），有张耀曾的云南同乡席聘臣（23岁，师范馆）、由云龙（23岁，师范馆），有到日本后往来密切的范熙壬（26岁，仕学馆）、王桐龄（24岁，师范馆），有后来同为国会议员并任议长的吴景濂（31岁，师范馆），有同往日本、后来曾任大理院院长的余棨昌（22岁，仕学馆），后来的北京大学法科的同事钟赓言（22岁，师范馆），有投身交通行业的叶恭绰（23岁，仕学馆），有投身教育的廖道传（27岁，师范馆），有投笔从戎的丁作霖（28岁，师范馆）……张耀曾晚年陈述，他的合作者都是早年相识的贫贱之交，“喜讲交情而不喜附权要……以前所共事之要人，皆系贫贱或患难之交”[2]，一部分京师大学堂同学显然形成了他后来政治生活的第一个合作群体，同气相求。

---

〔1〕 刘勋：《我所知道的京师大学堂》，中国文史出版社2002年版，第749页。

〔2〕《求不得斋日记》（1931年12月4日），载《张耀曾先生文存》，法律出版社2004年版，第346页。

拒俄风潮：20 世纪中国的第一次学生运动

地处马神庙的京师大学堂并不是桃花源。学生们在读书，国中环境每次刺激他们，令这些青年心中不平则鸣。当时师范馆的学生王道元晚年回忆说："政治思想的转变都是由外界条件刺激引起"，《新民丛报》几乎人手一册，成为普遍的读物。〔1〕1903 年的拒俄运动，成为张耀曾、谷钟秀等学生振臂一呼校中举事的大举动。谷钟秀草拟《京师大学堂师范馆、仕学馆学生上书管学大臣代请奏拒俄书》，1902 年 4 月，俄国与清廷签署《交收东三省条约》，确定撤军，然无实际行动，复于 1903 年 4 月重归营口，提出七项要求。此事与日本利益攸关，日籍教师此时纷纷请假，仕学馆总教习岩谷孙藏告诉学生："中国之存亡，在此一观……教育者，养全国之忠爱精神。若亡国之时，学生绝无影响；以日本学生例之，当痛哭流涕，结大团体，发大宏愿，决不令政府以此地与俄。中国学生俱属亡国性质，我不屑教，当即回国矣！"于是掀起学生怒火。4 月 30 日，京师大学堂学生鸣钟上堂，范源濂演说利害，言至痛哭流涕。学生们齐声应许，声震天地。〔2〕学生登台讨论，提出四点做法：(1) 各省在京官绅告电该省督抚力争。

---

〔1〕 王道元：《早期的北京师范大学——京师大学堂师范馆》，文史资料出版社 1983 年版，第 132 页。

〔2〕 《京师大学堂学生公致鄂垣各学堂书》，载《中华民国史资料丛稿·拒俄运动》，中国社会科学出版社 1979 年版，第 146 页。

（2）全班同学致电各省督抚力争。（3）致电各省学堂力争。（4）上禀管学大臣代奏。未参与者，仅有一人，为仕学馆学生靳某在宿舍联系殿试策子，以便进行殿试，遭到了《大公报》记者的嘲讽。[1]

会后，谷钟秀受大家所托起草《京师大学堂师范、仕学两馆学生上书管学大臣请代奏拒俄书》。指出“存亡之机，间不容发。积火将燃，共为劫灰，大厦将倾，同受覆压。学生等之一身一家亦莫不在其中，顾敢垂涕而道。即祈奏请我皇上迅速乾断，联英、日以拒俄，措天下于安也”。拒俄书拟就后，包括张耀曾在内的师范馆学生 67 人签名，仕学馆 6 人签名。两天后，师范馆学生又呈上《京师大学堂师范馆全班学生请政务处代奏书》：“十数年以来，枢府诸臣以联俄为唯一不二之宗旨，一误再误……然生等皆国民之一分子，有报效国家之责任，平居窃叹，念国制之抢攘如此，列国之强横之如彼，故不避斧钺之诛，冒读上陈。……力拒俄约，以保全大局，一面乘时展布新政，以图自强，数年之后，国势必有可观。”[2]他们亦发出《京师大学堂学生公致鄂垣各学堂书》中，指出：“东三省系我等四万万人之东三省，非政府私有之东三省”，呼吁“同为中国之人，当事中国之事”，“与其坐而亡，不如争而亡，

〔1〕《记京师大学堂学生拒俄事》，载《大公报》1903 年 5 月 3 日。
〔2〕《京师大学堂师范馆全班学生请政务处代奏书》，载《中华民国史资料丛稿·拒俄运动》，中国社会科学出版社 1979 年版，第 149 页。

庶海外各国见我国尚有士气也！”[1]这些举动和言论彰显出青年学生的凛凛生气，是为 20 世纪第一次学生运动。

当学生集会第一天，学校即挂出告示，指出“非学生分内之事”，学生扯去，第三日学校复出告示，指责学生不守纪律。[2]张百熙作为管学大臣对学生表示了同情，引致清廷不满而派来张之洞处理问题，平抑学生情绪。[3]伴随学潮结束，本来原定学生毕业之后可以赴东西方各国深造，部分同学要求提前施行留学，得到同意。[4]与张之洞和荣庆政见不合的张百熙对此响应颇为积极。[5]

第三节　留学东京

留日的筹划

京师大学堂当时的师资毫不宽裕，这让张百熙萌生或同

〔1〕《京师大学堂学生公致鄂垣各学堂书》，载《中华民国史资料丛稿·拒俄运动》，中国社会科学出版社 1979 年版，第 146 页。

〔2〕萧超然等：《北京大学校史》，北京大学出版社 1988 年版，第 30 页。

〔3〕［美］魏定熙：《北京大学与中国政治文化》，金安平等译，北京大学出版社 1998 年版，第 20 页。

〔4〕王道元：《早期的北京师范大学——京师大学堂师范馆》，载《文化史料》第 4 辑，文史资料出版社 1983 年版，第 129 页。

〔5〕萧超然等：《北京大学校史》，北京大学出版社 1988 年版，第 31 页。

意了从在读学生中选拔留学生去海外攻读的想法。张百熙借鉴了日本的案例：明治八年，送学生赴欧美，十三年留学生归，撑起了日本的大学教育。张百熙上奏请求“多派学生分赴东西洋各国学习专门，以备将来学成回国，可充大学教习，庶几中国办理学堂尚有不待借材操纵自如之一日，早为之计，应用无穷。”〔1〕这次选派，共派 47 人赴海外留学，其中 31 人赴日本，16 人赴西洋各国，计划留学期限是七年。是为京师大学堂派出的第一批留学生。〔2〕晚清送留学生出国以来，赴日本者一直居多。按照张百熙的预算，31 名赴日学生费用，不过九万两银子，而 16 名赴西洋各国的学生，却需十万两。〔3〕但张百熙的留学决策遭到荣庆的反对，《清史稿》记载：“始议分建七科大学，又选派诸生游学东西洋。荣庆意不谓可，而百熙持之坚。”〔4〕张百熙送张耀曾等人出国，开创历史，也因此权力下降：“各省之派官费生自此始。值张之洞入觐，命改定学章，及还镇，复命家鼐为管学大臣。凡三管学，百熙位第三矣。”〔5〕张百熙请服部宇之吉与日本书部联系，确定留

---

〔1〕《张百熙奏派学生赴东西洋各国游学折》，载《中国近代教育史资料汇编·留学教育》，上海教育出版社 2007 年版，第 19 页。

〔2〕萧超然等：《北京大学校史》，北京大学出版社 1988 年版，第 24 页。该书将“张耀曾”误植为“张耀增”。

〔3〕《张百熙奏派学生赴东西洋各国游学折》，载《中国近代教育史资料汇编·留学教育》，上海教育出版社 2007 年版，第 19 页。

〔4〕《清史稿·张百熙传》。

〔5〕《清史稿·张百熙传》。

日学生的具体去向。[1]

1903 年 12 月 3 日，在留日之前，张耀曾与同学黄艺锡编撰了《京师大学堂同学录》，并请京师大学堂上海译书分局办前文案提调王仪通与同学谷钟秀撰写了序言。王仪通记录：“师范馆黄君润书、张君镕西将游学日本，以所辑同学录一册属志缘起。”[2]王仪通在溥仪登基后避讳改名为王式通[3]，后是袁世凯亲信，民国建元后的 1912 年曾短暂任司法部次长并暂代总长。这就是说，当时的京师大学堂师生出了四位民国司法总长（或代总长）：王式通、章宗祥、张耀曾、朱深。

继父亲张士鑣上年去世后，1903 年夏天，张耀曾母亲陆嘉年去世，临终对张耀曾寄予厚望。[4]此时，情同一家人的梁济支持了张耀曾的留学选择。事实上，梁济早在 1898 年就期待下一代能出洋学习，“每访问通人研究世界大势，随以所闻札记之。家贫亲老，自憾不获远游，谆谆以教子弟出洋为言。有‘务必以出洋当一件正大要紧之事，勿惜费，勿惮劳、即使竭尽大半家资亦不为过’之语”。[5]

---

〔1〕 章宗祥：《任阙斋主人自述》，载《上海文史资料存稿汇编》第 1 册，上海古籍出版社 2001 年版，第 52 页。

〔2〕 王仪通：《京师大学堂同学录序》，载《中国近代教育史资料汇编·高等教育》，上海教育出版社 2007 年版，第 15 页。

〔3〕 张伯驹：《春游琐谈》，中州古籍出版社 1984 年版，第 63 页。

〔4〕 张耀曾：《先考励吾府君先妣陆太夫人行状》，载《宪政救国之梦》，法律出版社 2004 年版，第 35 页。

〔5〕 梁漱溟：《桂林梁先生遗书》之年谱，载《梁漱溟全集》第 1 卷，山东人民出版社 1989 年版，第 573 页。

1904年年初，张耀曾等47人赴海外，张耀曾从此远赴东瀛，踏上七年的留学之旅。服部宇之吉1904年临时回日本时发表演讲指出，这些留学日本的学生被送到东京第一高等学校，七八年后回国，他们将担任分科大学的教授。[1]隆冬季节，京师大学堂管学大臣张百熙来到前门外火车站，[2]“亲至站送诸生登车”。[3]在火车站送行的亦有张耀曾的表舅梁济。[4]

在东京一高：清末公派留学生的使命

京师大学堂教师章宗祥担任了张耀曾等31名赴日留学生的护送委员，教师王仪通之子王荫泰作为自费生也加入了行列。他们先到天津，再赴日军驻守的秦皇岛，乘船到日。教师范源濂则是留学生们的学务专员，[5]对张耀曾等人多有照料，与他们进一步结下师生之谊。[6]

按照计划，张耀曾等人来到东京第一高等学校，先读一

---

〔1〕［日］荫山雅博著：《清末教育的近代化过程与日本教习》，田正平译，中国社会科学出版社1988年版，第110页。

〔2〕张希林、张希政：《恢复重建京师大学堂的张百熙》，载《北京大学学报（哲学社会科学版）》1998年第2期。

〔3〕《清史稿·张百熙传》。

〔4〕梁漱溟：《桂林梁先生遗书》之年谱，载《梁漱溟全集》第1卷，山东人民出版社1989年版，第576页。

〔5〕章宗祥：《任阙斋主人自述》，载《上海文史资料存稿汇编》第1册，上海古籍出版社2001年版，第53页。

〔6〕《求不得斋日记》（1927年12月24日），载《张耀曾先生文存》，法律出版社2004年版，第219页。

年预科，再读三年正科，毕业后与日本学生一同参加考试，进入大学学习。[1]东京第一高等学校分为三部：第一部是文科、法科，第二部是理科、工科、农科、医药学科，第三部是医科。[2]初到一高的张耀曾，即确定攻读法科，但最先确定的专业是法科中的"理财学"，即经济学，并偏重于其中的财政方向。[3]当时读法科的同学其各自专业是：黄德章，读私法，偏重民法；余棨昌，读私法，偏重商法；曾仪进，读交涉学，偏重国际公法和国际私法；朱献文，读刑法；屠振鹏，读公法；范熙壬，读统计学；周宣，读政治学；朱深，读民事刑事诉讼法。[4]这些攻读法科的同学，后来大部分进入法政领域，担任要职。范熙壬和朱献文 1907 年 11 月被沈家本调入修订法律馆（范熙壬被张之洞"饬其仍赴东就学"而未到职）[5]，朱献文 1908 年参与《大清民律草案》的起草，担任亲属编的主要撰稿人；[6]黄德章 1909 年与朱献文参加游学生廷试，并被授以官职；[7]余棨昌 1921 年任大理院院长；朱深 1918 年任司法总长；朱献文 1918 年任京师高等审判厅厅长；曾仪进后改名

〔1〕 章宗祥：《任阙斋主人自述》，载《上海文史资料存稿汇编》第 1 册，上海古籍出版社 2001 年版，第 52 页。

〔2〕 刘绍宽：《东瀛观学记》，载陈庆澄等：《东游日记·湖上答问·东瀛观学记·方国珍寇温始末》，上海古籍出版社 2005 年版，第 87 页。

〔3〕《派遣游学类志·留学分科》，载《东方杂志》1904 年第 2 期。

〔4〕《派遣游学类志·留学分科》，载《东方杂志》1904 年第 2 期。

〔5〕 尚小明：《留日学生与清末新政》，河北教育出版社 2007 年版，第 116 页。

〔6〕 朱勇：《中国法制通史·第九卷》，法律出版社 1999 年版，第 212 页。

〔7〕《清史稿·宣统皇帝本纪》。

曾彝进，归国后初任工部、邮传部主事，曾与王仪通同任袁世凯内史(秘书)副长；范熙壬1913年与张耀曾同为第一届国会议员、宪法起草委员会委员。张耀曾的云南同乡席聘臣后来改学法政科，1910年参加第四届游学生廷试，[1]后来与张耀曾同为国会议员。

东京第一高等学校知名度颇高，其学制处于大学的预科阶段。在张耀曾就读该校的四年时间里，两位著名学者狩野亨吉和新渡户稻造先后担任校长。狩野亨吉是一位"庄雅可敬爱"[2]的著名哲学学者，新渡户稻造则是著名农学家，其头像曾印于日元钞票。校长如此优秀，整体教育水平可知。在张耀曾等人就读时，该校设施齐备，图书馆藏书三万部，分类科学；理科实验室设施齐备，[3]引起1902年和1904年分别前来参观的严修、刘绍宽这两位中国参观者的赞叹。学校教学要求严格，"英德法三国语，每科必兼习其二"。[4]一高的宿舍实行学生自治，[5]张耀曾与王桐龄曾为室友，"同住日最久"。[6]王桐龄后忆他在一高住宿舍两年，以后就一直与学友

〔1〕《阿穆尔灵圭等为请分别给予游学毕业生等第及出身事奏折》，载《宣统二年归国留学生史料》1997年第2期。

〔2〕严修：《严修东游日记》，天津人民出版社1995年版，第83页。

〔3〕严修：《严修东游日记》，天津人民出版社1995年版，第84页。

〔4〕刘绍宽：《东瀛观学记》，载陈庆澄等：《东游日记·湖上答问·东瀛观学记·方国珍寇温始末》，上海古籍出版社2005年版，第87页。

〔5〕章宗祥：《任阙斋主人自述》，载《上海文史资料存稿汇编》第1册，上海古籍出版社2001年版，第30、31页。

〔6〕《求不得斋日记》(1927年11月27日)，载《张耀曾先生文存》，法律出版社2004年版，第213页。

在校外合租，小房一所，雇日本老妈做饭，“始终与中等人家杂居”，这其中或有张耀曾。这种与“中等人家”的杂居，也增进了他们对日本生活的理解和观察。〔1〕一高学生风气，因处于大学预科阶段，崇尚自由自然，而一高学生每年亦外出军事演习一次，以培养纪律。〔2〕

张耀曾来到东京，与一高同学共同学习生活，亦与在日留学的云南同乡来往密切。从1902年开始，云南开始派送留日学生。一种说法认为1904年云南留日学生有一百多人，在东京振武学校学习者为三十多人，其他学校88人。〔3〕而《东方杂志》记录当年云南学生为111人，振武学校中国留学生总数为76人，〔4〕由此可见云南学生在振武学校比例之大。张耀曾、席聘臣与振武学校的学生李根源等都参加了云南留日同乡会，李根源后来担任会长，张耀曾在留日学生总会上书驻日公使杨枢的请愿书中则署名为云南省分会的“职员长”。〔5〕振武学校创办于1903年，由日本参谋本部专为培养中国留学生而设，该校迎来第一批留日云南学生是在1903

〔1〕 王桐龄：《日本视察记》，载《日本视察记附日本东北旅行记》，文化学社1928年版，第206、207页。

〔2〕 章宗祥：《任阙斋主人自述》，载《上海文史资料存稿汇编》第1册，上海古籍出版社2001年版，第30、31页。

〔3〕 吴达德：《留日学生与云南辛亥革命》，载《中日关系史论集》第6辑，《社会科学战线》1989年增刊。

〔4〕 《派遣游学类志·留学生人数籍贯考》，载《东方杂志》1904年第1卷第2期。

〔5〕 《与留日学生总会各干事上杨枢禀》，载《杨度集》，湖南人民出版社1986年版，第193页。

年，包括杨振鸿、殷承瓛等，第二批是在1904年，包括李根源、罗佩金、唐继尧、何国均、顾品珍、李鸿祥等。[1]此外，1904年来到日本的云南留学生还有周钟岳和吕志伊，当时就读弘文学院；[2]赵伸，当时就读成城学校。[3]远隔重洋的云南同乡们当时甚为团结，来往密切。按照周钟岳的回忆，他1904年8月甫来东京，就有同乡会前来迎接。[4]这个云南留日学生群体，继京师大学堂同学构成了张耀曾后来政治生活的第二个合作群体。吕志伊生前写赠冯自由的《云南首义诸人革命以前略历》，[5]计入对云南辛亥革命有重大贡献的40人，其中只有6人不是留日学生，其他34人包括张耀曾在内都是留日生，其中的多数人1904年均在日本。

留日学生总况

当张耀曾来到日本留学时，当时中国留日学生的总数，

---

〔1〕 张天放、于乃仁：《回忆辛亥革命时期云南的杨振鸿》，载《云南文史资料选辑》1981年第15辑，第20页，铅印本。谢本书、李成森：《民国元老李根源》，云南教育出版社1999年版，第44页。叙述人数与入学情况与此略有不同。

〔2〕 周钟岳：《惺庵回顾录》，载《云南文史资料选辑》1963年第3辑，第130页，铅印本。叶祖荫：《同盟会云南支部创始人吕志伊先生》，载《云南文史资料选辑》1981年第15辑，第39页，铅印本。

〔3〕 《续云南通志长编》下册，昆明出版社1985年版，第802页。

〔4〕 周钟岳：《惺庵回顾录》，载《云南文史资料选辑》1963年 第3辑，第130页，铅印本。

〔5〕 冯自由：《云南辛亥省城光复实录》《云南首义诸人革命以前略历》，载《革命逸史》第6辑，中华书局1981年版，第222页。又载孙种因：《重九战记》附录，原在《复滇录》（1924年版），复载《中国近代史资料丛刊·辛亥革命》第6册，上海人民出版社1957年版，第251页。此书传布甚广，既由同盟会云南支部支部长吕志伊手写，可为张耀曾加入同盟会之证明。

按照驻日公使杨枢的1904年奏折所言，为一千三百多人，[1]按照《东方杂志》1904年的统计，[2]则为一千四百多人。但人数虽不少，速成者却是主体，真正在大学进行常规学习者极少。《东方杂志》统计了各学校的学习人数，帝国大学为19人，早稻田大学40人，其他三五所大学都是个位数，余下全是各类速成性质学校。[3]一年后留日学生总数大大增加，比例犹未改变。研究者引《朝日新闻》数据："据《朝日新闻》1905年对2731名中国留学生所在学校的统计，其中人数较多的学校为：弘文学院1100名、振武学校305名、法政大学速成科295名、成城学校151名、同文书院148名、经纬学堂139名。以上这些多是速成或预备学校性质。而最著名的学校东京帝国大学只有5名、京都帝国大学只有2名、早稻田大学有23名、庆应义塾大学只有1名。"[4]到了1907年，留学生总数为近万人，在大学者仍然不超过百分之一。杨枢慨叹："夫大学程途高迈，学业完备"，"高深学理全在大学分科者，今也学生虽然而入大学者寥落如晨星，固学界之憾，亦我

---

〔1〕《出使日本大臣杨枢奏陈兼管学务情形折》，载《中华留学教育史录(1840—1949)》，高等教育出版社2000年版，第153页。

〔2〕《派遣游学类志·留学生人数籍贯考》，载《东方杂志》1904年第1卷第2期。

〔3〕《派遣游学类志·留学生人数籍贯考》，载《东方杂志》1904年第1卷第2期。

〔4〕迟云飞：《陈天华、宋教仁留日史事新探》，载《近代史研究》2005年第6期。

国学界前途未能发达之一大原因也”，〔1〕这一特点表明，张耀曾等京师大学堂此次派来的31名学生，预设进行八年左右学习，确属精英培养。这自属张耀曾等人归国后受到重视的原因之一，张百熙为他们争取官费培养，从学费到路费、医药费，均为包揽，〔2〕可谓投入甚大，寄望甚高。

留日生总量不断增加，他们在日本学习专门知识，也思考中国发展之道。1904年前，《清议报》《新民丛报》《国民报》《开智录》《湖北学生界》《汉声》《浙江潮》《游学汇编》等媒体陆续创办，这自然引起清廷重视。在张耀曾等人出国时，张百熙为留学辩解：“至谓学生出洋竟有三纲五常为无足重轻一节，查各届官派出洋学生及同文馆奏派各生，尚无此种弊习，且历考外国哲学群学各书，陈说道理，皆与中国圣经贤传相表里，是第患学生之真不通西学耳，果事真通哲学群学，则忠孝之心方且油然而生，又何有蔑视纲常混乱伦纪之虞。”〔3〕这体现出师长对于学生的保护。而张之洞就严厉指出：“伏查游学日本学生，年少无识，惑于邪说，言动嚣张者固不少，其循理守法，潜心向学者，亦颇不乏人”，〔4〕“妄发议论”“干

〔1〕《杨枢之游学计划书》，载《中华留学教育史录（1840—1949）》，高等教育出版社2000年版，第163页。

〔2〕《宣统二年大学堂经费收支残帐页》，载《北京大学史料（1898—1911）》，北京大学出版社1993年版，第548页。

〔3〕《外交部奏议复派赴出洋游学方法章程折》，载《中国近代教育史资料汇编·留学教育》，上海教育出版社2007年版，第18页。

〔4〕《张之洞奏约束鼓励游学生章程折》，载舒新城编：《中国近代教育史资料》第1卷，人民教育出版社1981年版，第181页。

预政治”“品行不端”“不安分之事者”，一律退学，“严加裁制”。[1]张之洞的话倒是清廷当时的主流声音。这些声音，核心是不能反对朝廷，更不能质疑君权，推翻帝制。

在操作层面，清廷要求留学生服从驻日官员的监督和领导。前任驻日公使蔡钧在成城学校事件的处理中，与留学生们强烈对峙。清廷派到日本的驻日公使杨枢倒不是保守派，力主清廷立宪。1905年年初，杨枢上奏，表示他的立宪建议："中国与日本地属同洲，政体民情最为相近。若议变法之大纲，似宜仿效日本。盖法美等国皆以共和民主为政体，中国断不能仿效，而日本立国之基，实遵守夫中国先圣之道，因见列强逼处，非变法无以自存，于是壹意立宪以尊君权而固民志。"[2]但他同样严肃奏报，他在为学生服务的同时，也"劝勉各学生共抱忠爱之忱，勿蹈诐邪之行。"[3]然而，形势比人强，就在清廷防范意识增强的同时，留日学生总量急剧增加，学生们的意识也与国内形势发生强烈互动，政治倾向越来越明显，也越来越发生裂变。各省学生组织出现了被邹鲁略显夸张地称为"时各省皆有学生会，会中多办一机关报，报以不言

〔1〕《约束游学生章程》，载舒新城编：《中国近代教育史资料》第1卷，人民教育出版社1981年版，第182页。

〔2〕《出使日本大臣杨枢请仿效日本设法政速成科学折》，载《中国近代教育史资料汇编·留学教育》，上海教育出版社2007年版，第379页。

〔3〕《出使日本大臣杨枢奏陈兼管学务情形折》，载《中华留学教育史录（1840—1949）》，高等教育出版社2000年版，第153页。

革命为耻”的状况。[1]张耀曾自然也不例外。

就在张耀曾抵日后的第二年，1905年，北京和东京分别发生一件重大事件：北京，清廷向立宪迈出重大一步，派五大臣出洋考察政治；东京，同盟会成立。“保皇”与革命之争，震荡了青年留学生们。

第四节 激进与温和的对垒

同盟会里的稳健派

1905年5月，张耀曾的好友李根源通过湖南留学生结识黄兴并晤谈，[2]6月，李根源随振武学校在片濑度假，在这里得知孙中山由美国来到日本，正在横滨，遂携振武学校的同学杨振鸿、罗佩金前往拜访，受到孙中山鼓励。[3]事后，杨振鸿对李根源表示：“我听了孙中山先生的教导，找到革命前途的道路了。”[4]同时，云南留学生吕志伊“屡至横滨山下町密谒总理面谈革命要旨，并时至横田区勤学社与胡汉民、廖仲

〔1〕 邹鲁：《中国国民党史稿》，商务印书馆1944年版，第44页。

〔2〕 陆星：《李根源传》，中国文史出版社1998年版，第18页。

〔3〕 李根源：《雪生年录》（近代中国史料丛刊），台北，文海出版社1966年版，第20页。又见李希泌：《先父李根源先生忆述黄克强先生》，载《忆黄兴》，岳麓书社1996年版，第150页。

〔4〕 张天放、于乃仁：《回忆辛亥革命时期云南的杨振鸿》，载《云南文史资料选辑》第15辑，1981年铅印本，第21页。

恺等析疑辩难，上下其议论，以革命排满宗旨，与幼时所受庭训春秋内忧外夷之义，明季国亡种奴之惨，互相印证，遂决心革命，矢志不移。”〔1〕7 月 30 日，孙中山、黄兴等召开兴中会、光复会、华兴会联合之筹备会，各省除甘肃外均有留学生参加，杨振鸿、李根源、赵伸、吕志伊、罗佩金五人作为云南人参加之。8 月 20 日，同盟会正式成立，吕志伊成为评议部评议员。〔2〕1906 年，吕志伊成为同盟会云南支部部长。包括张耀曾在内的一百多名云南留学生成为同盟会会员。〔3〕这也就是说，在“保皇”还是革命的选择中间，张耀曾选择了后者。或者说，他选择的还不是革命，而是共和的取向，只是革命与共和捆绑在一起。成立初期的同盟会组织并不得力，出现了吴玉章所讲“这时的同盟会组织也很涣散，孙中山、黄兴等领导人常不在日本，宋教仁又没有威信，真是一盘散沙”〔4〕的情形。而宋教仁当时的日记也记载了一个风波，1907 年

〔1〕 南强杂志社:《吕志伊事略》，载《昆明文史资料选辑》第 1 辑，第 16 页，铅印本，1981。

〔2〕 叶祖荫:《同盟会云南支部创始人吕志伊先生》，载《云南文史资料选辑》1981 年第 15 辑，第 39 页。但邹鲁《中国国民党史稿》记评议员无吕志伊名字。邹鲁:《中国国民党史稿》，商务印书馆 1944 年版，第 51 页。

〔3〕 冯自由的《中国同盟会最初三年会员人名册》中无张耀曾名字，不过该名册只记录 18 名云南人（李根源在内），李根源《雪生年录》记载 46 名先后加入同盟会的云南留学生，亦无张耀曾及其京师大学堂、东京一高同学席聘臣。目前的文献找不到张耀曾何时加入同盟会的记载。同盟会为秘密组织，不在册内或找不到记录不表明不是会员。李根源作为同盟会资深会员撰写张耀曾墓表，表明张必是会员。张 1912 年后出掌同盟会评议部部长，亦表明其早年必是会员。

〔4〕 吴玉章:《辛亥革命》，人民出版社 1963 年版，第 93 页。

2月，国内起义频遭失败，同盟会更陷于低潮，[1]2月28日，孙中山、黄兴为国旗事闹翻，孙中山“固执不改，并出不逊之言”，黄兴怒而欲退会。宋教仁思及孙中山“素日不能开诚布公，作事近于专制跋扈，有令人难堪处”，又思自同盟会成立以来，“会员多疑心疑德，余久厌之，今又如是，盖将来不能有所作为，或亦意中事，不如另外早自为计，以免烧炭党人之讥”[2]，次日即辞职。到该年三四月间，更发生重大分歧。章太炎促孙中山辞总理职，而由黄兴继任，于是会场发生斗殴。[3]但是，同盟会对于张耀曾等人来说仍意味重大，他们终得以一边读书，一边有了政治组织，明确方向，聚力做事。

反过来说，同盟会组织不力，有分歧，也给了张耀曾等人观察与思考政治的相对独立性，他们既保持同盟会员的身份，在一些主张上又有自己的独立视角。民国建元后，张耀曾与谷钟秀、李根源等人的不同联合体或共同联合体，素被称为“稳健派”，如梁漱溟所言：“他参加同盟会甚早，却非一个激烈分子，而是民国初年流行口语所谓‘稳健派’。”[4]究其因，同盟会早期经历大抵是其渊源之一。同时，张耀曾等人是标

〔1〕 K.S.Liew, Struggle for democracy: *Sung Chiao-jen and the 1911 Chinese* revolution, Berkeley University of California Press, 1971, p.63.

〔2〕《宋教仁日记》，湖南人民出版社1980年版，第118页。

〔3〕 黄福庆：《清末留日学生》，载《“中研院”近代史研究所专刊》1975年第34期。

〔4〕 梁漱溟：《有关民国初年政史的见闻纪实》，载梁漱溟：《忆旧谈往录》，陕西师范大学出版社2009年版，第42页。

准的京师大学堂官费留学生，政府寄予厚望，身负长达七八年的学习重任，他们很难像速成班的留学生一样在日参加同盟会不久就能回国做职业革命家；他们的学费生活费全由驻日公使供给，公使与监管人员对他们的监督可能是最多的，他们难以在东京做出极度排满的事情来；他们与清廷之间的沟通管道通畅，预期是归国被授予进士头衔，留学期间陆陆续续就有同学被选拔回去。尤其是像张耀曾这样的法科学生，为当时国内的紧缺人才。查之京师大学堂这一批留学生，没有一个放弃学业做了职业革命家，大部分是认真完成学业，归国进入清廷内部成为青年官员。所以，当同盟会成立，“革党现在东京占极大之势力，万余学生从之者过半”，“举国欲狂”，“东京各省人皆有，彼插种于此间”之时，[1]像张耀曾这样加入了同盟会的，也仍然表现为低调做事著文、开启民智、参与变革，而不是高调排满、崇尚暴力革命。而且，张耀曾的法科素养，也塑造了其稳健底蕴与理性精神。此外也不能不说，清廷考察政治的大背景，和杨枢等人相对开明的立宪主张，也为张耀曾们以温和姿态发言提供了空间。张耀曾等青年没有选择做职业革命家，尤其是没有和领袖形成强烈的人身依附型的紧密联系，他们一未参加到革命主张的主流暴力话语中，二未参与军事实践，没有“武功”，没有暴力革命的

〔1〕 丁文江、赵丰田编：《梁启超年谱长编》，上海人民出版社 1983 年版，第 373 页。

战绩，没有军事实力，这也使得他们后来未成为主导型的政治家。

“取缔规则事件”：一次激进与温和的对垒

1905年年末和1906年，张耀曾除了一高艰苦的学习和考试，除了得暇与同学远游增智之外，也参与了一个公共事件：取缔规则事件。他还参与创办了两个公共媒体：《新译界》杂志和《云南》杂志，《云南》杂志尤其成为他后来在日的主要课外服务事项，他担任该杂志总编辑。

取缔规则事件是留日学生温和或激烈立场的一次大检验。由于1905年出现了中国留日学生人数的急剧增长，1905年11月2日，日本文部省颁布了《关于准许清国人入学之公私立学校之规程》，对于招收中国留日学生学校的招收程序与招收资格做了限制，该规则被留学生称为《清国留学生取缔规则》。该规则的第九条“于既受选定之公立或私立各学校，当使清国人生徒寄泊于寄宿舍，或属于学校监督之下宿屋，为校外之取缔”和第十条“既受选定之公立私立各学校，不得使清国人在他学校因性行不良而被令退学者入学”〔1〕遭到留学生们的反对。11月27日，留日学生总会集体上书驻日公使杨枢，要求改正这两条。留日学生总会干事长杨

〔1〕 该文本有多种译法，此处用杨度译法，参见《与留日学生总会各干事上杨枢禀》，载《杨度集》，湖南人民出版社1986年版，第193页。

度，副干事长、张耀曾的老师范源濂（杨度与范源濂均系湖南人，且为长沙时务学堂同学，以故范源濂与梁启超来往密切），总会各职员和包括张耀曾在内的各省分会职员长共47人签字，代表全体留学生。其中林长民是书记干事，张继是庶务干事，章士钊是湖南分会职员长，张耀曾是云南分会职员长。〔1〕

这件事从起因来看，是留日学生对于字面意思的误解或不同理解：第九条之"取缔"，日语意思为"约束"，但中国学生则理解为汉语的取消之义。第十条之"性行不良"，学生们认为该词范围太广，扩大解释对学生极为不利，将断了学生的求学之路。由于学生们作此理解，所以来自不同方面的留日学生都发出同一声音。但是，随后学生们的大合唱就发出了不同声音：12月3日，弘文学院等8所以速成学校为主的院校学生集会，要求取消全部"取缔规则"，到12月4日要求罢课时，杨度作为前次发起上书者之一却没有签字。留学生总会甚至为此举行了一次选举，保留7名职员，而增加了12名新职员，杨度和范源濂等总会职员均落选。范源濂对此表达了深深忧虑，以致后来吐血。〔2〕12月6日，留学生集会，杨度认为进行过于激烈的运动恐不妥当，被学生们斥为"日本

〔1〕 参见《与留日学生总会各干事上杨枢禀》，载《杨度集》，湖南人民出版社1986年版，第193页。

〔2〕 ［日］实藤惠秀：《中国人留学日本史》，谭汝谦、林启彦译，三联书店1983年版，第388页。

政府的间谍”。〔1〕12 月 7 日，大批学生走上街头集会，12 月 8 日，留日学生陈天华投海自尽，遗书表示，“取缔规则”“剥我自由，侵我主权，自不待言”，尤其不能忍受《朝日新闻》称中国人“放纵卑劣”一语。〔2〕这就使学生们情绪更加激愤。就在 12 月 8 月，在日本文部省作出解释，第九条的“取缔”乃指约束，是为了保护学生免受不良之徒的引诱，第十条的“性行不良”，只指妨害社会秩序，触及刑律云云之后〔3〕，一大部分学生仍然做出了要集体回国的决定，到 12 月 20 日，离日和订票回国者总人数超过了 2000 人。〔4〕但是，也有另部分学生主张留在日本，双方发生辩争。在辩争中，范源濂隐匿住院，亦受殴击。〔5〕在事件过程中，还发生了早稻田大学留学生杨嘉绅向杨枢密报“此次学生纷扰，非真正反对规则也，特欲藉此归国为革命之运动耳，暗做革命好机会”〔6〕之事，被学生知道后殴击伤臂。

尽管从 11 月 27 日签名后，文献中就看不到张耀曾参与

---

〔1〕 杨天石：《反对取缔规则与杨度避难——读日本外务省档案》，载《晚清史事》，中国人民大学出版社 2007 年版，第 262 页。

〔2〕 ［日］实藤惠秀：《中国人留学日本史》，谭汝谦、林启彦译，三联书店 1983 年版，第 395 页。

〔3〕 林增平：《清末留日学生反“取缔规则”斗争》，载《辛亥风云与近代中国》，贵州人民出版社 1991 年版，第 26 页。

〔4〕 林增平：《清末留日学生反“取缔规则”斗争》，载《辛亥风云与近代中国》，贵州人民出版社 1991 年版，第 36 页。

〔5〕 胡汉民：《辛亥革命之回忆》，载《辛亥革命亲历记》，中国文史出版社 2001 年版，第 152 页。

〔6〕 《留日学生反对日本文部取缔规则详情》，载《北洋军阀史料·徐世昌卷》第 1 册，天津古籍出版社 1996 年版，第 797 页。

本事件的后续记录，但是，三个事实能表明张耀曾在12月的态度。一是作为11月27日发起人的杨度和范源濂的表现，尤其是范源濂的吐血，表明他们对于后来学生们的大规模剧烈行动不认同，且12月4日留学生总会发生了大改选，故可以推测，张耀曾亦不认同。范源濂本人是张耀曾的老师，是京师大学堂派来东京一高的学务专员，可以由此推测他们的集体态度。二是各种记录表明，东京第一高等学校的学生没有参加学生们的罢课集体行动，罢课者实以速成类学校为主。三是张耀曾的同学王桐龄多年后作此解释，认为取缔规则事件是速成班的留学生日语水平不高的误解和革命党人的鼓励所致。作为张耀曾当时的同寝室之室友，王桐龄的解释或许能部分代表张耀曾的看法。[1]张耀曾在此事件中可能的温和态度，一当出于日本文部省的限制，主要针对速成类学校，他们没有必要因此选择回国；二则表明，杨度、范源濂、张耀曾等人当时的基本态度是，情愿改变规则中引起误解的部分，但并不主张以激烈手段解决问题，更不主张因此回国。杨度当时曾留下一份笔录："此次学生纷扰，欲将文部省规则全部取消，仆最为反对……同盟休校与全体归国之事，皆仆所反对。"[2]

---

〔1〕 王桐龄：《日本视察记》，载《日本视察记 附日本东北旅行记》，文化学社1928年版，第194页。

〔2〕 杨天石：《反对取缔规则与杨度避难——读日本外务省档案》，载《晚清史事》，中国人民大学出版社2007年版，第263页。

从《云南》杂志看张耀曾的中间立场

张耀曾1906年开始参与的两份杂志《新译界》和《云南》以及当时的同盟会机关刊《民报》，对比起来颇有意思。

《新译界》是张耀曾的同学范熙壬办的一份杂志，依靠的力量，主要是湖北留学生，以及范熙壬的京师大学堂同学与其他学友（张耀曾、席聘臣与周钟岳三位《云南》杂志的创办人均有参与[1]）。在《新译界》之前，湖北留学生们已经于1903年创办了《湖北学生界》杂志，地方色彩甚浓。《新译界》的抱负，则是怀着激越情怀，而做一份具有学术色彩的深度理论翻译与研究刊物。范熙壬在发刊词中写道"吾辈之志不过欲结合群知群力，倾热血，挥心泪"，并认定"法政之学，为救国之学"，要做到"维持吾国固有之文明以求合于世界，为世界所同认者则存之，否则去之"，"择捡世界最新之学理以输入我国，为吾国所适宜者则取之，否则去之"。[2]就在一年多前的1905年2月27日，宋教仁在东京东樱馆与范熙壬会晤，邀请他加盟《二十世纪之中国》杂志，得到应允。[3]但是，看来范熙壬对于《二十世纪之中国》相对激烈的风格并不是特别认同，反而是一年后，他自己做了《新译界》。

---

〔1〕 周钟岳：《惺庵回顾录》，载《云南文史资料选辑》1963年第3辑，第131页。

〔2〕 范熙壬：《新译界发刊词》，载《新译界》1906年11月第1号。

〔3〕 佚名：《宋教仁日记》，湖南人民出版社1980年版，第41页。

范熙壬为《新译界》争取到了清廷官方的支持：驻日公使杨枢资助了他们的出版，京师大学堂前教师王仪通也赞助了他们。正因为有官方支持，又因为是学术性质而非宣传性质杂志，该刊敢于做到每篇文章都有真实署名而非使用笔名，京师大学堂的同学们钟赓言、张耀曾、席聘臣，后于张耀曾等来到日本的谷钟秀、湖北汤化龙等都为杂志撰稿。刊物关注领域包括政法、文学、理学、军事、教育、外交等，但立宪是核心，既有对英美德法经验的总结，也有对于宪法原理的阐述，还有对于制度构建的具体探讨，甚至还有《第六次万国刑事人类学会报告》[1]《小学校教员之法律关系》[2]《论法人》[3]《监狱学与经济学之关系》[4]这样的专业性极强的法学论文。与宣传刊物相比，本刊的特点是内容深入，但深度并不代表不批评，而批评的独立立场又没有越出清廷反对革命、提防革命的大范围，满汉之民族问题则完全避而不谈。本刊特别值得注意的地方是编者们的"编者按语"和译者们写的"译者识"，译者们以锐利语言批评现实，而归结到立宪的结论上来。例如他们指出："中国者最后之专制国也"，日本、俄国的立宪史"无一不可为中国之指南车"。[5]但是，由于强调政治

〔1〕《新译界》第1号，1906年11月。
〔2〕《新译界》第2号，1906年12月。
〔3〕《新译界》第2号，1906年12月。
〔4〕《新译界》第5号，1907年5月。
〔5〕董玉墀译述：《论中国政府之改革》，载《新译界》1906年12月第2号。

进步，作者们也立宪共和并提，这就打了清廷庶可接受的“擦边球”：“由无政府而有政府，由专制而立宪而共和，皆循自然之轨道，而非可以人力强阻止者也。故时势所趋，或可由专制直抵共和，断无不立宪不共和，而专制政治长存之理。”〔1〕《新译界》作者群中，从范熙壬的京师大学堂的同学来看，当时还都不是东京帝国大学的正式在读学生，读的还是一高这样的大学预科，但是他们中西语言裕如，学理阐发优良，呈现较好的法政学理素养。他们宪法知识掌握较好，尽管知道日俄立宪史“或以鲜血而描，或以断头台而饰，中国皆可收为自己参考之资”，〔2〕但以为宪法的出发点和终点都非暴力而是制度建设。作为这一群体中的一员，尽管张耀曾加入了同盟会，但与这些同学一样，他具备这些宪法素养，也就具有了宪法精神与宪法信念。张耀曾在本刊的文章，仅限一篇《释我》，这是一篇心理学论文，作者是美国杰出的心理学家威廉·詹姆斯（当时译为威廉·杰姆士）。〔3〕不过，张耀曾参与《新译界》事宜甚少，只写一篇文章，其原因或不在于消极，而是，他最大的注意力，当时投在了自己主编的《云南》杂志上面。

《云南》杂志的起始，在1906年1月。是时同盟会开会，

---

〔1〕［日］南弘：《专制政治与自由政治》，谷钟秀译述，载《新译界》1906年11月，第1号。

〔2〕董玉墀译述：《论中国政府之改革》，载《新译界》1906年12月，第2号。

〔3〕［美］威廉·杰姆士：《释我》，张耀曾译述，《新译界》1906年11月，第1号。

孙中山、黄兴会后约见云南留学生李根源、杨振鸿、罗佩金、赵伸、吕志伊，提出："云南最近有两个导致革命之因素。一件是官吏贪污，如丁振铎、兴禄之贪污行为，已引起全省人民愤慨；一件是外侮日亟，英占缅甸，法占安南，皆以云南为其侵略之目标。滇省人民，在官吏压榨与外侮侵凌之下，易于鼓动奋起，故筹办云南地方刊物，为刻不容缓之任务。"并指示由宋教仁、陶成章、宁调元协助办刊。[1]李根源等人领命，同年4月成立杂志社，云南同乡会会长李根源为第一负责人，副会长赵伸为第二负责人，原定由吴琨、周钟岳担任总编辑，后因吴赴北京，周钟岳返滇，改由张耀曾任总编辑，席聘臣、孙志曾为副总编辑。[2]杨振鸿、吕志伊则是为刊物撰稿甚多的作者。刊物的经费，由杂志社致函国内同乡贤达与缅甸华侨筹集，缅甸华侨捐五千余元，周钟岳的老师、著名学者、四川按察使赵藩，提督夏毓秀与其他人士捐五六千元。[3]

到1908年，杨振鸿、吕志伊、赵伸、李根源先后离开日本，《云南》的担子更加落在张耀曾的肩上。尽管张耀曾此时刚刚从东京一高考入东京帝国大学，依然将杂志担子挑

〔1〕 李根源:《云南杂志选辑序》，载《新编曲石文录》云南人民出版社1988年版，第350页。

〔2〕 李根源:《云南杂志选辑序》，载《新编曲石文录》，云南人民出版社1988年版，第350页。

〔3〕 李根源:《云南杂志选辑序》，载《新编曲石文录》，云南人民出版社1988年版，第350页。

了下来。张耀曾成为杂志的主要负责人，[1]而得到张大义、郑开文、李贞白、王毓嵩等留日学生的支持。[2]当时留学生创办的地方性刊物，除早于《云南》创办的《湖北学生界》（1903）、《浙江潮》（1903）、《江苏》（1903）、《直说》（1903）之外，还有晚于《云南》创办的《河南》（1906）、《四川》（1907）、《晋声》（1907）、《晋乘》（1907）、《秦陇报》（1907）、《粤西》（1907）、《关陇》（1907）、《滇语报》（1907）、《广西》（1907）、《江西》（1908）、《梅州》（1908）。《云南》从这么多刊物中脱颖而出，成为一家著名刊物，实是李根源、张耀曾等耗心费血以成。

《云南》杂志的几位核心人物，本身就是主要作者。张耀曾、杨振鸿、李根源、吕志伊、周钟岳都是其主要撰稿人。以张耀曾、杨振鸿和吕志伊来看，张耀曾以“张雄西”为笔名发表了《创立女界自立会之规则》，以“崇实”为笔名发表了《论云南人之责任》《论云南积弱之源》《云南之民气》《论云南之社会智识》《欧美公德美谈》《说权利》《云南少年之前途》《滇省宜急兴公学》《论滇省当兴女学》《国家能力与国家进步之关系》；杨振鸿以“志复”为笔名发表了《滇缅界事述略》《滇越边务及铁道之实况》《法人窥伺云南之渐》《法人

〔1〕 叶祖荫：《简论云南杂志》，载《云南教育学院学报》1987年第1期。
〔2〕 李根源：《云南杂志选辑序》，载《新编曲石文录》，云南人民出版社1988年版，第350页。

探险及图谋云南之早时期》；吕志伊以“侠少”为笔名发表了《云南之将来》《英国之亚洲铁路政策》《滇缅疆界谈判》《论国民保存国土之法》《国民主义》《国民的国家》《国会问题之真相》。

察之该杂志全部文章，除了文学类、益智类文章外，与上述这三人文章的主题、气质基本符合。也即文章以讨论与云南相关的事务为主，主要涉及两类：一是为云南人普及现代公民意识。发刊词指出，刊物宗旨是“改良思想”〔1〕四字，刊物呼吁振兴教育、地方自治、选举政治和男女平等观念等，塑造新云南人，改变懦弱、涣散、媚外、自私、短浅、朽腐、萎靡的状况。〔2〕二是讨论云南的内政外交，如批评永北等地官员之贪劣“民之受其虐者不堪屈指”，〔3〕指责对英法外交的不力，“我云南则自越吞于法，缅沦于英，又一误再误，两乌割于法，三藏逼于英”。〔4〕尤其是在云南省内的矿产和滇越、滇桂、滇蜀铁路问题，刊物从创刊到停刊始终给予持续关注，不惜版面，收录数封留日同乡会的铁路意见书，如1910年的《云南留日同乡会为滇省铁路主张自办意见书》，字数上万。这些文章影响甚大，震荡了相关势力，以致读者来信指出：“兹有一事，不

〔1〕《云南杂志发刊词》，载《云南》1906年11月，第1号。
〔2〕张耀曾（崇实）：《云南之民气》，载《云南》1907年7月，第7号。
〔3〕而非：《滇吏贪劣》，载《云南》1907年6月，第6号。
〔4〕吕志伊（侠少）：《论国民保存国土之法》，载《云南》1907年6月，第6号。

能不告足下，仆友代法人译贵报，与法国人看。现彼风闻法人云，贵报最不利于法……拟以三五万乃至三五十万法兰，向北京或云南省运动当道，将贵报骂政府事指出，以禁止其输入云。"〔1〕尽管这位读者不敢确证，但其对杂志的认同与杂志的影响力已见。李根源 1908 年总结了杂志的目标："对杂志真正之纪念，在于废除七府矿约，收回滇越铁路，筑成滇蜀、腾越铁路，地方自治，教育普及，国民皆兵及农工商矿林立，英法之势力非赶出红蚌河、红河以外不可。"〔2〕

杂志对中国整体有所指责处，往往嵌在具体问题探讨中，如吕志伊在《论国民保存国土之法》论中国专制："久受专制之流毒，君主据国家为私产"，〔3〕就是嵌在对于国家边界的讨论中。张耀曾在《滇省宜急兴公学》中指出"今虽曰言预备立宪，然土耳其屡颁宪法，终无救于灭亡。盖内力不充，盖无教育无实业，立宪之虚文只足以速其亡也"，〔4〕是在关于教育的讨论中。把关于君主专制或预备立宪这样的宏大叙事放在具体问题中讨论，适为一种处理方式。这两段文字有两个参照系，(1)吕志伊在《云南》刊发《论国民保存国土之法》的同时，还以"金马"为笔名，为《民报》的增刊《天讨》撰写了

〔1〕《越南来函》，载《云南》1907 年 6 月，第 6 号。

〔2〕李根源：《云南杂志选辑序》，载《新编曲石文录》，云南人民出版社 1988 年版，第 351 页。

〔3〕吕志伊（侠少）：《论国民保存国土之法》，载《云南》1907 年 6 月，第 6 号。

〔4〕张耀曾：《滇省宜急兴公学》，载《云南》1908 年 6 月，第 14 号。

《云南讨满洲檄》,[1]那是字句铿锵的激烈反满之作。吕志伊在《云南》杂志换了笔名,也换了措辞,换了行文方式,显得颇为低调,的确值得我们注意。(2)张耀曾的好友谷钟秀此时正参与杨度的《中国新报》,这是一份高调阐述君主立宪理念的时政媒体。就在《新译界》里,谷钟秀还与张耀曾共话译事,那么在分做政治派别不同的《云南》和《中国新报》时,谷钟秀与张耀曾呈现了什么区别?似乎观点区别不大,倒是形式有区别:谷钟秀在《中国新报》讨论立宪是高调的,而张耀曾在《云南》讨论立宪是低调的。吕志伊低调批评专制,张耀曾低调讨论立宪,这显现出《云南》杂志在政治立场上的一种低调特点。

看来,《云南》杂志的定位是,对于地方政治高调批评,对于立宪或革命选择、满汉矛盾回避或低调讨论。为何如此?原因大抵在于:一要杂志存续。当1908年吕志伊、李根源、赵伸三位《云南》杂志骨干在云南河口已组织"云南独立会""告云南独立于天下,与会者万人"[2]激烈反满的时候,他们的行动立场并没有直接书写到自己办的刊物上。杂志要生存,要避免被封禁的命运,稳妥是不得不然的选择。[3]二是寻

---

〔1〕《云南讨满洲檄》,《民报》增刊《天讨》1907年4月。

〔2〕李根源:《故云南省议会议长嵩明赵君直斋墓志铭》,载《续滇南碑传集校补》,云南人民出版社1993年版,第26页。

〔3〕1908年,《民报》被日警查禁,至此停刊,《云南》受《民报》影响短暂停刊。参见李根源:《云南杂志选辑序》,载《新编曲石文录》,云南人民出版社1988年版,第351页。

找地方读者关心的问题。云南面临的紧迫问题，当是当地的内政外交，杂志恰好就锁定这些。几年后，在云南陆军讲武堂成为李根源学生的朱德曾经称赞道“云南省同盟会会员创办了《云南》杂志，在发刊词中号召云南人民‘同心同德，群策群力，万死不辞，以御强敌’”，〔1〕表明了他作为读者对杂志的认同。三是与其他媒体形成区别。《民报》《汉帜》对于满汉之辩孜孜以求，相应地《云南》就未必须要这么做。第四，也是最重要的一点，还在于主事者的政治信念问题。察之张耀曾发在《云南》杂志的文章，以鼓励民气、开发民智为主，可见在他看来，改变人民才能改变政治，改变政府：“人民参政之智识之能力有进步无退缩，则民权可以扩张，可以监督政府，兴举庶务。”〔2〕所以尽管他本人是法政专业人士，但并没有在杂志里太多地掉法政的书袋，也没有改刊物之宣传性质为研究性质，而积极促进“改良思想”。尽管他参加了同盟会，尽管《云南》的同事李根源、杨振鸿、吕志伊、赵伸〔3〕更积极参加了同盟会武装革命，但他们依然有启发民智的共识。

对比受驻日公使资助创办的《新译界》、同盟会云南支部创办的《云南》和同盟会机关刊《民报》三份杂志，能看到

〔1〕 朱德：《辛亥革命回忆》，载《辛亥革命回忆录》第1辑，文史资料出版社1981年版，第2页。

〔2〕 张耀曾：《滇省宜急兴公学》，载《云南》1908年6月，第14号。

〔3〕 赵伸1908年在日本研制炸弹被日警发现而逃亡。李根源：《云南杂志选辑序》，载《新编曲石文录》，云南人民出版社1988年版，第351页。

《云南》的独特定位。从这种对比中，我们看到，张耀曾作为同盟会的会员，从 1906 年到 1911 年，他历经东京第一高等学校和东京帝国大学法学部，以长达五年时间投注精力于其中的一份刊物，在探索一条符合同盟会基本立场但操作相对稳定的道路。因而这种思维方式，更体现在他归国后的法政生涯中。

第五节　受业于东京帝国大学法科

张耀曾 1908 年[1]入读东京帝国大学法科，[2]虽然在法科他读的并不是法律，而是政治，但证之东京帝国大学当时的课程情况，政治专业实际相当于是公法专业，所学大部分为法律课程。当时的东京帝国大学设法科、医科、工科、文科，理科和农科。从 1903 年 9 月开始，法科包括法律学科和政治学科，课程采用必修和选修两种方式。选修科目法律学

---

〔1〕 李根源：《云南杂志选辑序》，载《新编曲石文录》，云南人民出版 1988 年版，第 350 页。

〔2〕《国闻周报》第 2 卷第 18 期，1925 年 5 月 17 日之“名人录”云：“张耀曾字镕西，四十一岁，云南大理人，日本留学生，卒业日本第一高等学校，继入帝国大学政治科修业。”这是张耀曾较早的一份简历资料，其他文字可信度较高，本条记录亦较可信。另外，冯自由《革命逸史》之《附录云南首义诸人革命以前略历》载张耀曾“留学日本东京帝国大学政治科”，不过冯自由在文后郑重指出“材料为亡友吕志伊生前写赠，不敢掠美，特此声明”，故本记录可信度尤高。《革命逸史》第 6 辑，中华书局 1981 年版，第 222 页。

科学生须选择一门科目以上，政治学科学生须选择四门科目以上。

法律学科的课程具体包括：必修，宪法、商法、刑法、行政法、国际私法、法理学、民法、民事诉讼法、刑事诉讼法、国际公法、法制史以及罗马法、英国法、法国法、德国法任选一门。选修，经济学、破产法、比较法制史。政治学科的课程具体包括：必修，宪法、财政学、国法学、行政法、民法、刑法总论、经济学、统计学、政治学、国际公法、商法。选修，经济史、政治史、法制史、比较法制史、经济学史、外交史、国际私法、法理学。按照东京帝国大学当时的要求，学生也可以经法科学长与任课教师的许可，选择本科内其他学科的科目作为随意科目。从 1908 年开始，经济学从政治学科中独立出来作为一门独立的学科，法科因而设置了法律、政治、经济三学科，作为法律学科中随意科目的经济学变成了必修科目，同时新增加了国法学作为随意科目。政治学科的具体变动如下：必修，宪法、国法学、国家学、政治学、政治学史、政治史、外交史、行政法、行政学、国际公法、经济学、财政学、统计学、民法、商法、刑法总论、法理学、法制史、社会政策。选修，社会学、比较法制史、国际公法各论、国际私法、刑法各论、经济史、农政学、工业政策及社会政策、商业政策、交通政策、殖民政策、货币银行论。也就是说，张耀曾学习的法学科目至少包括了宪法、行政法、国际公法、民法、刑法、法制史、国际私法和法理学。

表 2 为东京帝国大学法科课程的教授情况：

表 2 东京帝国大学法科 20 世纪初年授课教师

学科	课程与教师
宪法和行政法（1901 年之前为宪法国法学，1901 年后分为宪法和国法学两门学科）	（1）宪法国法学第一课程的担当教授：末刚精一 一木喜德郎 （2）宪法国法学第二课程的担当教授：穗积八束 （3）宪法课程的担当教授和副教授：穗积八束 上杉慎吉 （4）国法学课程的担当教授和副教授：一木喜德郎 野村淳治 筧克彦
民法	（1）民法第一课程的担当教授和副教授、讲师：富井正章 户水宽人 河村议三郎 水町袈裟六 平沼骐一郎 志田钾太郎 川名兼四郎 鸠山秀夫 （2）民法第二课程的担当教授和副教授、讲师：梅谦次郎 川名兼四郎 石坂音四郎 鸠山秀夫 穗积重远 （3）民法第三课程的担当教授和副教授：土方宁 松本蒸治 川名兼四郎 鸠山秀夫 （4）民法第四课程的担当教授和副教授：加藤正治 川名兼四郎 仁井田益太郎 松本蒸治 山田三良 三潴信三 鸠山秀夫 石坂音四郎 穗积重远 末弘严太郎
商法	（1）商法课程的担当教授和讲师：田部芳 富谷鉎太郎 冈野敬次郎 （2）商法第一课程的担当教授：冈野敬次郎 松波仁一郎 （3）商法第二课程的担当教授和副教授：松波仁一郎 松本蒸治 （4）海法课程的担当教授：松波仁一郎

续表

学科	课程与教师
民事诉讼法	（1）民事诉讼法课程的担当教授和讲师：加藤正治 高木丰三 前田孝阶 （2）民事诉讼法破产法第一课程担当教授：加藤正治 （3）民事诉讼法破产法第二课程担当教授：加藤正治 仁井田益太郎
刑事诉讼法	刑事诉讼法课程的担当讲师：井上正一 冈田朝太郎 龟山贞义 松室致 石渡敏一 胜本勘三郎 古贺廉造
刑法	刑法课程的担当教授和讲师：古贺廉造 冈田朝太郎 牧野英一 泉二新熊 谷野格 石渡敏一 中川孝太郎 丰岛直通
经济学和财政学（经济学和财政1904年4月开始分为经济学和财政学两个科目）	（1）经济学和财政学第一课程的担当教授：和田垣谦三 松崎藏之助 山崎觉次郎 （2）经济学和财政学第二课程的担当教授：金井延 （3）经济学第一课程的担当教授和讲师：金井延 山崎觉次郎 桑田熊藏 （4）经济学第二课程的担当教授：山崎觉次郎 （5）经济学第三课程的担当教授：松冈均平 （6）经济学第四课程的担当教授：河津暹 失作荣藏 松冈均平 松崎藏之助 （7）经济学第五课程的担当教授和副教授：失作荣藏 松冈均平 松崎藏之助 （8）财政学课程的担当教授：松冈均平 松崎藏之助 高野岩三郎 （9）财政学第二课程的担当教授：松崎藏之助
统计学	统计学课程担当的教授：松崎藏之助 高野岩三郎
商业学	（1）商业学第一课程的担当副教授：渡边铁藏 （2）商业学第一课程的担当教授和副教授：渡边铁藏 上野道辅
保险学	保险学课程的担当副教授：森庄三郎

续表

学科	课程与教师
政治学和政治史（1900年政治学和政治史分为两个学科）	（1）政治学政治史课程的担当讲师：木场贞长 （2）政治学课程的担当讲师和教授：木场贞长 小野塚喜平次 （3）政治史课程的担当副教授：吉野作造
外交史	外交史课程的担当教授：立作太郎 高桥作卫
殖民政策	殖民政策课程的担当教授：新渡户稻造 松冈均平
行政法	（1）行政法课程的担当教授：末刚精一 一木喜德郎 穗积八束 （2）行政法第一课程的担当教授：一木喜德郎 美浓部达吉 （3）行政法第二课程的担当教授：穗积八束 笕克彦
国际法（1890年明治31年7月国际法分为国际公法和国际私法）	（1）国际法课程的担当讲师和教授：秋月左都夫 清水市太郎 本野一郎 寺尾亨 （2）国际公法课程的担当教授：寺尾亨 （3）国际公法第一课程的担当教授：寺尾亨 立作太郎 山田三良 （4）国际公法第二课程的担当教授和讲师：高桥作卫 立作太郎 山田三良 （5）国际私法课程的担当教授：寺尾亨 山田三良
法制史和比较法制史（1902年3月分为法制史和比较法制史两门课程）	（1）法制史比较法制史担当教授：宫崎道三郎 （2）法制史课程担当教授：宫崎道三郎 （3）比较法制史担当教授和副教授：美浓部达吉 中田薰 （4）西洋法制史课程（1916年由比较法制史改称而来）担当教授：中田薰

续表

学科	课程与教师
罗马法	罗马法课程担当教授：宫崎道三郎 户水宽人 春木一郎
英国法	英国法第一课程担当教授：土方宁 松波仁一郎 池田寅二郎
法国法	法国法担当副教授：杉田直治郎
德国法	德国法担当教授：三潴信三
法理学	法理学课程担当教授：穗积重陈 户水宽人 筧克彦 穗积重远

以上法科教师，确为名家荟萃，多位法学家曾被收入1936年商务印书馆出版的由郑兢毅、彭时编著的世界法家人名辞典。[1]他们中间的冈田朝太郎和志田钾太郎参与了清末修律过程中民法和刑法的起草，为中国法律人所相对熟悉；美浓部达吉著作为中国学者移译，当时已发生较大影响；新渡户稻造曾任教于东京第一高等学校，前已有述，是资深农学家；高桥作卫是著名国际法学家，后曾任国际法讲座教授、内阁法制局局长与贵族院议员。

就张耀曾就读的政治学科之课程来说，政治学和政治史、宪法、民法三门在他人生中有重大影响。他一生以法律为业，亦以政治为业，在北京大学亦任主任教员于政治学研究所，

〔1〕 郑兢毅、彭时编：《法律大辞书补编·乙部·世界法家人名录》，商务印书馆1936年版。

故政治学型塑其政治理念；他先后为参议院和国会议员，并起草多部宪法性法律；他曾在上海主讲民法课程，并著有《民法总则讲义》。这三门课程的教师，亦甚为优秀。

例如宪法学教授一木喜德郎后曾任枢密院议长；民法教师穗积重远为著名法学家穗积陈重之子，1906年任教东京帝国大学法科时年仅23岁；民法教师川名兼四郎“声誉卓著，当时有‘民法学者白眉’之称号。当氏讲学时，正日本注释法学盛行年代，学者均以解释现行法文为能事，独氏谓法律为正义之学，不仅以锐利之论理力胜人，而同时又能立足于法律之原理。此尤注释派学者中之翘楚也。”[1]

政治学教师小野塚喜平次后曾任东京大学校长，曾被认为是“日本政治学之父”[2]，谢彬1925年完成的开拓性作品《民国政党史》曾将小野塚喜平次关于政党之评论作为节译。其归纳政党之利为：(1)能使人民对于政治上有兴味。(2)因共同活动使各种德智之发达。(3)对于有为之士予以事业及地位。(4)拥护立新政治度而抵抗少数之专制。(5)与当局者以有力之批评及监督且为其后援。(6)使丰富政治素养以树为当局者之基础。(7)使国家之政策有多少之继续性；归纳政党之害为：(1)党派心之增长使对于真理与正义之感觉迟钝且

〔1〕 郑兢毅、彭时编：《法律大辞书补编·乙部·世界法家人名录》，商务印书馆1936年版，第130页。

〔2〕 ［日］松本重治：《上海时代》，曹振威，沈中琦等译，上海书店出版社2004年版，第13页。

品性堕落。（2）为欲得多数而用不正当之手段。（3）恃用多数而压迫反对者及局外者。（4）于表面上众民政治名义之下为少数者逞其专横之技能。（5）滥用公职。（6）分割共同生活使增长纷争。（7）使有高尚品性者疏远政治。〔1〕小野塚喜平次以上评论，诚有见识。张耀曾以其为师，必有收获。

政治史教师吉野作造与中国联系甚为紧密，他 1904 年从东京帝国大学法科毕业入本校研究生院，1906 年到中国于时任直隶总督袁世凯家中任袁克定的家庭教师，1907 年任教于北洋法政学堂，为李大钊的老师，〔2〕1909 年任东京帝国大学政治史副教授，1910 年赴欧留学，1913 年返东京帝大任教。1917 年，护国战争之后不久，吉野作造出版了学术名著《中国革命小史》，〔3〕本书最为中国读者熟悉的段落是他指出的："第三革命之计划，孙逸仙及其一派，殆无任何关系。"〔4〕而本书的贡献当然远不止此，由于作者与中国代表性政要有一定程度的交往，加上作者较高的政治学素养，使本书兼具了研究性与资料性的价值。

---

〔1〕　谢彬：《民国政党史》，上海学术研究会总会 1925 年版，第 191~196 页。

〔2〕　据称，李大钊甚为怀念吉野作造，"每遇日本人来华，都要问吉野先生好。"吕万和：《李大钊与吉野作造》，载《李大钊研究论文集》，河北人民出版社 1984 年版，第 288 页。

〔3〕　钱昕怡的《近代日本知识分子的中国革命论》一书对吉野的中国革命研究与吉野的宪法理论作了分析；钱昕怡：《近代日本知识分子的中国革命论》，中国人民大学出版社 2007 年版，第 60~70 页。

〔4〕　金冲及：《云南护国运动的真正发动者是谁——兼论护国运动的社会背景与性质》，载《复旦学报（人文科学版）》1956 年第 2 期。

除了讨论孙中山、黄兴、袁世凯等人外，吉野作造也提到和讨论了他在东京帝国大学的学生张耀曾，以及张耀曾身边的岑春煊、李根源、章士钊、谷钟秀、钮永建、张继等民初政治人物[1]。在对"天坛宪草"的讨论中，作者尽管没有直接讨论张耀曾，但对于"天坛宪草"的全过程，叙述颇为细致。[2]因而对护国战争中张耀曾与岑春煊、章士钊赴日借款之事，作者亦予以关注。作者对 1916 年夏孙洪伊、张耀曾、范源濂分别承诺出任内务总长、司法总长和教育总长之事及后来张耀曾、谷钟秀、李根源、钮永建等创立政学会之事，都有分析。[3]本书对中国政治的透视，如此清晰，表明了作者对中国的长期关注。

作为日籍教师的吉野作造这么关心中国，由此可见，作为留学生的张耀曾在东京帝大所处的，该是一个何等关心中国时局的环境。

---

〔1〕 例如，作者讨论李根源等筹备欧事研究会的成立，当为对欧事最早的学术研究之一。[日]吉野作造：《中国革命小史》，东京，万朵书房 1917 年版，第 85 页。

〔2〕 [日]吉野作造：《中国革命小史》，东京，万朵书房 1917 年版，第 78 页。

〔3〕 [日]吉野作造：《中国革命小史》，东京，万朵书房 1917 年版，第 113 页。

第六章

五四人的四条路：鲁迅·梁漱溟·瞿同祖·邹文海

第一节　重读鲁迅：重新理解赵秀才和“假洋鬼子”

福至心灵，前几日重读了鲁迅。

久已未读，多少和早年的叛逆心理有关。为什么我们喜欢的另一些人不能进入教材？而鲁迅就篇篇在列？又和自认为熟悉有关，毕竟为高考而熟读背诵过，能不熟悉？所以一直以来读刘小枫、林毓生、夏济安诸公的解读，我事实上是模糊着看，我是只看论，不看论之对象。

这次拿起《阿Q正传》，更像一个偶然，我仍然没有做好阅读的准备，书掉出来了。正是“风吹哪页读哪页”，我似乎不能不看。说来惭愧，上次读《阿Q正传》，真的是在高中的课堂。

这次重读，体会颇深。高中的时候我们觉得是反面角色的人，像小丑一样的人物，如果到了戏曲舞台上，鼻子上一定会画一块白色块儿的人，其实未必……高中只觉得是一个喜剧、讽刺小说，觉得好玩，里边还有一些雅俗共赏的段子，什么“和尚动得我动不得”之类的话。但高中的时候没有想到，《阿 Q 正传》其实是一部特别让人看不到方向和希望的作品。

赵秀才和儒家

我先前没有细想，《阿 Q 正传》其实鲜明地写到了儒家，这儒家就是赵家人，赵秀才，以及县城里边的举人。两三年前，赵家人这个词汇流行几日，电影画面里，赵太爷一个耳光打到阿 Q 脸上，问你也配姓赵吗？这画面更平添人们对于赵秀才和赵太爷的恶感。

让我们回到阿 Q 的历史现场，鲁迅讲赵秀才考中了秀才之后不久，1905 年，科举制度被取消了，这样来看，赵秀才极可能在 1904 年参加了这样一次科举考试。这就表明，第一，科举制还存在，这是赵秀才想取得功名、想进入主流社会、想进入功名利禄世界的方式。刘小枫在《拯救与逍遥》里提出了“曹雪芹的新人”的概念，这个新人无非是想超越儒家常规的一个禄蠹体系，超越旧人、旧的道路、旧的选择。而赵秀才是个典型的旧人，做的就是旧选择。第二，赵秀才的举动表明他对儒家的基本政治和社会秩序是认同的。这第二个也错了吗？我们还要进一步回到现场。

我曾提出，清末民初，人们在当时的立宪时刻提出五种复调想象，第一个就是儒家与宪法相遇形成的声部。儒家是否应被写入宪法，如何看待儒家和儒家经典，如何看待国民教育中是否读经，当时形成判然有别的两派。一派自然是主张读经。当蔡元培从民初教育部长任上离职，袁世凯就任临时大总统，袁世凯就表现出对于儒家的亲和甚至拥抱。这样一个守成的当局，倡导应该读经，保存文化秩序，应该尊孔、祭孔、祭天。这是一群掌握“资源”的中年和老年。而另一群青年当然激烈反对。当 1905 年科举考试被废除时，孩童开始接受国民教育，到 1916 年、1917 年，这批孩童成长了，如果那个时候是 8 岁，现在就是 18 岁，刚好成长为一位青年。他们是一批接受新教育的人，没有儒学经学的系统训练，也没有价值认同，这是一群真正的新青年，足以在新文化的大旗之下，在儒家是否应被写入宪法的辩论当中掀起一个风浪。激烈的辩论，往往是越来越激烈，像辩论队一样，有时会把人们的观点推向极端。

此时，我们就要请出作者鲁迅先生了。鲁迅为什么在他的多篇小说当中，对儒家是如此的不认同？无论是指责赵家人和同情孔乙己，都代表鲁迅的不认同。这个观点，恰与鲁迅就职的机构和担负的公职身份密切相关。民初的教育部长蔡元培因鲁迅好友许寿裳的推荐，把鲁迅从绍兴府的中学堂请到了教育部任职，于是鲁迅在民国政府甫成立时，就成为蔡元培教育部的一位官员、公务员、相关部门的负责人。

作为教育部公职人员，鲁迅亲历了是否决策与执行读经的全过程，是读经运动是否应当倡导，儒家是否应该得到重视、是不是宗教、该不该被写进宪法这样一个完整过程的经历者。显然，作为一名思想者、学者和作家、公民个体，鲁迅反对读经，反对把儒家写进宗教，反对儒家价值观，反对儒家的社会组织形式。但他自己作为教育组织的一位公务员，他也只能是在反对以后接受一个无奈的现实。我们可以想象，袁世凯担任大总统的这几年，鲁迅是非常不开心的。就在这个时候，废除科举后的那群人成长了起来，《新青年》创立，在这个时候，鲁迅可以借着笔，借着小说，在风潮中做表达。从第一篇小说《狂人日记》开始，鲁迅就表示出对儒学的不认同。到了《阿 Q 正传》里面，他对赵秀才和他的父亲赵太爷更是十足厌恶，没有丝毫同情。直到 20 世纪 20 年代，鲁迅继续发表随感，批评儒家。

当然，新秩序需要鲁迅和新青年去争取，启蒙自有价值。但是，就在当局捍卫儒家尊严、地位的时候，儒家已在根本上陷入危机。在鲁迅等人面前，儒家是强悍的，可是在历史面前，儒家是非常脆弱的。太平天国反清反孔，义和团运动在本质上也彰显出了儒家的相对弱势。

在《阿 Q 正传》里边，在阿 Q 这些人眼中，赵太爷、赵秀才这些人是高高在上的，似乎对话相对艰难。而义和团在它的发展过程中，表现出来的是儒家士绅与底层民众的拥抱。当传教士进入沿海和内地，教徒和非教徒处于一种对峙状态。

于是，传教士和教民，儒家士绅与非教民，就成为乡土社会中的两种力量。对于儒家来说，船炮、商人、传教士就是所谓的大门口的陌生人，而在这些新力量面前，儒家似乎一再落败。

鲁迅本人，就是绍兴府中学堂的督学，他是科举制废除之后新式教育系统的负责人，从而进入教育部。

在当时儒家的步步颓势中，坚守儒家的人在当时看来是强悍的，但今天看来，恰是一种无力的坚持。当暴雨来临时，你对它是非常恐惧的；当雨越来越小，即将面临一场干旱时，你对雨是怜惜的感觉。在今天看来，某种意义上，那时的儒家是让人怜惜的干旱时的雨。我们看得出来，20 世纪以来，儒家是一种什么样的走势。

从百年之后的视角来看，鲁迅对于赵秀才这最后时代的秀才，或许缺少一种温柔的同情和理解。

“假洋鬼子”和世界

阿 Q 所在的那个村庄，另一家京戏舞台上的小丑角色，就是钱太爷和他的儿子假洋鬼子。钱家选择的道路与赵家不同。赵家是在儒家没落的时候选择了儒家道路——赵秀才是个想融入上流社会体系的旧人；钱家，选择的是留洋，也算想走一条新路。钱家假洋鬼子去日本上了一个速成班，回来辫子也剪了——其实鲁迅本人就是一位留日精英。

一个试图融入儒家体系，一个要留洋。在当时，对一个有机会选择未来的人来说，能选择的道路，好像主要就是这两条？其实对于有机会走出村庄的人，假洋鬼子的选择不可小视，他无非想去外面的世界看一看，想学习外面的本领。一定意义上，赵钱各自的选择除了功利的因素，还包含了价值认同。

和鲁迅一样，假洋鬼子去的是日本。如果我们重回历史现场，会发现，日本在那时对于中国的意义是非常正面而多重的，1902 年，我们都知道，清末开始修律，请的顾问与本国参与者中有不少日本的法学家和留日学生。日本在这个时候，至少法学方面无疑应该是我们的老师。

速成班的学生活跃，参差不齐，这都是事实。但是一个人如果在国外待上半年——《阿 Q 正传》里的假洋鬼子就是半年——哪怕是一个月都会受到启发。其实鲁迅对日本的回忆当中有很多温暖的画面，就像我们熟知的藤野先生。走到一个异域，能够被先进的文明所熏染，归来，他就像一盏小灯，可以照亮一个角落。假洋鬼子的选择是有一定正当性的。假如讲到自己在日本留学就是一种温暖，讲到别人他就是一种讥讽，就是假洋鬼子，不着一个好词，这似乎不十分妥当。

我们的重思

我最近发现，一般而言，文艺作品当中是观点少身份多，在《阿Q正传》里鲁迅就看身份，小说中两个反面角色的话很少，鲁迅就他们的身份表示出不屑，而不说他的观点。一个人说什么其实很重要，他是什么主张，是什么价值观，是什么立场都很重要。但鲁迅没有让赵秀才和假洋鬼子说出自己的倡导和心声。

假如在面对儒家和面对世界这两个方面，对村庄的两个代表人物强烈地不认同，甚至怀着一种敌意，那么路在何方？其实，关于道路，鲁迅没有讲得那么明白，他只是描绘了一个灰暗的世界。或许鲁迅内心正处在找路的痛苦求索中。

刘小枫、夏济安谈到鲁迅，讲到“黑暗的闸门使鲁迅的心灵变成了黑暗的心”。如果大家看了《隋唐演义》，会隐约记得这个情景：隋炀帝想了毒计，召开武林大会，奖励胜利者，召集英雄好汉集体到场，然后封锁放箭。其中一条好汉雄阔海，扛住了城墙的闸门，为其他好汉放生。鲁迅说：“没有法，便只能先从觉醒的人开手，各自解放了自己的孩子。自己背着因袭的重担，肩住了黑暗的闸门，放他们到宽阔光明的地方去；此后幸福的度日，合理的做人。”〔1〕鲁迅想像雄阔海一样，扛住黑暗的闸门。鲁迅想承受所有的黑暗，像摆渡人一样，送别人到光明的地方去。或许鲁迅的意思是，他要描绘

---

〔1〕 鲁迅：《我们怎样做父亲》，载《坟》，人民文学出版社1973年版，第105页。

一个灰暗无比的世界，让你看到，让你思悟，然后你们去寻找一个光明的世界。或许可以这样想：鲁迅想把当时的不同方向，在某种意义上描述为虚无，然后你们在虚无之外去寻找存在。我们敬佩鲁迅，同时仍然可以表达不一样的看法，在我们看来：第一，对文化秩序应有一份温情和敬意。第二，已经归纳出来的新理念应当受到重视。第三，放眼看世界，就像假洋鬼子，总可以讲外面的“世界的故事”。

例如，当时的人们这样努力：(1)刚才我们说到儒家，其实它正处在被边缘化的陷落当中，我把这一时期归纳为中国历史上的第二次礼崩时期，其处境自然比春秋更加振荡，已经无路可走了，处在一个如果不重建秩序就无法回归的状态。恐怕重建这样一个秩序和如何做到让它和后来的新理念水乳相融，是一个巨大无比的难题。但其实想要捍卫这个秩序的人仍在努力，做着妥协和折中。其实从 1902 年的修律也可以看出，都在折中。(2)哪怕是反孔反儒的胡适这些人，他们有非常清晰的对于权力自由，特别是自由，及如何作为一个人的认识。我认为严复翻译的《群己权界论》比《论自由》更好、更准确。然后更不用说实际上从清末立宪启动这样一个事宜以来，一直到南京临时政府，到北京政府，一群法政精英正在做着如何确立一个法律框架、如何赋权人民的工作。同样是夏济安翻译的书，里边有杰弗逊的一篇民主教育的文章，这个工作，当时的美国也需要去做，民主教育是一个过程，不会一蹴而就。

同时，我们能看到，在阿Q和鲁迅别的小说里面的生活在晦暗当中而无光明的人的身上所体现出来的“国民性”弱点，这是不是中国独有的？是否仅仅是中国的国民性？让我们引入理性这个分歧概念。经济学上的理性和法学上的理性不同。经济学上的理性就是自私，就是一个人不那么好，不那么美妙，这才构成逻辑起点；法学上的理性是指优秀的人贡献的最好的想法。在我们看来，世界是要由这两种不同的理性组成，承认人的不美好，又要把最好的设计放进来。被反思的国民性，我们认为这就是不美好的人性，但这种不美好只能被逐步改变。还需看到，这种不美好不可能被根除。或许，一个人的不美好还应当得到包容。包容——或许这就是理性的第三个意思了。

最后，录一段此次深夜偶然重读《阿Q正传》，我不寐时写的话：我在意的是刘小枫和汪晖分别在《拯救与逍遥》和《阿Q生命中的六个瞬间》里谈过的。入睡前翻阅聂绀弩的诗，点评阿Q的，才想起自从高中毕业以来，就未认真读过一遍《阿Q正传》了。其实高中时学了课文，并未完全看懂，只知道“精神胜利法”“手执钢鞭将你打”之类。这次重读认识到，整体上，和张艺谋新片《影》一样，《阿Q正传》是一部试图写实、表达悲悯，但缺乏是非感的作品。笔者嘲讽一切，又试图悲悯阿Q，但真的一切都被他嘲讽了。某种意义上，悲悯阿 Q，似乎意味着“悲悯世人”，因为世人之弱点、困苦阿 Q 多有，但全文我们看到的是悲而无悯。这是一部暗黑相声，我也看得笑了，但笑后持异议。“举人老爷”是儒学派，“假洋鬼子”是留学生，赵秀才是最后一批秀才，赵太爷和钱太爷分别是其子选择不同的末梢乡绅。因为每个类型的人只有一个，我们大体觉得他多少代表那种类型。总体来说，当时的中国只能把眼光朝向世界，同时对旧的文化秩序保有基本的尊重，当此，钱太爷支持儿子留学（其实鲁迅本人也是留学生），赵太爷支持儿子考秀才，不能说在大潮面前没有探索和公民责任感的成分。尽管当时的中国处于寻路中，但也在努力中，预备立宪正在推进，国民理念正在试图从国民教育中启蒙。即使在当时的欧美，也不能说制度已完善，国民意识已长成。同时，即使是欧美，开放的眼光和本族文化传承也都是重要的。对一切，作者只有冷笑。他对什么感到热和暖？看不出来。我当然觉得《阿 Q 正传》是杰作，更同意作者归纳精神胜利法是杰出天才的洞察使然，但是，眼睛是冷的，血应该是热的。

（本文系未言思想会馆“书影恩仇录”系列演讲之整理修改稿，感谢民法学者欧家路、经济法学者江帆等学人共同讨论）

第二节　梁漱溟的内圣与外王

（一）

重庆北碚的夏天，虽然热，但是美。从卢作孚纪念馆所在的嘉陵江正码头向四外眺望，真像《单刀会》里关羽说的："果然一派好江景也。"2015 年暑假，我短居北碚，编完了《中国政治问题研究》和《我所建议的是什么？》。或许，这再一次证明了北碚与梁漱溟先生的缘分。

梁先生居北碚八年，立功立言，功在书生参政与勉仁书院，言在《中国文化要义》。在《中国文化要义》的自序里，梁先生宣告，他要写一本《现代中国政治问题研究》，这是 1949 年的事情。[1]说完这句话，他就前往北京。北京生活四十年，他成为政治家和政治学家关注和研究的对象，但并未写出一本自己的《现代中国政治问题研究》。

2013 年，我受梁先生哲嗣梁培宽先生之命，开始编选梁先生法律政治方面的文集，思路一直没有打开理清，直到此次造访北碚。事实证明，这次我不仅编出来了，而且，我第一时间确定的题目，就是梁先生当时拟定的题目。这是巧合，也表示梁先生的文章里，一直有一根线索——能被愚钝如我之人发现的线索。既然在《中国文化要义》里，梁先生宣布他

〔1〕 梁漱溟：《中国文化要义》，上海人民出版社 2018 年版，第 7 页。

要写《现代中国政治问题研究》，那么我们也可以说，这两本书分别就是梁先生著作的文化篇和政治篇。所以说，在归纳“文化要义”之后，梁先生开始总结“政治问题”。这也是“内圣外王”的现代展开，亦即“内圣篇”和“外王篇”。我这里说的外王当然不是什么拘泥的“称帝”，外王的意思，乃是以和平与平和为诉求，完成一种新的政治架构。这未必是一种经过设计和设计便能成真的架构，这种架构需要与现实社会中的土壤吻合——文化和现实政治共同作用的土壤。在我看来，梁先生对中国政治的设计，归总起来，就是要让中国人先做上一个“世界”公民，再做好一个“中国”公民，享受前者意义内的权利，享受后者意义内的文化。

（二）

文化篇与政治篇，内圣篇与外王篇，也可以说就是思想篇和行动篇。

在《中国文化要义》里，梁先生自问自答式地说：

> “他是一个有思想的人。”
>
> 或说：
>
> “他是一个有思想，又且本着他的思想而行动的人。”
>
> 这样便恰如其分，最好不过。[1]

---

〔1〕 梁漱溟：《中国文化要义》，上海人民出版社2018年版，第6页。

是的，这样真的恰如其分，《中国文化要义》对应的是“思想”，这本《中国政治问题研究》对应的是“行动”。当然，进一步界定来说，是“本着梁漱溟思想的政治行动”，有他的观察和思考，也有他的志业、梦想和事功。

作为梁漱溟先生的两本法政文选，我这里编出的《中国政治问题研究》和《我所建议的是什么？》各有侧重。前者更侧重学理性和问题意识，是他从行动中归纳出的梁版政治学和梁版宪法学。后者更侧重政治实践，是他在行动发表中的言论，言为行声，言为心声。

梁漱溟并不是一个政治学家或法学家，他对于政治问题的研究，不是基于政治学原理或者法学原理，而是基于自己对中国文化、中国社会的系统的独立思考，基于行动中的认识和形成的经验。以他故有独特的问题意识，能看到远处和深处。梁先生有一句未受关注但非常重要的话：“问题带来了答案，历史暗示了前途。”

仁者见仁，智者见智。这句话的意思就是说，谁带着什么样的问题意识，谁就会看到什么，得出什么结论，而未来，正隐藏在当代关注的问题当中。梁漱溟正是如此。

梁漱溟的问题意识，使他的法政见解颇为出类拔萃。例如，1919 年“五四”时期，他发表了《论学生运动》一文，对“五四”提出了“法律的归法律”的看法。直到 2009 年“五四运动”90 周年时，梁漱溟的这个观点还能启发到人。2009 年

5 月，我发表了《作为法律事件的五四》一文，如果说该文受到关注，则所有的贡献都应归于梁漱溟。到了 2011 年，一部集聚了大批知名演员的电影上映，尽管人物事件众多，这部反映近代历程的影片还是有梁漱溟先生的镜头，他的台词是“要冷静”。这部电影我们不论，这句台词还不错，梁漱溟的问题意识是敏锐的，是带着热烈的责任感的，同时也是冷静的。

（三）

我在《追寻稳健新政治：民国法律家张耀曾先生的法政世界》一书中大量提到梁漱溟，因为梁漱溟和张耀曾的渊源实在太深。二者是亲人，是学友，是互助家族中的两代精英，是“上下级”，是司法总长和总长秘书。

我想特别引用我述论张耀曾的书中对比张耀曾与梁济先生的一段话，这有助于我们认识梁漱溟在梁济和张耀曾影响下，形成思想而又青出于蓝的过程。

张耀曾说：“受先生扶植熏陶者垂十余年，情感之厚，理契之深，迥异恒泛。”[1]梁济之子，同样与张耀曾情谊深厚的梁漱溟则说：“自幼师事我先父。由此可见，作为恩人和师长，梁济既是对张耀曾思想形成起了重要作用的人，也构成

〔1〕 张耀曾：《读〈桂林梁先生遗书〉后序》，载《张耀曾先生文存》，法律出版社 2004 年版，第 53 页。

了观察张耀曾的人文思考尤其是人生思考的参照系。同样构成了参照系的当然还包括思想家梁漱溟。

1918 年 11 月 10 日，梁济自沉，自云："吾今竭诚致敬以告世人曰：梁济之死，系殉清朝而死也。"同时梁济自我解释："吾因身值清朝之末，故云殉清，其实非以清朝为本位，而以幼年所学为本位。"[1]梁济之死在当时引起思想界的震荡，陈独秀等皆有评论，数年后，徐志摩犹有评论："梁巨川先生的自杀在当时就震动社会的注意。就是倡言打破偶像主义与打破礼教束缚的新青年，也表示对死者相当的敬重。"梁济是张耀曾的师长，却又与张耀曾构成了"清末"与"民初"的旧新典型。所以，二人一方面血浓于水，交流思想，另一方面却在一些根本问题上颇有歧见。所以梁济曾说："吾不知前途何所底止？真堪向天大哭，吾知举世皆不以我为然，即亲如张蓉西辈亦未必以我为然也。"这就是说，张耀曾是梁济的亲人和弟子，却不是思想上的知己了。为何不是知己？盖在于，如梁济自己所言，身值清朝之末，乃是代表"清末"的"旧人"，而张耀曾却是代表"民初"的"新人"。说梁济代表"清末"，是说，梁济并非僵化固守之人，"清末"，其意即非清朝中叶，自从同治中兴以来，改良求变已成为许多士大夫的共识，吴汝纶、张百熙以及吴汝纶的师长曾国藩、幕主李鸿章，张百熙

---

〔1〕 梁济：《梁巨川遗书》，华东师范大学出版社 2008 年版，第 54 页。

的推荐者和制衡者张之洞，甚至包括张耀曾的父亲张士鑣，无论是历史人物，还是普通官员，都有改良务实的基本认识。他们绝不会觉得旧体制不能变，但是，又不会完全认同西方的政治架构和政治观念，而仍然主张“保国”“保种”“保教”。所谓“保国”，并非保作为国家的中国，而是作为政府的清廷；所谓“保教”，当然就是维持儒家的主流意识形态地位。也就是维持基本的礼义，基本的君臣格局，家庭—家族格局。梁济说：“幼年所闻以对于世道有责任为主义，此主义深印于吾脑中，即以此主义为本位，故不容不殉。”对于君臣关系，梁济以为：“今人为新说所震，丧失自己权威，自光宣之末，新说谓敬君恋主为奴性，一般吃俸禄者靡然从之，忘其自己生平主义。”对于家庭—家族格局，梁济以为：“今世风比二十年前相去天渊，人人攘利争名，骄谄百出，不知良心为何事，盖由自幼不闻礼义之故，子弟对于父兄，又多有打破家庭主义，家庭不敢以督责施于子女，而云恃社会互相监督，人格自然能好，有是理乎？”梁济正是在谈论这些旧新分歧的根本问题的时候，无奈地指出了张耀曾之无法为其知己之处。

与梁济相比，张耀曾的人生履历首先为迥异。张耀曾之求学与职业经历，无不趋新，京师东文学社、京师大学堂、东京一高、东京帝国大学、参议院、第一届国会，无不是新学与共和新政治的典型机构甚至最高机构。梁济说：“吾昔催促张蓉西渡东，唯恐学染不深，既学成也，今乃责其偏，是吾最初之时无统观之识也。”某种程度上，可以说，梁济和张耀曾的关系，也正是“清末”和“民初”，“君主”或“君宪”与“共和”，儒家与民主自由理念的一个隐喻，后者受前者催化，却终于代谢了前者，超越了前者，或者说背叛了前者。用梁济的用语来说，便是“偏”，“民初”的理念偏离了“清末”。张耀曾说：“现世又人格平等之世也，余主张人格平等。”

张耀曾与梁漱溟有不少暗合的思考，例如，梁漱溟深度介入乡村建设，关注地方自治，而张耀曾在留日期间担任《云南》杂志总编辑时，就写了大量讨论地方自治的文章。

张耀曾和梁漱溟的行动精神，尤其接近。“吾曹不出，如苍生何”，真是激动人心。

第三节　学者瞿同祖

（一）

2004 年 7 月 12 日，瞿同祖先生迎来 94 岁生日。“仁者寿”，这样一句先哲旧语，同瞿先生的高龄正好形成一种互证。

在北京的崇文门外，一段旧城墙，几株碧绿老树，正是闹市宁静之地。居于此地的瞿同祖先生，发已尽白，笑容温和，目光具神采。同他交谈，能使人想起“谦谦君子，温润如玉”。

瞿先生的书房，不大而雅。在充溢而整洁的书架上，他的历年著作版本，中文英文，夹陈于架，正是明窗数编，与书桌上的青翠盆植长新。这架上，数本新版新书——《中国封建社会》《中国法律与中国社会》《清代地方政府》，未来还有《汉代社会》，分别原版于 1930 年、1940 年、1950 年、1960 年代。从这些书里，当年轻的人们充满喜悦地发现瞿同祖先生的时候，瞿先生的书已然问世几十年。

在国内，除《中国法律与中国社会》经中华书局 1980 年代再版，其后逐渐为人所知、为人所识外，其余三种，人皆知之不多——《中国封建社会》是其少作，商务初版后再未重印；《清代地方政府》和《汉代社会》原文均系英文，分别出版于哈佛与华盛顿大学出版社，长久并无中文本，亦无人向中国读者推介。

而在海外，一个叫“T’ung-tsu Chu”的人，其著作一直拥有较高的引用率。到 20 世纪 90 年代，国内对海外汉学的翻译成为一股潮流，有人把“T’ung-tsu Chu”翻译为“储同舒”。不用说，“T’ung-tsu Chu”应是瞿同祖。

瞿先生海外知名，海内曾罕有人知，有其个人经历的原因。1944 年，他受学者魏复古（国内常译为魏特夫）先生之邀，前往哥伦比亚大学，其后又先后到哈佛与加拿大不列颠哥伦比亚大学任教著述，直到 20 世纪 60 年代返回中国。

（二）

在瞿同祖先生的家族中，他的祖父瞿鸿禨和叔父瞿兑之，分别是清末与民国时期的朝廷要员和名士。瞿鸿禨曾任军机大臣，半生出入于清末政坛；瞿兑之则以识多闻广的文史名家度过一生，短暂出任政界职务。

我们能注意到，瞿家这祖孙三代人，恰好代表了 20 世纪早期中国知识分子递进的三种类型。

瞿鸿禨代表传统中国知识分子成就政治功业的理想。迄晚清，对在科举制下接受儒家经典教育的知识分子而言，一方面，他们接受的教育，传授是一种人文素养而非专业知识，另一方面，经过考核这些知识的选拔，他们步入仕途，最高目标是出将入相，参与影响中国政治走向的事业。以此标准评判，瞿鸿禨已然达到这一理想的顶峰。我们知道，瞿鸿禨这一代及其之前的政治家中，大部分不但曾经是青年儒士，而且一生不曾放弃自己对于“学问”的追求，曾国藩、张之洞是其典型。但是，这些知识分子，或者说曾经是知识分子的政府官员，在他们身上无法看到学术与政治、学术理想与政治理想的分野。不但没有分野，而且基本属于学术服务于政治。这种从“学术人”中选拔“政治人”的模式，既未发展出专门学术，也没有为政治活动制造出专业人士，至少是没有此种目的的。

而当青年知识人没有走上政治之路时，可能会走上专心文史的学问家之路，成为名士——精通文史知识而且擅长诗文甚至金石书画的通才。瞿兑之先生恰好是名士的典型。一部分今天的读者不了解他，那么至少可以看“新万有文库”的民国书系——一套展现民国时期经典著作的丛书，其中两部为瞿先生的掌故与闲情之作，略可窥得其几十种著作之一斑。

瞿鸿禨、瞿兑之，两代先贤均有成就，但还是中国传统意义上的。到瞿同祖时，这位在20世纪成长的学术人，时代为他展开了一条新的道路。

瞿同祖在燕京大学完成学业，在其所受的教育里边，既有家学渊源，也有钱穆等学术名家——当瞿先生开始大一课程的学习时，钱穆先生刚刚来到燕大，更有社会学系的新课程——提供方法，重新观察、认识与表述世界的过去和现在。这些方法，在一定意义上改变了典型的中国文人式的某种不精准和不系统的表达习惯。从中国学术史来看，引进社会科学的研究方法，实在是一场哥白尼式的革命。

同时，不但是研究方法的转变改变了学术本身，瞿同祖先生的职业也从瞿鸿禨和瞿兑之的从政或做名士的选择里又开出一种新的方向——做一个职业学术人。由此可见，学术不但可同政治生涯分野，也真正变成一种有自己的独立存在价值和职业规范，有自己的专门方法和相应工作报酬的职业。瞿先生的一生，正是一个典范的学术人的一生。

（三）

事实上，以学术人身份度过一生的人，在中国20世纪史上并不鲜见，瞿先生只是这条路上的先行者。但是，把目光投向中国20世纪的法学界，我们看到，瞿先生作为一个学术人的存在，乃有越发值得关注的地方。

瞿先生从大学毕业到离开国土的这段时间，正是中国国事艰难的时期。国事艰难，最易激起知识分子救亡图存的使命感。批评政府，参与激进革命，成为很多知识人的选择，不但如此，他们还视此为天职。法学知识人，所治为公共之学，更易参与其中。但是，瞿先生没有成为公共知识分子，直接参与到国事民瘼的批评与改造之中。

另外，法学知识人或者由于所学亦涉及公共管理，也容易学优而仕——不是传统意义上的科举制选拔，而是凭借法学的专门知识，进入政府管理层与司法界；又或者由于所学与商事相同，容易介入实业界之法律事务；还或者直接做律师，慷慨激昂于法庭之上，捍卫民权。这些同样不是瞿先生的选择。

瞿先生，选择的是纯粹的法学学术人的生活——旨趣在于法律与社会史的法学学术人。在昆明轰鸣而又轰炸的飞机声里，瞿先生坚定地写他的书。同公共知识分子，同参与各种社会事务的知识人，瞿先生生活在同一个世界。这个世界的苦难和诱惑，大家都有感受。但是，在一个分工的世界里，我们需要承认，瞿先生做一个学术人的坚定与沉潜，同样是一种了不起的敬业精神。社会责任感和敬业精神，无法断言孰轻孰重，我只想说，像瞿先生一般，在法学领域如此沉潜又如此有所建树的学术人，在 20 世纪的中国，也实在太少。当然，其原因不但在于法学家群体，也在于法律与学术在 20 世纪的时运不济。

有点滑稽的是，据说今天有的学人，把瞿先生几十年前的作品改头换面，仍能作为他自己的成果。这件事情，反过来，证明了瞿同祖式的学术的稀缺。

（四）

要之，瞿先生作为中国社会科学的较早的学术人，其学术成就和职业行为，呈现一种科学及其方法在中国的扩张和学术人职业的独立性。

同时，更重要的是，瞿先生坚定而又称职地完成了他作为法学学术人的使命，为这个民族留下难得的现代社会科学和法学的学术积累。

今天，当学术人已然成为一种分工，当法学学术人经历沧桑之变，已然成为转型中的中国社会所关注和关注社会的一类知识人群，我想说：中国不但需要部门法学专家，他的研究能影响立法与司法——这样的杰出者并不多；不但需要公共知识分子，他启发民智，参与社会生活——这样有社会责任感的人仍然少之又少；不但需要参与商务和出入于法庭的学术顾问——这同样是一种了不起的社会参与……不但是他们，中国也需要瞿同祖先生一般终身不改地投身学术的人。

第四节　邹文海：自由为魂

（一）

邹文海1908年生于无锡，1930年毕业于清华大学政治学系并留校，1935年负笈英国伦敦政治经济学院，师从拉斯基，1937年归国后任教于湖南大学、厦门大学、暨南大学等校，并曾短暂出任中学校长。1949年赴台，1955年后长期任政治大学教授，并任法学院院长、教务长、政治学系主任等职。1970年逝于台北。

民国初年的江苏真是人文浓郁之地。在苏州，顾颉刚和叶圣陶是私塾、小学同学；在无锡，邹文海和钱锺书是小学同学。

顾颉刚和叶圣陶在私塾、小学求学有三大特点：一是经常挨专制老师的戒尺，顾颉刚称私塾老师“待童子如囚犯”[1]，以至于自己常常挂着眼泪回家；二是小孩们自由之心

〔1〕　商金林：《叶圣陶年谱长编》（第1卷），人民教育出版社2004年版，第11页。

甚重，只要老师出门，就在教室隔壁的炕头上演《武松打虎》；三是国学开蒙早，童稚时代就读完了四书与《诗》《易》《左传》。顾颉刚和叶圣陶比邹文海和钱锺书大十岁左右，幼年气氛当有共通之处。顾颉刚曾在日记中说自己："我是外和而内傲的人。"〔1〕如果说，这四位经历各异的少年/老人有一个公约数，此公约数即是一股赋予流形的"外和而内傲"之气，一种从幼年经历而生成的叛逆的自由精神。基于此，青年顾颉刚创立了叛逆疑古的"古史辩"学派，老年叶圣陶与俞平伯书信自娱而不阿世，困厄中的钱锺书以大定力创作《管锥编》。27岁的邹文海写成卓越著作《自由与权力》，不仅是叛逆的自由精神的表现，也对自由进行了思辨和学理分析。

（二）

我称《自由与权力》为卓越著作，但我必须承认，此书并非目前众所公认的名著。此书是邹文海1930年代初在其甫从清华毕业而任教期间在清华写成。转而邹文海赴英，此书的出版时间跨越了两年。邹文海之女邹淑班说："先父出版这本《自由与权力》时，正是战事连绵，局势动荡不安的年代，书虽然出版，可以说没有问世。……先父生前曾多次寻找这本书，当时父亲的学生们知道这件事，也曾在海外帮忙查访，

〔1〕 顾颉刚：《顾颉刚日记》（第二卷），中华书局2012年版，第349页。

后又探询先父的友人，但都没有下落，多年来已经放弃再见到这本书的希望。”

但是，有三个维度，使我们在七十多年后仍不应忽略《自由与权力》。

第一个维度是一部体系性自由主题著作的价值。曾有论者将邹文海称为1930年代中国的“密尔”，确有合理之处。我们回看1920年代到1940年代的自由主题作品，常常看到一些报章的短论，胡适、罗隆基，甚至潘光旦和费孝通都写了不少这样的短章，邹文海本人也写过。短章往往就事论事，直击时事，惜在体系性不强。笔者则属有感而发，不一定读了多少政治学的研究作品，但往往也能讲出常识，赢得赞许。但短章终非长篇，《联邦党人文集》也不是体系性的《论自由》。《自由与权力》虽未得到《论自由》的声誉，却足以证成1930年代中国学者的努力。自由如同空气，失去才知最可贵。自由乃是最经世致用的学术主题，也是国家新政治的内在灵魂。由此可见，对自由的研究，在我看来，最重要的便不是有多少原创性，不在于多大程度上追随前沿、超越前沿，不在于多大程度上与国际学者对话，而在于如何回应国族与国民的理论需求。体系性的自由研究著作，也就是“一揽子”地回应这种需求。在这一点上，密尔的《论自由》和邹文海的《自由与权力》有共通之处。但是，两书命运却大不同，密尔的著作不仅在欧美成为经典，经严复之译东渡，同样深受尊重，邹文海的书却如藏之名山海底。在密尔的时代，个体吁求崛起；在邹文海的时代，救亡、组织、牺牲、逃亡、胜利，打败了个体的细腻的自由需要。说到底，是战争和动荡带来的对临时性秩序的渴望压倒了自由的小心理，更压倒了对一部研究自由的体系书的需要。抗战的中国无视密尔或中国的密尔，无视《论自由》和《自由与权力》。

第二个维度是与以赛亚·伯林的对比。伯林生于1909年，而邹文海生于1908年，二人算是同龄人。当伯林就读于牛津时，邹文海就读于清华，伯林本科读文学和哲学，故以思想史为底功，邹文海本科读政治学，故偏重于从制度、法政的角度审视自由问题。客观地说，在20多岁写成的《自由与权力》中，邹文海表现出比伯林更多的早慧。从《伯林书信集：飞扬年华（1928—1946）》反映的1935年左右伯林文字与思想来看，伯林此时的思考还没有集中到自由以及以自由为主旨的思想史梳理上来，但邹文海却已写成一部体系完整的专著。有趣的是，邹文海在《自由与权力》中提出了“动的自由”和“静的自由”的分类，庶几与伯林后来提出的“积极自由”和“消极自由”形成了呼应。邹文海还指出：“许多人把自由分成积极的和消极的两种，其实积极的就是动的自由，而消极的就是静的自由。”这简直就是伯林理论的“预告片”了。早慧的邹文海想把自己的动静自由观当成自己重要的学术创建，而使其具有较大的涵盖性。但因太年轻，写得太快，致使细读的人能看到，邹对动静自由的原理性、原创性阐发，实则较为粗放。他受孔德动静社会学的启示而生发灵感，又以动的自由对应主观自由，静的自由对应客观自由。动对应积极，静对应消极；动对应革命的自由，静对应保守的自由。他天才地、霸气地占领了自由理论的地盘，却稍显缺乏进一步的论述作为佐证，更没有将理论投射到世界范围内的现实生活中，对 20 世纪以来的自由新样貌做出解释与回应。相反，伯林的积极与消极自由之论虽晚，却深深融入他对于二战时的苏联、二战后的欧洲的观察。阿赫玛托娃等人的命运，更刺激这位政治学家思考当代自由的原理性问题。由此可见，无论从时代出发，还是从个人的创作积累出发，邹文海的著作都写得太早了。一本严肃思考的作品，不是《革命军》那样的宣传文字，需要的不是激烈、热烈，而是长期反复思量之后的体系性理性，以及对于时代问题的敏锐捕捉。邹文海比伯林资质不差，出发更早，收获不及，实在可惜。但就 1930 年代世界范围内的自由研究作品来说，邹文海的书仍属佳作。我几乎可以确信，邹文海的书没能进入伯林的阅读视野。假使伯林有机会读到，一定也会为这位同龄人而颔首微笑。

第三个维度是对自由的冷静思考。如果我们想到，邹文海这本书是在日军即将兵临城下，学生群情振奋的北平写成，就更能感受到邹文海审慎思考的可贵。假使一位文学家谈论自由，那呈现的一定是诗化语言，这就可能含有乌托邦浪漫的倾向。邹文海绝不浪漫。他为自由而撰述，但绝不认为自由是无度的索求。邹文海一再强调自由是有条件的："法学家以为服从法律即是自由，这句话不可全信，然而能服从法律的人才有自由，这是含有至理的格言。自由是有条件的。以为自由的牺牲，乃是得到政治利益的代价。他的自由，依旧是接近于放纵的名词。……社会中个人，决不能任其放纵，但又不能不保障其自由，这是我所坚决地相信的。"由此可见，邹文海所讲的自由，也就是法治下的自由。在他看来，法律和制度乃是社会中客观的标准，不容我们主观的观念去伤害它或破坏它。他说："法律和制度的破坏，乃是人类冲突的起源，亦是自由消灭的原因。"这句话实际上可以成为流播后世的格言。以法治看待自由，这样的自由之论才更"靠谱"，既不会成为专断的渊源，也不会成为秩序的破坏器。与此同时，邹文海在"鸡蛋"和"石头"之间又站在鸡蛋这边。

(三)

邹文海写了一本《比较宪法》。

写一部《比较宪法》是 20 世纪中国政治学家和宪法学家的梦想之一。之所以成为梦想，原因盖在于，一是他们都从前辈法学家的同名作品中受益，由此可见，接续前贤而记录自己的思考，乃属学术传承。二是套用狐狸与刺猬的比喻来说，写一部论自由的书，刺猬可以做到；写一部比较宪法，则非狐狸不行。但有抱负的政治学和宪法学家不会放弃做狐狸的尝试。三是如果按中国本土的宪法文本写，容易写窄，比较宪法则题域宽广，能较为透彻地表达作者的宪法观念，更让读者和学子受益。宪法因指向最基本和最根本的权力和权利，故骨架已然很大，比较宪法则有了一个国际视野的更大的骨架。当改革开放初起，学术思考的荆棘初拔之时，罗豪才的《资本主义国家的宪法与政治制度》、龚祥瑞的《比较宪法与行政法》和何华辉的《比较宪法学》相继出版，都呈现学者对这个领域的执着。尤其是龚祥瑞的著作，渗透着启蒙精神。可以说，对20世纪的华语比较宪法作品进行比较，知名度最高的当属钱端升和王世杰的《比较宪法》，在读者学术与思想饥渴中起了极大滋养作用的当属龚祥瑞的《比较宪法与行政法》，邹文海的《比较宪法》则甚有学术分量。

钱端升和王世杰的《比较宪法》的确是名著，也成就了外交部长王世杰的学术梦。我相信，钱王的《比较宪法》一定摆在邹文海的案头，成为邹的参照系，并求差异化。但此种差异的追求，不是为不同而不同，而是两代学人形成互补。钱王的著作是学理性的，以问题为中心，故虽名曰比较宪法，实际上是在比较宪法的视野内谈基本的宪法原理。钱王使用的基本方法，是归纳。例如，取一个更准确的书名，其书应该叫《宪法学原理：从比较宪法的角度》。邹文海完全采取了另一种写法，也可以说是比较宪法的标准写法。他细述英美法德日的宪法文本、宪法制度、宪法原理，并进行了多维比较。读者想要掌握“比较宪法”，只读钱王作品一定是不够的。要将钱王与邹的书合并阅读，方得全面认识。在比较各国宪法的过程中，邹文海知识储备是足够的，看得出他对各国宪法谙熟于心。写作《自由与权力》之时，邹还是二十多岁的小伙子，到《比较宪法》时已年过半百了。

宪法与货币不同，作为存款的货币，只要存款人取出来就能花，因此这数据不仅是数据，不仅是承诺，还能立刻实施。宪法则不然，写在纸面的宪法，如果得不到切实的实施，也就成了空言，这种宪法不像货币，倒好像是假钞。邹文海研究宪法，就不仅关注纸面的文字和制度，更看重实施中的宪法，看重“活法”。他说：“许多人把宪法看作一部法典，逐条逐句的来作解释。这虽然是研究宪法最简单的方法，但是很难把握一国宪法真正的精神。宪法从一个国家的风俗人情以及全民族的要求中产生，绝不是白纸上的黑字所可以完全归纳或完全表现的。”强调宪法实施的重要性，使我们应当生发两种态度，一是要捍卫宪法的尊严，二是要怀着耐心。一个国家的风俗人情里，既存在支持宪法的力量，毫无疑问也有无视宪法的声音。于是，急进是没有用的，有用的只能是耐心的推动，只能是几十年的实践和实践带来的渐变。

在创作《自由与权力》之时，邹文海站在战争的悬崖边，战争使其作品被湮没。于是，与伯林相比，邹文海是不幸的。但创作《比较宪法》之时，身处政治大学的邹文海却比小他三岁的北京大学教授、同样曾就读于伦敦政治经济学院的龚祥瑞来得幸运——从龚的自传《盲人奥利翁》中可以看到，1971 年，龚祥瑞终于得到缓口气的机会，开始翻译尼克松的《六次危机》。但也只能做点翻译工作。由此可见，六七十年代邹文海的学术环境和研究条件远远好于龚祥瑞。如果比较二人在这时的学术作品，对龚祥瑞来说当然不够公平。龚祥瑞的《比较宪法和行政法》获得广泛好评，更成为 1978 级及此后的法律学人建构法治理念的一块基石。梁治平对此书的评语应属代表性说法："这并不是一部关于一般法治理论的专论，但是书中讨论的，却又是法治理论和实践中某些至关重要的问题。该书作者，年逾古稀的龚老先生，早年专攻政治学，并赴英国深造。……由于大量阅读原著，以及早年留英时对西方政制、法制的亲身体味，龚先生在论及西方新政治制度时，笔下时而透露出一种文化的把握。"如今，邹文海的《比较宪法》渡海而来，我们为其文命而默祝。

（四）

邹文海 1940 年代也写了若干时政随笔，以谈论宪法与法治理念为主。譬如，南京国民政府时期，从中央到地方，首长多发手令以行治理，在一篇名为《手令命令法律》的文章里，邹文海评论指出："国家法令，极须就一，不许彼此抵触，使人民有无所适从之苦。若干立法机关之外，复许行政者任意出令而不必极据于法律，势至朝令夕改，法令多如牛毛，反而丧失了法令的效用……手令的内容容如与法律的精神相违背，并不能因其为手令而就说是合理。因此手令竟是多余的……现在部会长有手命，省主席有手命，某长有手令，各种手命，多得不可稽考……法律的作用，因之隐而不彰，使得一般人民亦不能有守法的习惯。"这些文章简洁明快，颇有佳处。

邹文海著作的价值，应当被我们认识。尤其是《自由与权力》，应当在 70 年后被我们细读。回看邹的一生，我忽然想起他在 1962 年写的《忆钱锺书》里的一段话。这段话描述了邹文海与钱锺书等几个朋友在 1939 年冬天从上海同赴湖南的旅程，这段旅程被钱锺书写进了《围城》。邹文海说：

"我们十月就从上海订船票赴宁波。继而日人封锁海口，不能通航，一直到十一月初才得到船公司通知，定期出发。……从宁波到溪口，一节乘汽油船，一节乘黄包车，足足走了一天，此后则全部乘长途汽车，每站都得停留三天五天，不是买不到票，就是等待行李到达，没有一站是顺利通过的。"

如果只看《围城》，会看到从上海到三间大学的路上充满了笑料和人性的缺点，我们往往忽略一个远行的个体的苦楚。但在钱锺书现实中的同行者邹文海这里，我们就了解到这段路充满艰辛，像苏东坡说的“往日崎岖还记否？路长人困蹇驴嘶。”邹文海虽然一直在大学任教，且著作不少，但其人生与著作的命运，却不能不与他的祖国的20世纪一样，充满波折。

然而波折中的思考，往往是动人的。

结　语

本书曾想取名为“古今”，即想表达古今之变的意思。

孔子曾说：“齐一变，至于鲁；鲁一变，至于道。”此语颇具历史隐喻的味道。假设我们将“鲁”设定为儒家的符号，“齐”可以设定为儒家之前的百家符号，则“齐一变，至于鲁”可以理解为中国走向了儒家社会；“鲁一变，至于道”可以理解为列文森所讲的“儒家中国及其现代命运”，即中国从儒家社会走入了现代社会。由此来看，本书所讲的，就是“齐一变，至于鲁；鲁一变，至于道”的古今之变，即儒家从哪里来，儒家是什么、怎么样，儒家走到了哪里。兹事体大，在前面，本书择其要者而述之。

人的思想总是在变化与成长。本书完稿后，我开始细读老子，从而想到了儒家与百家的一些新的意涵。我的新看法是：先秦儒家是静态社会的农业文明的哲学，杨朱之学是动态社会的商业文明的哲学，墨家是动态社会的工匠文明的哲学。当孟子说“杨朱墨翟之言盈天下，天下之言，不归杨则归墨”时，我们可以想见，在战国工商业文明崛起时，杨朱式的个体哲学和墨家式的公正哲学都更受变革状态里人们的认同。

杨墨之学在社会层面流行。在君王治国层面流行的，则是以重商、放任为取向的法家和以重农、集权为取向的法家，此二者的典型是齐法家和秦法家。齐法家为道家与法家的融合；秦法家为儒家与法家的融合。所谓法家，实为刑名之学成长为一种较大学派的概括。刑名之学是名家的分支，从旧的名家对于自然与社会的名学认知进入到对治国层面的名学认知，即一方面强调法律的科学化，另一方面强调政府部门的专门化，例如，传为商鞅门客的尸子所讲的：“明王之所以与臣下交者少，审名分，群臣莫敢不尽力竭智矣。天下之可治，分成也；是非之可辨，名定也。”在刑名之学懂刑、论名的意义上，实际上刑名之学也就是以法治国之学。在礼崩乐坏、礼制逐步衰落、旧的礼制无法为变革提供好的制度资源时，由刑名之学成长而来的法家具有了相当的施展空间。然而这时的法律，具有较强的工具性，而其灵魂，需要其他哲学的赋予。于齐国而言，重商型的道家提供放任哲学，法家提供治国之具，社会大而政府小。于秦国而言，重农型的儒家（这里的儒家不是孔子式的儒家，而是与秦国的形势相结合而产生的集权式儒家）提供集权哲学，社会小而政府大。重商能够产生财富，但是不能迅速积聚军事物资。重农未必能迅速产生财富，但却可以迅速积聚军事物资。由此，齐法家最终落败于秦法家，而中国终于也统一于秦法家。随着汉初正式重儒，孔子所隐喻的“齐一变，至于鲁”也就出现了。

我想表达的是，实际上，从这个过程来看，中国总体呈现的是思想观念上的版块缺失，这里的缺失，指的是商业文明和个体信念的缺失。儒家无疑是优秀的，提供了温暖的家庭生活、井然有序的家族生活、高度凝聚的国家信念，但是，儒家又整体重农、重静态而缺乏对于流动的贸易文明的积极回应，缺乏对于个体的足够重视。在这种漫长的版块缺失岁月里，社会层面自然有所呼吁，改革家们也试图改变，然而正是由于版块缺失，使得改革家们的见解也有未能有效摆脱缺失。例如，《盐铁论》强调的重商，不过是国家资本意义上的重商，又如王安石与程颐学说及程颐学说背后的司马光等人的分歧，也都不在真正的市场经济的范围之内。一方面，改革的王安石所欲强化的，是国家进一步介入社会；另一方面，哲学家程颐升级一个新的宇宙与人生认识之学。而这个新学问，在清末时，却成为不认同甚至排斥域外新学的有效思想资源，从倭仁到刘大鹏，从朝廷到民间，无不是其门人，而又无不排斥外学，此甚是引人深思。

然而，中国走向世界，以及世界走向中国，是为近代中国最大的方向，无论人们持有何种方向感，只能主动或被动地迎来大势。儒家面临的、发生的种种新故事，也便由此而来，这也就是北岛的诗句所讲的："大门口的陌生人，已叩响门环。"

"鲁一变，至于道"，这里的道当然不是道家的道，而指的是一种"得道"的道，我现在把道理解为正向的价值观。我们可以把近代之后儒家的变迁和中国的变迁，理解为儒家、杨朱、墨家和法家的新融合。近代之后的中国，需要儒家式的秩序感，杨朱式的个体释放感、墨家的公正感和注入现代灵魂的法家，需要把重农的儒家观念当中注入相当充足的重商观念。这样当然也就能够补充三千年来儒家社会的商业与动态之版块缺失。布罗代尔曾说，历史学家最大的优势，是知道戏剧的结尾。相比古人，我们确实是这样的能看到故事结局的幸运儿。作为这样一部历史电影的影评人，我们可以说，看到版块缺失逐步被弥补，我们好像看到三千年前的一道选择题，三千年后又能以多选题而替代单选题。这个古国，如同在青葱的校园，在熙熙攘攘和书声琅琅当中蕴含生机。

天
Borderless
下

天下，在乎正义和你

法学新经典·书目

《侵权损害赔偿》（第六版）	杨立新
《我国民法典重大疑难问题之研究》（第二版）	王利明
《法律解释学导论：以民法为视角》（第二版）	王利明
《法的价值论》（第三版）	卓泽渊
《法政治学研究》（第三版）	卓泽渊
《法治国家论》（第四版）	卓泽渊
《刑事诉讼的中国模式》（第三版）	陈瑞华
《刑事证据法的理论问题》（第二版）	陈瑞华
《民法典总则之理论与立法研究》（第二版）	尹　田
《中国物权法总论》（第四版）	孙宪忠
《人格权重大疑难问题研究》	王利明
《实证研究：中国法学的范式转型》	左卫民
《中国法律的传统与近代转型》（第四版）	张晋藩
《行政法基本原则研究》（第二版）	周佑勇
《传统中国法理观》	张中秋
《国际刑法学》（第二版）	贾　宇
《刑法客观主义与方法论》（第二版）	周光权
《诈骗犯罪论》	张明楷
《国际私法本体论》（第二版）	蒋新苗

……

法学新青年·书目

《物权法的展开与反思》（第二版）	常鹏翱
《基本权利的规范建构》（增订版）	张　翔
《传媒监督的法治》	陈柏峰
《国家利益维护：国际法的力量》	何志鹏
《不动产登记法研究》（第二版）	程　啸
《证据法的理论面孔》	吴洪淇
《刑法归责原理的规范化展开》	陈　璇
《刑法与现代社会治理》	何荣功
《舆图换稿：明清之际的中国法哲学》	屠　凯
《中国特色行政复议制度的嬗变与演进》	曹　鎏
《行政诉讼类型构造论》	章志远
《侵权责任利益保护的解释论》	方新军

……

博观·书目

《社会契约论》	卢　梭
《法律的概念》（第三版）	哈　特
《普通法的精神》（中文修订版）	庞　德
《诉权与诉的可能性：当代民事诉讼基本问题研究》	赫尔维格
《民主与不信任：司法审查的一个理论》	约翰·哈特·伊利
《法律与革命》（第一卷）	伯尔曼
《法律与革命》（第二卷）	伯尔曼
《法律推理与法律理论》	麦考密克

《古代法》	梅　因
《旧制度与大革命》	托克维尔
《为权利而斗争》	耶　林
《法律制度：对法律理论的一种解说》	麦考密克
《政治哲学史》（第三版 上下册）	列奥·施特劳斯，约瑟夫·克罗波西
《论法的精神》	孟德斯鸠
《民事诉讼法重点讲义》（导读版）	高桥宏志
《纯粹法学说》（第二版）	凯尔森
《普通法》	霍姆斯
《论犯罪与刑罚》	贝卡里亚
《宪法设计与理性选择：公法经济分析基础》	罗伯特·D.库特
《法律的权威》（第二版）	约瑟夫·拉兹
……	

思想与人文·书目

《西窗法雨》（精装修订版）	刘　星
《法槌十七声：西方名案沉思录》（第二版）	萧　瀚
《文明与法治：寻找一条通往未来的路》	刘哲昕
《精英与平民：中国人的民主生活》	刘哲昕
《法治东西》	於兴中
《博登海默法理学》	博登海默
《法窗夜话》	穗积陈重
《正义之源泉：自然法研究》	吴经熊
《现代法政的起源：1900—1919》	董彦斌
《被误解的民主》	包刚升

《风骨：新旧时代的政法学人》 陈夏红

《斑马线上的中国》（第三版） 邓子滨

《生活在民法中》（第四版） 梁慧星

《乌合之众：大众心理研究》 古斯塔夫·勒庞

《我们律师》（修订精装版） 张思之

《我的辩词与梦想》（精装收藏版） 张思之

《法门穿行》 孙笑侠

《现代法治：沈家本的改革梦》 李贵连

《阿Q之死的标本意义》 张建伟

《续法窗夜话》 穗积陈重

《从传统到现代》 金耀基

《耶鲁精神：感受耶鲁大学及其法学院》（第二版） 冯建妹

《法律帝国的铸就：大英帝国法律史（1800—1850）》 劳伦·本顿 利萨·福特

《英国法的塑造者》 威廉·塞尔·霍尔斯沃思

《美国法律史》 劳伦斯·弗里德曼

《尊严：历史和意义》 迈克尔·罗森

《法官因何错判》 秋山贤三

《修行：生命的证悟》 泰戈尔

《看得见的正义》（第三版） 陈瑞华

《大地家族》 盖瑞·施耐德

《法律后面的故事》 梁治平

《生命与超越：一个命运共同体的理想》 刘哲昕

《霸权的黄昏：大国的衰退和收缩》 麦克唐纳 培伦特

《罪与罚：关于公正的19场激辩》 布鲁斯·N.沃勒

《民法的人文精神》（第二版） 徐国栋

《西口闲笔》 徐国栋

……

理论与方法 · 书目

《通往法治的道路：社会的多元化与权威体系》 季卫东
《现代公司法》（第三版 上下册） 刘俊海
《法治、财税与国家治理》 熊 伟
《论法学研究方法》 陈瑞华
《民法总则：条文背后的故事与难题》 杨立新
《法学学位论文写作方法》（第三版） 梁慧星
《裁判的方法》（第四版） 梁慧星
《理论法学的迷雾：以轰动案例为素材》（增订版） 桑本谦
《司法体制改革导论》 陈瑞华
《辩无不胜》 盖瑞 · 斯宾塞
《侵权责任法：条文背后的故事与难题》（第二版） 杨立新
《合同法总论》（第四版） 韩世远
《司法改革的知与行》 蒋惠岭
《律师的客户管理术》 亚历山大 · Y.本尼科夫
《中西法律文化比较研究》（第五版） 张中秋
《真实世界的法律思维：出乎意料的61堂法律微课》 黄文伟
《并购之道：赢家的65个商业逻辑与实战 》 张伟华
《明清法律与社会变迁 》 邱澎生 何志辉
《中国民法典新规则要点》（修订版） 杨立新
《刑事审判原理论》（第三版） 陈瑞华
《实质法治：寻求行政判决的合法性》（第二版） 何海波
《企业合规基本理论》（第二版） 陈瑞华
《侵权责任法》（第四版） 杨立新
《如何讲个好故事：律师的必修课》 菲利普 · N. 迈耶

……